U0910699

在U-K互助中生成专业自觉

——幼儿教师驻园培养模式研究

孙玉洁 著

科学出版社
北京

内 容 简 介

本书立足于地方综合性大学的学前教育专业教育实践，探讨了在“研究、引领、服务”基础教育改革的道路上，高校的教育学者投身于教学学术和幼儿园的实践，行走于两种不同的生活场域，通过在幼儿园建立个人工作室并进行驻园育人模式研究，形成良好的U-K互助关系且彼此成就的历程。

本书分为八章，第一章为绪论，后七章分别探讨U-K互助活动的理论基础、地方综合性大学教育改革对高校教师专业发展的影响、高校教师在U-K互助关系中的角色、幼儿教师在U-K互助关系中的角色、U-K互助行动中的受益人、U-K互助过程中的文化博弈以及如何在U-K互助中形成专业自觉。

本书可作为高校学前教育专业教师用书，也可作为学前教育研究者、幼儿园及其他学前教育机构工作人员的参考资料。

图书在版编目（CIP）数据

在U-K互助中生成专业自觉：幼儿教师驻园培养模式研究 / 孙玉洁著. —北京：科学出版社，2018

ISBN 978-7-03-056652-2

Ⅰ. ①在… Ⅱ. ①孙… Ⅲ. ①幼教人员-师资培养-研究 Ⅳ. ①G615

中国版本图书馆CIP数据核字（2018）第039883号

责任编辑：王 彦 许艳玲 / 责任校对：刘玉靖

责任印刷：吕春珉 / 封面设计：东方人华

科学出版社 出版

北京东黄城根北街16号

邮政编码：100717

http://www.sciencep.com

三河市骏杰印刷有限公司印刷

科学出版社发行 各地新华书店经销

*

2018年3月第 一 版 开本：B5（720×1000）

2018年3月第一次印刷 印张：13 3/4

字数：264 000

定价：86.00元

（如有印装质量问题，我社负责调换〈骏杰〉）

销售部电话 010-62136230 编辑部电话 010-62130750

Preface 前言

教育理论与教育实践的关系是教育学研究的基本问题。随着大学与中小学及幼儿园合作研究的深入，越来越多的教育学者从初步介入教育实践到逐步深入教育实践，成为中小学及幼儿园教育改革重要的学术支持力量。本书对高校教师驻园进行学前教育实践研究的意义、价值乃至角色担当方式等进行了有益的探索，提出了高校教育学者深入教育实践的学术担当乃是将教育实践中零散的、隐性的、未成文的意识、惯习乃至做法等个人实践经验，经由高校专业人员的分析与筛选、加工与提炼，成为在新时期幼儿园改革中可以操作的流程、规则、章程等成文的、显性的制度文件，继而进一步成为推动教育变革的实践理论，为更大范围内的教育同行（包括高校教师）借鉴使用。从个别现象到个体经验，再到一般规则与实践理论，这既是螺旋式上升的行动改进过程，更是不断地接近教育本质、探寻教育规律的研究过程。一个大学教育学者在深入教育实践的过程中，学术立场的坚守、引领责任的担当是个体专业发展的自我要求，也是其专业自觉的重要标志。

本研究立足于地方综合性大学学前教育专业的实际，描述了在“研究、引领、服务”基础教育改革的道路上，高校教育学者往返于教学学术和幼儿园实践两种不同的生活场域，借助在幼儿园建立个人研究工作室的便利条件，从事幼儿教师驻园培养模式研究，继而形成良好的高校与幼儿园合作（简称 U-K 合作）互助关系且彼此成就的历程；探讨了作为高校教师的个人，是如何通过搭建“学、研、做”共同体平台，发挥专业优势，带领师范生、在职教师开展行动研究的。对高校教师如何摆正教书与育人的关系、解决科研与教学的矛盾等专业发展的困境给予了富有见地的回应。

本书的核心观点是，地方高校教育学者不仅是既定理论知识的传播者，也是教育问题的研究者、教育实践智慧的挖掘者和提炼者、教育实践理论的创生者。用教师专业发展学校（PDS）的理念进行 U-K 互助合作研究，用高校教师驻园的方式培养师范生和在职教师，不仅能拓宽学前教师教育的路径，获得满意的育人成果，更能提升合作者双方的个人境界，生成终身学习的专业自觉。书中的观点及具体策略对地方高校学前教育学者走出“象牙塔”，发挥专业引领作用具有重要启发意义，也能为学前教育专业的学科建设提供重要的学术支持。

本书的主要特色是，笔者基于7年的实践经历，阐述高校教师为什么要发挥“研究、服务、引领”基础教育的作用，以及引领什么、如何引领等问题。本书运用丰富的实践案例，阐述了高校教育学者与基础教育同行寻求共同愿景，发挥各自优势并真诚互助，过一种有价值的专业生活的可行性；阐述了基础教育界同行与教育学者在学习与理解、尊重与包容的价值引领下，借助思想对话与行为互助，改善教育惯习，过一种有质量的专业生活的必要性。可以说，它是在实践哲学基础上、在真实的教育实践中“做”出来的。7年里，笔者除了在大学上课，就是行走于幼儿园，每周至少有2～3天“泡”在幼儿园里，像幼儿园教师一样“上下班”，积累了“驻园工作手记”约15万字，所整理的来自教育实践的众多教育案例都是第一次公开，比如入园适应的家庭解决方案、入学准备的8项关键能力、专家引领下的幼儿园特色课程建设等，这些从U-K互助中生成的实践理论，对提高幼儿园工作质量具有重要的指导意义。

本书是《在互助中促动专业觉醒——教师专业发展学校本土化实践研究》（2012，人民出版社）的姊妹篇。相比国内外已出版的同类书籍（以与中小学建立的合作关系为背景），本书的研究场域在高校和幼儿园，有鲜明的学前教育行业特点。从第四章到第八章，重点部分均以案例为支撑，有的先叙后议，也有的边叙边议，理论阐释通俗易懂，案例分析抽丝剥茧，既适合从事学前教师教育的高校教师阅读，也适合幼儿园园长和从事一线学前教育工作的研究者阅读。阅读本书有助于读者认识到教育实践才是教育理论之源头。

如果更多的专业人士能够借助此书，让大学、政府、幼儿园三方力量（即U-G-K）协同活动，发挥各自的职能，即大学的学术引领职能、地方政府托幼部门的管理职能和幼儿园的教育实践职能，在更大的文化生态圈内形成更为紧密的互助合作关系，将达成的教育共识尽快转化为先进的学前教育生产力，在力所能及的范围内改变区域学前教育现状，这将是地方综合性大学学前专业教师对区域学前教育质量的最大贡献，也是笔者一直追求并将继续追求的目标。

在书稿付梓之际，喜闻中共中央、国务院印发了《关于全面深化新时代教师队伍建设改革的意见》。这是新中国成立以来党中央出台的第一个专门面向教师队伍建设的里程碑式政策文件。该文件中特别提到：创新幼儿园教师培训模式，依托高等学校和优质幼儿园，重点采取集中培训与跟岗实践相结合的方式培训幼儿园教师。鼓励师范院校与幼儿园协同建立幼儿园教师培养培训基地。

可以说，这项研究符合了国家关于教师队伍建设的需要。今后，国家将会从顶层设计入手，推动实践探索，破解师范教育发展的瓶颈，会号召并支持更多的高校教育学者富有创造性的研究工作。

我们有理由相信，以试探性和先导性为特征的“教育行动研究”的意义将会被重视，在外部支持力度还不充分、制度保障还不到位的条件下，教育研究者不等、不靠，从小范围内的“战术”开始，继而“以战术修正战略，以战略推进战术”的研究设计，更符合以“易变性(volatility)、不确定性（uncertainty)、复杂性（complexity)、模糊性（ambiguity)”为特征的“VUCA”时代需要，持续进行的从个体专业发展到区域学前教育的实践探索，确实能够为国家做出正确的教育决策提供事实佐证。

本书系山东省省属本科高校教学改革研究重点项目“学前教育本科专业全程实践培养模式研究”（课题编号 215）的研究成果，青岛市教育科学“十三五”规划重大课题“学前教育质量监测与评估指标体系研究”（课题编号 QJK135A012）的研究成果。

在本书撰写过程中，笔者参考了相关领域诸多学者的研究成果，在此表示衷心的感谢！

孙玉洁
2018 年元月于青岛大学

Contents

目 录

人人自有定盘针，万化根源总在心，却笑从前颠倒见，枝枝叶叶外头寻。

——王阳明

第一章 绪 论

一、研究缘起

政治哲学家施特劳斯曾经说过：一个社会的特征或者风格，取决于这个社会把什么看作是最令人敬重或最值得崇敬的[①]。网络社会之前，通今博古、知识渊博的教师是受学生敬重和崇敬的。如今，除拥有知识外，“德高为师，身正为范”的教师更令学生敬重。不同时代的教师教育工作者，都会思考这样的问题：我们应该培养什么样的未来教师？怎样培养教师？

互联网技术的快速应用，使人们足不出户就能得到各种资讯，学到各种知识技能，得到自己所需的各种生活物品。不久的将来，有可能制造出“教学机器人”替代教师的某些工作。但是，学校教育的根本任务，不仅是教学生学会知识，而且要在此基础上，帮助并指导学生学会学习，富有个性地学习，学会与他人合作，学会在信息爆炸的现代化社会中生存与发展。这是时代赋予教师的使命。所以，教师这个职业不会消亡，师生精神生命的联结，岂能是电脑程序所能控制的？既然社会需要好教师，那么，教师教育工作者就要研究：怎样才能培养出时代需要的好教师。仅靠高校里的课程教学能够让师范生成为一名合格教师吗？高校教师对师范生的价值观、世界观、人生观的引导，与他们未来的专业发展究竟有怎样的关系？

教师质量是影响教育质量的根本，这在全世界已经形成共识。但好教师是在解决问题的实践中成长起来的，这与好医生、好工程师的成长路径是一致的，靠的是学理通达，实践磨砺。师范生的培养、新教师的录用、在职教师的持续学习乃是一个浩大的工程，需要国家教师培养制度、专业引领及教师个人努力三者共

---

① 施特劳斯，2003. 自然权利与历史［M］. 彭刚，译. 北京：生活·读书·新知三联书店：138.

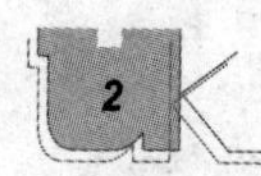

同介入。

将教育思想与理念传播到教育实践中并推动实践变革，理论指导实践，似乎已形成共识，但如何发挥专业引领作用，将教育实践中的思想与智慧凝练成教育规则与方法，让实践丰实理论，并未成为高校教育研究者的自觉追求和自我责任。因受草根性、情境性、研究周期长等因素影响，实践研究似乎并不被“象牙塔”中的研究者所看好。教育研究中理论与实践相脱节的问题，似乎是一个无解的老生常谈。因为“说的人永远在说，不会真的去做，而做的人不屑听你说什么，只依照自己的理解做”。教育理论与教育实践“两张皮”的问题不仅没有得到解决，而且二者的缝隙越来越大了。

在高校教师群体中，即便是同一教研室的同行，自我定位、研究旨趣也各不相同。笔者认为，建构理论体系的企图很难由研究者个人完成，反不如从最鲜活的问题出发，经由实践验证，形成“扎根理论”更易上手。对幼儿园来说，因为高校研究者能真切地关注实践中的真问题，真诚地帮助他们分析最初提出的“假”课题，他们信服高校教师所发挥的专业引领作用，更愿在力所能及的范围内改进。当研究者看到了在驻园模式中受益的师范生和在职教师们的变化时，就会产生明显的自我效能感和专业自信，并因此找到自我价值实现的路径，其所形成的专业信念和专业自觉不会因外在的他人评价而轻易动摇，就会带动更多的人，发现学前专业生活的意义，为共同的目标而努力。

在全球经济一体化的互联网时代，最早从美国传过来的“教师专业发展学校”（professional development school，简称 PDS）被赋予了新的意义和发展空间。近 10 年间，师范类高校教师与中小学（包括幼儿园）合作的频率越来越高，主动性也越来越高，不仅合作的内容多样而且也取得了不少成果。但也能看到，合作并不总是一帆风顺的，双方存在价值取向错位等文化冲突，导致了合作的低效、不愉快，甚至合作的终止。以教师教育为根本，高校与中小学合作，实现教师的职前培养与在职教师职后培训一体贯通为理念的教师专业发展学校，在义务教育阶段的研究越来越多（因为有经费支持），但在学前教师教育的领域还鲜有重要成果面世。其原因也很清楚：学前教育经费紧张，“入园难、入园贵”问题还没有彻底解决。

那么，暂时没有得到官方（高校和教育局）的经费支持，高校教师能不能借用古老的资源交换的方式，通过建立长期的 U-K 互助关系，为师范生的教育实践体验、为高校教师自己的专业研究、为在职幼儿教师的专业发展、为提升幼儿园的教育质量，开辟新的道路呢？

本研究的教育实践证明，答案是肯定的，而且，U-K 互助的效果远远超出了研究者的预期。

二、PDS 的前期研究

中国的教师教育工作者对教师专业发展学校（PDS）并不陌生。近 10 年间，相关的研究如下。

2006 年，中国轻工业出版社出版了《美国教师专业发展学校》（达林 - 哈蒙主编、王晓华等译）。这是第一本来自国外教师教育同行介绍的关于教师专业发展学校的书籍，该书对专业发展学校建设过程中的相关问题进行了相应的阐述。这些问题涉及：专业发展学校的观念如何演变？大学与中小学的合作伙伴关系如何形成？专业发展学校的发展模式有哪些？专业发展学校在建设过程中面临怎样的困难和障碍？文中所采用的每一个案例都充分展现了各自的独特性，其中所体现出的教训抑或经验，为我国建设和发展专业发展学校提供了有益的借鉴与启示。

2009 年，《教师发展学校研究》（王长纯著）在北京师范大学出版集团出版。该书是首都师范大学王长纯等学者引进 PDS 教育理念并进行中国化教育实践的第一本专著，其中所提出的“工作哲学”对中国高校教师教育如何借鉴美国教育经验并使之中国化起到了重要的引领作用。但该书的合作对象为丰台区教育局，用共同建设“丰台教育发展服务区”项目为抓手，以培养在职教师为主要研究目的，与美国 PDS 倡导的“职前职后教师教育一体化”教育理念是不同的。

2010 年，《重新理解教育：来自教师专业发展学校的报告》（宁虹、王志江等著）在教育科学出版社出版。该书是首都师范大学宁虹教授与北京的几所中学合作的专著，对教师专业发展学校的实践品质和理论架构进行了意义建构，其中，共同“打磨”公开课的过程、PDS 对教师专业成长影响的分析等给读者的印象深刻。

2012 年，笔者拙作《在互助中促动专业觉醒：教师专业发展学校之本土化实践研究》（孙玉洁著）在人民出版社出版。笔者以高校教师自身为研究对象，通过与四所小学合作的亲身经历，探究了中国 PDS 运行的深层机理，进行了以构建互助合作为文化环境、以共同发展为主要目标的 PDS 实践研究。首次提出了以项目管理为特征的 PDS 运行方式和以互惠互助为基础的共同体式教师教育模式。它突破了在同类研究中，高校教师只是为基础教育单向度“输血”的窠臼，是在前人基础上的合理超越与进一步完善，不仅使 PDS 本土化实践成为可能，而且为我国地方师范类高校教师个人的专业发展提供了实践思路。

2014 年，《云南农村中小学教师专业发展学校的理论研究》（罗华玲、李天凤等著）在云南科学技术出版社出版。该书以云南农村中小学教师职后专业发展面临的现实困境为研究背景，以解决云南农村中小学教师职后专业发展存在的主要问题为研究对象，从历史和现实的角度探寻导致问题产生的原因，在比较、借鉴国内外农村中小学教师职后专业发展理论和实践的基础上，提出了具体解决对策。

2015年，《大学与中小学融合共生：教师专业发展学校建设研究》（潘海燕、余娟著）在华中科技大学出版社出版。该书从教师专业发展学校建设的价值取向，国内外教师专业发展学校建设概览，教师专业发展学校建设的目标、内容与策略，教师专业发展学校建设中需要解决的关键问题，教师专业发展学校建设行动研究案例，教师专业发展学校建设研究的展望6个方面，呈现了近5年教师专业发展学校研究的新进展。

本书认为，借鉴西方成熟教师教育经验是重要的，但仅停留在共建PDS上是不够的，它只是合作的基础。“师夷长技以制夷”“古为今用，洋为中用”才是当代中国学者借鉴西方经验为我所用的基本立场。我们要探讨的是，U-K互助如何才能体现PDS的中国化、本土化，如何才能实现高校与幼儿园的双赢。

三、研究方法

本书主要采取质性研究、行动研究和叙事研究三种研究方法。

（一）质性研究

质性研究并不是刻意寻找客观规律和发现真理，以建立抽象概念为基础，以形成严密的理论体系为目的的研究方法。它是“以研究者本人作为研究工具，在自然情境下采用多种资料收集法，对社会现象进行整体性探究，使用归纳法分析资料和形成理论，通过与研究对象互动，对其行为和意义建构活动解释性理解的一种活动”[①]。质性研究的目的主要在于获得反思性知识，加深对实践的进一步认识。它关注教育现象的丰富性与独特性，关切教育事件的复杂性及其意蕴。研究结果虽不具备定量意义上的可重复性、普适性，但能直接用于改善同类情境中的教育实践，持续坚持可以达到提高教育质量的目的。本书融入了大量的具体的教育情境和教育事件，呈现出一种“在场式”表达，可以消除读者与真实教育事件中的落差，而分析这些事件及其当事人的心路历程，是希望有更多的教育同行倾听、参与和体认，从而达到信息与意义的相互接纳和共同分享的目的。

驻园为高校教师的质性研究工作提供了极好的自然情境。研究者有机会深度介入真实的教育情境中（比如每周的干部例会、每月的教研活动、自由地出入班级，近距离地观察师生活动），以“局内人”的角色自然地与一线教师进行信息交流，容易产生视域融合、相互理解、共同建构意义的效果。一线教师通过分享高校研究者对教育现象所做的解释性分析，也容易获得对真实教育世界的理解与

---

① 陈向明，2000. 质的研究方法与社会科学研究［M］. 北京：教育科学出版社：12.

认知，把握教育实在。

（二）行动研究

本书行动研究的主要步骤包括：第一，以现实中教育的真实问题为研究内容，根据所要研究的问题设计行动方案，讨论并实施这个方案。第二，在按方案进行行动时要做好观察记录。第三，对行动的背景、过程、结果等进行反思、审视、评价和分析，以便调整下一步行动的方案（包括目标和策略）。

在行动研究中，反思是最重要的环节。反思理性是行动研究的基础，反思不是为了给教育实践者一个确定无误的、标准化的行动蓝图和操作指南，而是让幼儿园教师能够借此契机面对那些潜在的意识，厘清行动背后的教育动机，重新认识具体情境中包含的教育价值，以及在教师看来不经意的某一句话或者一个策略对于幼儿成长的意义。教育研究者和实践者借助互动，将教育实践中新的发现挖掘出来，这有助于加深对教育实践的理解，共同建构对教育实践的新认识。

在真实的、以提高反思实践能力为特征的行动研究中，幼儿园教师和师范生不仅仅是高校教师的研究对象，更是笔者的研究伙伴。通过行动与研讨，找到直接用于改进各自行为的策略，进而成为现实变革的行动力量。即研究的目的是让教育现实变得更好，让教师做更好的自己。

（三）叙事研究

叙事就是讲故事，是个人对经历过的事件的分享。经验在倾听与理解的生活中不断生长。每一条新经验的诞生既是对过去的取舍，又是对新变化的应对准备。一线教师每天处理相同又不相同的事件，他们虽然擅长讲自己经历过的事情，但做叙事研究比较困难，然而愿意为叙事研究者提供素材。

教育叙事研究是将教师日常教育生活中的故事，遵循一定的叙事规范和结构进行“深描”和广义解释的过程。它是质性研究的一种形式，用“完成时”的表达、“回溯式”的格调对教育实践及其现象进行点状或者线状描述。研究的立足点在于挖掘、重塑个人教育经验的理论价值，加深读者对教育意义的深入理解而非单纯地进行教育理论模型的建构。叙事研究的目的在于引发“同境遇者”对自身教育行为的反思和体悟，对人的生存意义、生存本质产生更深刻的理解。

四、研究框架与创新点

（一）研究框架

本书依据学术研究的逻辑体系编排内容，呈现了从问题提出、研究方法、研究过程到研究结论的全貌，水到渠成，突出核心观点。

第一章为绪论，介绍了以 PDS 理念为基础的 U-K 互助式驻园培养模式研究的缘起、相关文献、研究方法及研究内容。

第二章简要介绍了 U-K 驻园培养模式的理论基础。以实践哲学为逻辑起点，用复杂性理论解释研究过程中的变数，用教育生态学理论建构 U-K 合作驻园培养模式。

第三章主要分析了高校教育学者面临的挑战与机遇，提出了学前专业课教师深入幼儿园进行实践研究的必要性与责任担当。

第四章至第八章，描述并分析了 U-K 互助驻园培养模式的相关利益人的专业生活，包括他们的苦恼与幸福、面临的困境与机会，在看似平凡且不为人知的工作历程中实现各自追求的价值，在真实的教育实践中形成专业自觉。

（二）本研究的创新点

本研究的创新点主要体现在四个方面：

第一，首次提出了大学与幼儿园合作的高级形式——“U-K 互助”的概念。通过分析 U-K 互助的内涵、特征及其运行机制，为大学与幼儿园合作问题的研究奠定了实践基础。

第二，综合运用了管理学、领导学、心理学、生态学等学科知识，明确提出了 U-K 互助关系建立的理论基础，为提高大学与幼儿园互助合作的有效性、可持续性提供了理论依据。

第三，呈现了师范生不间断进行教育实践体验的多种形式和幼儿教师的教育实践智慧，对师范类院校实现职前、职后“相互衔接、一体贯通”的学前教师教育培养目标，调整并形成实践取向的学前专业培养方案，提供了可以借鉴的思路和实践依据。

第四，分析了高校教师在 U-K 互助中形成专业自觉的形式、意义及途径，即自觉关注幼儿教师的实践理性、自觉认识学前教师教育的实践属性、自觉探讨实践取向的学前教师培养模式。这是高校教师能够长期驻园实践、自觉维系 U-K 互助关系的重要信念和内在动力，是高校教师实现自我超越的精神力量。

需要说明的是，虽然笔者希望本书能够呈现出从器具层面到制度层面，从制度层面再到思想层面的递进过程，让读者看到那些包括在观察方法中的分析性技术、具体互动行为中的保教策略，那些包括在业务流程、组织架构和管理制度中的治理原则，那些包括在价值观、信念、领导力中的办学思想等，但想象力和能力并非对称，有时刻意而为反而不如顺其自然。

启蒙就是人类脱离自我招致的不成熟而走向成熟，启蒙就是引导人们有勇气运用自己的理性。

——康德

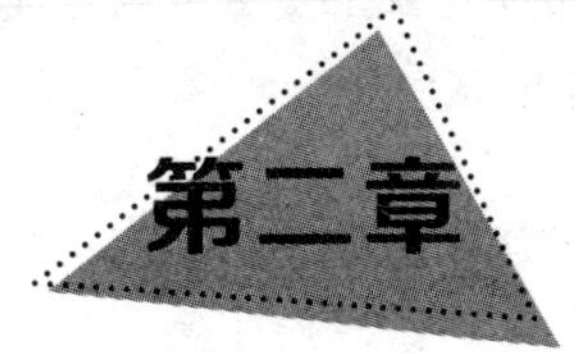

第二章 U-K 互助活动的理论基础

大学学前教育专业与幼儿园（简称 U-K）合作进行教育科学研究并不是新生事物。我国著名儿童教育家、心理学家陈鹤琴先生于 1923 年创办的鼓楼幼稚园（今南京市鼓楼实验幼儿园）是中国第一个幼儿教育研究中心。新中国成立后，许多高校的学前教育专业都在各自大学建立了附属幼儿园，以满足高校研究者和学前教育学生观察、研究儿童之需要。

本书研究的 U-K 互助活动也是基于满足高校研究者和师范生观察之需要，但合作的目标与方式不尽相同。它是指高校教师个人与幼儿园以奉献专业资源的互惠方式形成的互助合作关系，是基于共同理想价值，以共生共进为特征，满足彼此专业发展需要的一种现实选择。当前我国学前教育处于利好发展的新的历史时期，这种“少花钱、办好事”的培养优质学前教育师资的道路有了更广阔的深入探索的必要性。

第一节　实践哲学基础

西方哲学史上一直存在两种不同的哲学范式：一种是追求普遍性知识的理论哲学范式；另一种是关注生命价值和意义的实践哲学范式。前者主要指向严密的理性逻辑、普遍的真理和知识体系，后者指向人的天职与使命、正当生活的价值和意义。

一、实践哲学的基本立场与观点

什么是实践哲学？这是哲学家们一直在讨论的概念。

学者金惠敏节选了《什么是实践哲学——伽达默尔访谈录》中伽达默尔的

观点[①]：

杜特：在您新近的著作也就是七八十年代以来的著作中，您特别重视解释学与实践哲学之间的联系。您在《真理与方法》一书中通过对亚里士多德伦理学的阐释为实践哲学的概念奠定了基础。就亚里士多德的观点而论，什么是实践哲学？它与解释学在结构上有何相似之处？

伽达默尔：首先人们必须清楚“实践”（praxis）一词，这里不应予以狭隘的理解，例如，不能只是理解为科学理论的实践性运用。当然，我们所熟悉的理论与实践的对立使“实践”与对理论的“实践性运用”相去甚远，而且可以肯定的是对理论的运用也属于我们的实践。但是，这并不就是一切。“实践”还有更多的意味。它是一个整体，其中包括了我们的实践事务，我们所有的活动和行为，我们人类全体在这一世界的自我调整——这就是说，它还包括我们的政治协商以及立法活动。我们的实践——它是我们的生活形式（lebensform）。在这一意义上的“实践”就是亚里士多德所创立的实践哲学的主题。

学者徐长福认为，作为学科的实践哲学是亚里士多德建立的。亚里士多德把人类活动和知识分为理论、实践与制作。近代德国哲学家沃尔夫将哲学简化为理论哲学与实践哲学，并为康德所沿用。近代英、法的知识分类系统中也有类似实践哲学的领域。由于马克思力主“改变世界”，他的哲学就被许多人称为“实践哲学”，以区别于先前那些在马克思看来仅仅“解释世界”的哲学。当代加达默尔把自己的解释学也称为“实践哲学”。这些都属于学派意义的实践哲学[②]。

（一）马克思的实践观

马克思认为实践是指“人的感性活动”。它不仅是客观的而且是主观的，是实在的和能动的。他在《关于费尔巴哈的提纲》中指出：“全部社会生活在本质上是实践的，凡是把理论引向神秘主义的神秘东西，都能在人的实践中以及对这个实践的理解中得到合理的解决。[③]”

实践是人特有的生存方式，实践对人而言具有外向性和内向性价值。外向性价值是指实践作为人的活动方式和存在形式，能够通过人的本质在实践中释放并作用于外界对象，使之按人的意图、目的发生变化，从而适合、服务于人，并因而成为人的本质力量的直观表现和确证。内向性价值是指实践作为人所特有的存

---

① 汉斯·格奥尔格·伽达默尔，卡斯腾·杜特，2005．什么是实践哲学：伽达默尔访谈录［J］．金惠敏，译．西北师范大学学报（社会科学版），（1）．

② 徐长福，2007．何谓实践哲学［J］．理论与现代化，（7）．

③ 中共中央马克思恩格斯列宁斯大林著作编译局，1995．马克思恩格斯选集（1）［M］．北京：人民出版社：56．

在方式，有着提升、丰富人自身的功能，人们通过实践在改造外部世界的同时，也改造了人本身，不仅提高了人的主体能力，丰富了人的本质，而且促进整个人生存由片面和不自由状态逐渐变为全面而自由的状态[①]。

实践是人的社会关系生成的基础。学习作为一种生存方式，无论是儿童的学习，还是成人的学习，最终都体现为人对环境的适应与超越。这种过程也是人的能动与受动相统一的实践表现。

教育科学也是一门实践的科学。它“是实践者在哲学、科学资源的提升下，进行观察与思考，提出问题与假设，解决问题与验证假设而得出的科学理论，这个过程既是一个科学研究的过程，又是一个为着某种教育目的的实践过程，同时还是一个理解人之实践的目的与意义的过程”[②]。

（二）哈贝马斯的交往行动理论

尤尔根·哈贝马斯是德国当代最重要的哲学家之一。哈贝马斯认为，交往行为是以理解为目的的行动。如果行为者不能够相互理解、共享知识、彼此信任、两相符合的话，交往行为就不可能继续下去。在《交往行为理论》中，他将人的行为分为四种类型[③]。

一是目的性行为。主要集中在生产领域，是借助于工具理性从事改造客观世界的活动。然而，受客观条件的制约，这种行动不但不能发挥人的主体性，反而成为压制人的手段，所以不具备合理性。二是规范性行为。这是以行为者共同的价值取向为目标的行为，主要体现在人们的主观世界和社会世界中的价值认同和规范遵守。三是戏剧性行为。与培根的剧场假相类似，他认为社会是一个舞台，每一个个体都要在观众或对象面前表演自己，背诵早已准备好的“台词”，让观众去领会他的“潜台词”，因此这也不是一种合理性的行为。但是社会却需要这种行为，因为它是人的社会交往的一种方式。前面的三种行为或者压制人的主体性，或者使人变为一种社会化符号而异化为某种工具，因而都是不合理的行为，于是他提出了第四种——交往行为。交往行为使用语言或非语言符号作为理解他们各自行动的工具，以便使他们能够在如何有效地协调自身的行为上达成一致。它是主观世界、客观世界和社会世界的综合与扬弃，所以就必然是合理性的行为。

有研究表明，各行各业的学徒都是通过逐步深入某一实践共同体（community of practice）中而学习的，即以某个实践共同体中合法但边缘的身份开始学徒，在

---

① 李荣海，2005. 从“人”的发现到“以人为本”——马克思的“人学”发展道路［J］. 理论学刊，(1)：20-25.

② 唐莹著，2002. 元教育学［M］. 北京：人民教育出版社：110.

③ https://baike.baidu.com/item/%E5%93%88%E8%B4%9D%E9%A9%AC%E6%96%AF/2710?fr=aladdin.

变得更加熟练的同时，逐步成为他们所选择领域的特殊生活的完全参与者[①]。

在教育实践中，工作困境的出现与解决，需要教师与他人的沟通，需要管理者与员工的约谈，需要专业权威对新手教师的指导建议。这些普遍存在的交流与对话，都是有目的的行为和角色行为。即便是学前儿童的平行游戏，表面看起来似乎是单个主体作用于客体的对象性活动，但从本质上说，绝不是个体单纯的内化行为或者完全自我建构，而是在成人创设的环境中（情境、玩耍的物件）与他人建立间接的联系，在交往中完成的。

哈贝马斯的交往行为理论为我们探索幼儿教师实践智慧的生成方式，探索U-K互助共生文化的构建策略提供了哲学解释学的基础。

二、实践哲学关照下的实践教育理论

从教育的历史看，教育学在诞生之日起就与实践哲学结缘了。康德是第一位在大学讲授教育学的哲学家；赫尔巴特本人也是一位心理学家、哲学家，因其系统地阐述了教育的目的与方法，被称为“科学教育学之父”；杜威开办实验学校将自己的教育理论实践化，被称为“教育史上的哥白尼”。他们都把实践哲学作为自己教育学理论的支点。

德国教育学家维尔曼将教育学分为两类：科学的教育学和实践的教育学。前者关注的是“是什么”的问题，后者回答的是“应该做什么”的问题。两者的分野，是“法则”（laws）和“规则”（rules）的不同诉求。

学者熊川武认为，实践教育学具有以下三个个性特征[②]。

（1）解说“应当”，与理论教育学分庭。理论教育学是回答“教育是什么”的知识。它研究教育事实，揭示规律，朝科学教育学发展。实践教育学研究教育应当制定的规范，朝指导实践方向发展，追求较强的操作性与提高教育者实践能力的有效性为立命所在。

（2）设计与检测“教育应当”。实践教育学是以理论教育学提供的教育事实为根据，在合目的性与合规律性统一的前提下，依靠“教育应当”指导教育实践的过程。

（3）帮助学习者理解和掌握“教育应当”。实践教育学者将自己的使命确定为有力地促进学习者的教育知识向教育实践能力转化。

“教育学是一门实践性学科。”马克斯·范梅南认为，生活具有非逻辑性和偶然性，本身充满智慧挑战，它使人的发展具有了更多的可能，也使教育具有了某种神奇的效应。而教育原本是人的生活方式，生活之于教育学具有举足轻重的作

① 菲利普斯，乔纳斯，索尔蒂斯，2006．学习的视界［M］．尤秀，译．北京：教育科学出版社：74．

② 熊川武，等，2001．实践教育学［M］．上海：上海教育出版社．

用。“教育学的概念中所有的因素都不应该被视为‘给定的’或‘既定的’[①]”，教育的意义必须到教育的实际生活中去寻找。

在教育科学中，理论与实践是相互作用的。无论是归纳的、解释的体系，还是规范的、演绎的体系，从本质上讲，都需要以经验为基础。教师的实践理论是由价值和对价值理解所构成的如何行动的复杂系统，并非是简单的程序性知识或者经由反复训练而成的“套路”。价值与理解、行动构成了“实践中的教育理论”。激发、鼓励和支持具有道德价值的教育活动，为教师的精神气质提供帮助，为接受实践教育理论的教育者提供规范的、情感的行为指导是实践教育学的重要任务。

三、实践哲学对本研究的启示

伽达默尔曾说：无论是理解者还是文本，都内在地嵌于历史性中，实践是一种关系，是一种体现我为世界而生、世界因我而在的本质关系，我在世界中，不是旁观者。

日本学者佐藤学用三种比喻来形容教育研究的视角：飞鸟之眼、蜻蜓之眼和蚂蚁之眼[②]。飞鸟之眼，高瞻远瞩却浮光掠影；蜻蜓之眼，视角下移却蜻蜓点水；蚂蚁之眼，所见有限却精确细致。

作为大学学前教育的专业课教师，一个以实践哲学为理论基础的教师教育研究者，既要有飞鸟翱翔于天空并俯视纵观全局的洞察力，也要用蚂蚁对待泥土的专注去聆听儿童的感受与心声，有从一滴水的折射中感受太阳光辉的观察力，呈现出“高瞻远瞩、脚踏实地”的研究姿态，在教育实践的沃土中充分认识实践情境的价值。用对话性的而非独白式的语言帮助师范生和幼儿教师去理解与把握具体教育情境中的策略。高校教师与师范生、幼儿教师交往的一切行为都是相互的，因为我们的生活形式具有“你—我”特性、“我—我们”特性和“我们—我们”特性。在共同的教育实践中，我们被理解所指引，而理解就发生在交往和对话之中。

第二节　复杂性理论依据

一、复杂性及其特征

“复杂性”（complexity）是指复杂的性质和状态。《辞海》对“复杂”的解释

---

① 马克斯·范梅南，2003．生活体验研究：人文科学视野中的教育学［M］．北京：教育科学出版社：27．

② 陈静静，等，2015．跟随佐藤学做教育［M］．上海：华东师范大学出版社：10．

为：①事物的种类、头绪的“多而杂”；②系统论中，指事物或系统的多因素性、多层次性、多变性，以及相互作用所形成的整体行为和演化。《说文解字》中对“复杂”的解释为：“复，行故道也。杂，五彩相会。意思是规律性与混沌交杂的状态。[①]”

复杂性理论并非一门具体的学科，它分散在许多学科之中。法国哲学家、社会学家埃德加·莫兰（Edgar Moran）从哲学社会学的角度，对复杂性进行了系统的研究。他在《复杂性理论与教育问题》一书中提出，要用“复杂思维范式”来考察和解决当代教育问题。这个“复杂性范式”包括：复杂性是简单性和复杂性的统一；它是进行选择、层次化、分离和划归的简化过程与沟通，即连接那些被分离和被区别的方面的反过程的统一。因此，他既反对只见部分的还原主义思想，又反对只见全体的整体主义思想，而表现为它们的结合[②]。

学者吴东方在其著作《复杂性理论关照下的教育之思》中提出复杂性科学的基本特征[③]。

第一，非线性、整体性与动态生成性。复杂性科学的研究对象是非线性系统，只能从整体把握而不能采取叠加的方式，复杂性系统的演化有时间变量的参与，是动态生成性的。

第二，不确定性与内随机性。复杂性系统表明：一方面系统存在随机概率事件，具有不确定的性质；另一方面，系统中存在大量的非理性和非制度性因素。它们之间有复杂的相互作用，仅靠规律推断不能揭示其本质特征，而任何初始条件的微小变化会导致系统的运行轨迹出现巨大的偏差，如著名的“蝴蝶效应”。

第三，不可逆性、自组织与开放性。

学前教育实践问题非高校教师的某一专项课题，它是存在于日常生活中并隐匿于繁乱事务中的问题，一旦它影响了工作的效能或者速度，就会被“揪”出来进行研究，找出问题的解决方法，以便进一步提高工作质量或者推进工作进程。这个过程因复杂程度的不同而可长可短，有时也不是预先能估计的，更多的情况是“逢山开路，遇水搭桥”式地迂回前进。如果绕开问题不解决，就会阻碍工作的进程，这种不可逆性、自组织性的复杂理论为行动研究者提供了重要的思想基础。

---

① 吴东方，2014. 复杂性理论关照下的教育之思［M］，北京：教育科学出版社：16.

② 陈一壮，2004. 论法国哲学家埃德加·莫兰的“复杂思想”［J］. 中南大学学报（社科版），(1)：13.

③ 吴东方，2014. 复杂性理论关照下的教育之思［M］. 北京：教育科学出版社：7.

二、复杂性理论对教育实践的影响

（一）提供了理论分析框架

复杂性为解释教育过程的非线性、活动结果的差异性提供了理论分析的框架。复杂性理论认为，“整体大于部分之和”，但“作为系统的整体也可能小于部分之和”。作为教育组成部分的社会教育、学校教育、家庭教育在共同对受教育者发挥合力时忽视了个体的自主性，并且由于教育目标的封闭性限制了个体的特异性和活力，或许不能发挥教育的最大整合功能。以往机械的辩证观和系统组分功能的简单叠加，未必发挥系统的整合功能，因此，要重视系统组分功能的对立统一和有机融合。

复杂性理论不仅对当下的教育学研究起到了思想启蒙作用，而且，复杂性理论通过关注事物运动变化发展的初始条件，关注教育对象的内随机性，关注教育系统中的涌现和耦合现象，关注个人生命的成长和自主选择。视野已然从追求形而上的抽象规律转为关注不断涌现教育事件的实践①。

教育是人世间最为复杂的系统之一，教育运行和发展涉及许多因素或者变量，如教师、课程、学生、设备等，这些因素相互影响，构成了错综复杂的联系。这些因素间的机制不是简单的因果联系的线性规定，而是复杂的、多方向构建的。它们之间的联系还取决于具体的时间、场景等随机条件的出现。教育发展的初始条件极为不同，并且充满了不确定性、不可知性和混沌性。

教育事件是发生在一定时空条件下对人基础知识的获得、基本能力的提升具有一定影响力的教育情境。教育事件是教育活动中人与人交往的结果。这种交往总体上会呈现出混沌：无序和有序的交融、确定与非确定的交融。交往的混沌性质，使我们在认识和理解教育现象的时候更多的是以活动参与者体验的方式加入活动过程中。

教育实践中的无序性固然会扰乱主体发展的行动计划，但这种无序性或教育理论与教育实践的紧张又会给主体的自由发展带来可能。教育实践的偶发性使教育的发展在一定范围内具有多种可能性，主体因而可以加以选择，自由和能动性就建立在选择的基础上。我们要关注其中的“噪声”、无序和偶发事件，这种事件往往会说明教育的真实意图，要把握来自“噪声”中的有序性，体现教育意义所在。教育世界中的有序性往往有助于维护现在的有序事物并形成一个使人类易于开展实践的环境，但是它阻止了新质的产生，并把人类活动限定在一种无创造性的机械运作之中；而教育中的无序性会干扰

① 吴东方，2014．复杂性理论关照下的教育之思［M］．北京：教育科学出版社：146．

人类行为计划的实行，但是它也会引起新质事物的产生并且为人类的实践活动提供罕见的机遇。

（二）说明了教育理论与实践的张力

不论是过去还是当下，教育理论与教育实践之间的关系问题一直是教育学讨论的核心问题，也是教育理论工作者与教育实践工作者在不平等的教育场域中、在非对称式对话中，时时产生交锋、激辩的焦点。

在教育研究领域，许多人认为教育理论是“人们借助一系列教育概念、教育判断和推理所表达出来的关于教育的本质及其规律的知识体系”①。许多青年学生认为，学了这些理论就能很好地解决教育实践问题，至少不至于在实践中产生“抓狂”或者挫败感。他们认为，所从事的教育实践应该是有章可循、按图索骥的。但到了教育实践场域后才发现完全不是这样，于是产生出教育理论“无用论”的悲叹。分析其原因，是某些高校教师自身用简单性思维呈现了教育学知识，对教育理论过度抽象与概括的讲授活动简化了对复杂教育现象的实际分析与描述。学生获得的思维方式是简单的、一元化的。一些“从学校到学校”、缺乏社会实践经验的年轻高校教师初到教育实践时，习惯用客观、中立的研究立场面对繁杂的教育实践，这种价值无涉原则从研究的视角无疑是需要的，但在教育实践者眼里却并不“讨喜”，他们理解不了这种“与己无关”的冷漠做派，更不愿接受这些教师“兜售”的教育理论。

教育理论与教育实践之间的张力还存在于教育理论工作者与实践工作者的对话关系之中。由于理论工作者接触了大量的教育理论著作，在对话中引经据典且大量使用专业术语，在表达中常使用肯定性语气、布道式讲解，使教育实践者产生心理压迫感，许多幼儿教师在听完某些专家的报告后，并未觉得这些理论对自己的心灵有多少滋养，给自己的教育行动有多少帮助，更没有提供解决自己实际问题的“良方”，这是他们最需要而恰恰是与理论工作者价值取向不同的。数量上的丰富并未弥补质量上的无力，看多了众多论文中的“宏大叙事”，即使教育研究者同行也觉得千篇一律，缺少新意。从教育学者的视角看，“教育理论关照实践”“教育理论指导教育实践”似乎是毋庸置疑的，但在实践工作者看来，“教育理论嘴上说得好，拿到实践中未必能有用”。教育实践从来不是按照教育理论规划好的路线图行事。

教育理论是对教育现象和教育实践的抽象与概括。尽管它有用，但它不是包治百病、解决一切实际问题的“灵丹妙药”。教育现象是复杂的。教育实践受诸如教育政策、制度、教学惯习及教育者自身的条件等多种因素的制约。

---

① 彭泽平，2002. 对教育理论功能的审视和思考［J］. 教育研究，(9)：10.

（三）阐明了教育学知识的实践来源

规律是内在的、本质的、必然的联系。教育理论的建构过程即是探求教育规律的过程。追求教育实践的可逆性、可重复性和理论的普适性成为许多理论工作者的研究目标。殊不知，这样的理论建构无视了教育对象和教育现实的复杂性与多样性，结果，我们创造了各种各样的教育学，但是，能够贴近现实、很好地解释教育现象的教育学却很少见。

复杂哲学认为，一切并不都是必然的和有规律的。规律是客观存在的，也是由人来发现和选择的。在具体的情境中，教育如何发展是由人来主动构建的，人有什么样的目的、需要、态度和价值观，就有什么样的教育实践方式和实践结果。

学者吴东方认为，任何一种教育理论都有情境性和适用范围，在教育学知识内部价值的排序上，最具价值的知识不再仅仅只有科学知识，还包括人们的信仰。知识的定义还可以用人文社会来考察。知识的创生也带有境域性、文化性，这与后现代主义对知识的认识不谋而合。不存在完全客观中立的、普适性的知识。也就是说，我们基于理解、对话、体验所形成的教育学知识，实质上都是个别化的、情境化的教育实践。教育理论并不都是教师进行教学的程序、蓝本，而是多样教育事件的呈现和教育策略的总结。我们更看重的是教师对这些符号特征鲜明的教育事件的体悟，对教育策略的理解与解读[①]。中国成语中的“殊途同归”，与西方谚语“条条大路通罗马”意思相近。只要目标一致，方法、道路可以不同。教育的世界本质上是一个意义的世界、文化的世界、价值的世界，不可能完全准确地被客观地说明和描述。当涉及复杂人的心理活动、情感交融时，传统的实证、实验的方法就不适用了。

复杂性理论视角下的教育知识建构观认为，知识不再是绝对的、一成不变的真理，因为宇宙不是机械地、二元的，而是历史的、关系的和人格性的。教育活动是一种师生双方共同投入其中的、极富创造性的、动态的和生成性的活动。作为教育者的教师和受教育者的学生都是在一定的文化背景下，具有某种价值取向，受习俗和传统影响的个体，是生动而具体的存在，丰富而鲜活的存在，是历史和现实的存在，是包含文化积淀的存在[②]。

三、复杂性理论对本研究的启示

基于对复杂性理论的深入学习，我们清醒地认识到，教育理论是极富有文化

---

① 吴东方，2014. 复杂性理论关照下的教育之思［M］. 北京：教育科学出版社：139.

② 吴东方，2014. 复杂性理论关照下的教育之思［M］. 北京：教育科学出版社：141.

色彩和带有强烈的民族性与地域性的，我们既应借鉴他国先进的教育理念，又应使其为我所用，创造我们本土的教育学理论。人文世界和教育实践是生长教育知识的地方，教育学知识就是生命的表达、意义的阐释、主体性的回归和价值的建构。我们要探寻的是符合人发展需要的教育理论，它能够帮助人实现自身的幸福，最大程度地实现每一个人想要的且可以实现的生活，而不是凭空想象的、看似规范实则行不通的玄而又玄的理论。

在复杂理论的指导下，本研究也特别关注了自组织特性、文化异质性及其相互关联性在驻园教育实践场域的体现。

自组织特性表现为多种形式的U-K合作活动。无论是高校教师教育实践，还是幼儿园的教育实践，既可由正式组织（高校与幼儿园）策划，也可由非正式组织（教师自愿结合的研究小组）发起。前者犹如体操比赛中的“规定动作”，是分内之事，后者是体操比赛中的“自选动作”，是因兴趣或者需要而做事，在应付环境、解决问题时自主地发挥作用。

文化异质性表现为高校学前教育专业教师（为了与幼儿教师区分，本书中统称为高校教师）以他人眼中的学者角色深入幼儿园实践场域中，成为“幼儿园中的人”这个同质中的“异质”。2001年开启的国家层面的课程改革，将这种同质与异质相结合的现象形象地比喻为“白菜加大虾”，这既是对高校教师的接纳与认可，也是对其发挥专业引领作用的期待。这种“白菜加大虾”组合形成了系统的多样性，看似美满，实则充满了张力，因为系统和系统之间是彼此独立的。

相互关联性表现为以PDS为平台，以研究项目和日常教研为纽带的高校教师、师范生和幼儿教师之间的互动，是不同系统之间、系统里的人与环境之间的相互关联，彼此为援手，相互支持。

第三节　教育生态学视野

一、人类发展生态学的基本思想

人既具有生物生态属性，又具有社会生态属性。作为生物人，人对环境的生物生态适应使人类形成了不同的人种和不同的体质形态；作为社会人，人对环境的社会生态适应形成了不同的文化。生态学是一门“研究有机体或者有机群体与其周围环境的关系的科学”①，生态学（ecology）由“oikos”“logos”两个

① HAWLEY A H，1950. Human ecology: a theory of community structure［M］. New York: Ronald Press.

词根组成，源于希腊文，最早由博物学家索罗于1858年提出。在教育研究中，美国教育学者沃勒在其著作《教育社会学》中提出了“课堂生态学”（ecology classroom）的概念，是教育系统中较早使用“生态”一词的学者。本书接受布朗芬布伦纳提出的人类发展生态学理论。

布朗芬布伦纳认为，人类发展生态学是“对不断成长的有机体与其所处的变化着的环境之间相互适应的过程进行研究的一门学科，有机体与所处的即时环境的相互适应过程受各种环境之间的相互关系，以及这些环境赖以存在的更大环境的影响”[①]。他进一步解释这个定义有三个特征：发展着的人不能被看作环境在其之上任意施加影响的一块白板，而是一个不断成长的并时刻重新构建其所在环境的动态的实体，即人是主动与周围环境相互适应的实体；第二，人与环境的作用过程是双向的，呈现出一种互动的状态；第三，与人发展相联系的环境也不是单一、即时的情景，还包括了各情境之间及其在更大环境中的相互联系，是以人为中心向四处扩散的网络。布朗芬布伦纳将之称为生态环境。它包括小系统、中间系统、外系统和大系统四个种类的生态系统，前者逐个地被包围在后者之中，形成了一种同心圆式的结构。

二、生态学的方法论

生态学方法论是指以生态的或者共生的观点、技术和手段来考察、探索、建设世界的方法，就是用一种整体观、发展观和科学观看待事物。生态学给出了人们看待自然和社会的一种独特视角，为教育研究勾勒出一种崭新的分析框架。

（一）发展中的人与变化着的环境之间是相互作用的

人文社会科学研究受科学主义取向影响的表现之一，就是使社会分工越来越细，专业性也越来越强。为了分析得更为精确，人们会将原本整体的事物和现象进行分解，分门别类地给予定位、认识。人们的认知也逐渐习惯于“掰开揉碎”式地解构方式，但容易出现“只见树木，不见森林”的问题。生态学视角刚好相反，即便是对单一事物的认识，它也将之放在一个系统中加以审视，而且将系统中的单一个体视为相互关联且彼此互惠、相互影响的整体。

生态学视角告诉我们，无论是在自然科学还是在社会科学的研究中，环境、人与事都不是孤立存在的，彼此之间的联系与相互影响越来越大。整体系统的观念对解释独特性和差异性具有重要价值。

① 薛烨，朱家雄，等，2007. 生态学视野下的学前教育［M］. 上海：华东师范大学出版社：66.

（二）可用生态实验法探讨变化中的环境与发展中的人

所谓的生态实验法，是指通过对样本的随机分配（有计划的实验）或者匹配（自然实验），努力控制其他影响因素，然后对两个或者多个环境系统，或者它们的结构成分进行系统的比较，以获取不断发展的有机体与环境之间动态相互适应情况的研究方法（Bronfenbrenner，1979）①。

生态实验法的研究目的在于系统地分析人与环境之间现存的相互适应性。它需要研究者以参与者的角色参与到发展主体所在的特定情景之中，以长期“共在”的方式获得相应的研究数据，而不是以短期干预（或者观察）的方式获得研究数据，这明显地不同于一般教育实验法。另外，生态实验法还认为，由标准化测试得到的数据并非是唯一的方法，在科学研究的初始阶段运用实验逻辑，对把握研究对象的关键特征也很重要。

（三）文化生态学理论

布朗芬布伦纳提出人类发展的生物生态学理论，其系统模式如图 2-1 所示。其中，家长、教师及与儿童最为密切接触的其他人员都在同心圆的最内层，被称为“小系统”，小系统中的人对幼儿发展的影响最为直接。同心圆的外一层是中间系统，它由与儿童有直接接触的环境之间的相互关系组成；外系统指的是影响儿童发展的社会环境，比如父母的单位、社区医疗等。外系统中外层的大圆代表大系统，它是由文化、法律、社会行为规范等组成，对幼儿的发展具有间接影响。布朗芬布伦纳的人类发展生态学理论被后人在实践中进一步演绎，广泛地应

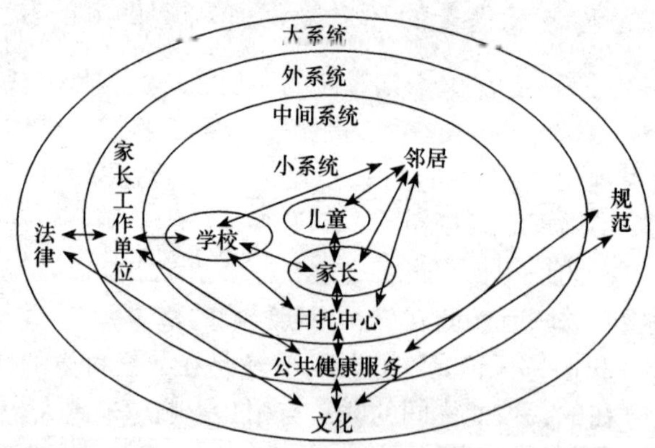

图 2-1　根据布朗芬布伦纳人类发展生态学理论建立的生态系统模型图②

① 薛烨，朱家雄，等，2007．生态学视野下的学前教育［M］．上海：华东师范大学出版社：82.

② 薛烨，朱家雄，等，2007．生态学视野下的学前教育［M］．上海：华东师范大学出版社：68.

用于习性学、生态心理学和文化生态学等领域。

1955 年，美国学者 J. H. 斯图尔德最早提出了文化生态学的概念。文化生态学是指用人类生存的整个自然环境和社会环境的各种因素交互作用的生态理论研究文化产生、发展规律的一门社会学分支学科。文化生态系统结构模式如图 1-1 所示。

文化生态学的理论和概念主要用来解释文化适应环境的过程。文化生态学认为，文化不是经济活动的直接产物，它们之间存在各种各样的复杂的变量。山脉、河流、海洋等自然条件的影响，不同民族的居住地、环境、先前的社会观念、现实生活中流行的新观念，以及社会、社区的特殊发展趋势等，都给文化的产生和发展提供了特殊的、独一无二的场合和情境。文化生态学主张从人、自然、社会、文化的各种变量的交互作用中研究文化产生、发展的规律，用以寻求不同民族文化发展的特殊形态和模式。

在 U-K 互助合作中，基于对学前教育事业发展中优秀人才的共同需要，大学师生与幼儿教师形成了互助合作共同体，其所建立的共生关系，所形成的“在一起”的互助文化，所构建的共享协作模式对提高教师的能力具有积极的影响，共同成为促进儿童发展的重要因素。

文化生态学对幼儿园办园特色的建构具有理论指导意义。社会大环境相似，但幼儿园中观层面的外环境彼此有差别。当前，新城区中幼儿园布局是以社区为中心向四周延展的模式，但老城区中仍保留有工厂幼儿园、机关幼儿园、部队直属幼儿园、教工幼儿园等不同的办园主体。文化需求不同，办园特色也很不相同。幼儿父母工作环境相对一致的，家庭育儿方式和儿童日常生活也有很大的相似性。农村的中心幼儿园坐落于村落，几辈人都生活在此，在街区里追逐中长大的孩子与其父辈的生活方式相近，但与在城市楼宇中长大的同龄孩子相比，生活方式很不相同。家庭小环境，幼儿园及周围社区中环境和地区发展的大环境都是幼儿园文化选择、办园特色确定的重要依据。

三、教育生态学视野对本研究的启示

（一）差异引发互动

在人类社会中，人与人直接的差异是造成误解、隔阂乃至冲突的重要原因。因此，为了达到和谐相处的目的，人们会想尽各种办法消除异己，减少差异。但从教育生态学视野看，差异是现实存在的，重点在于如何看待差异、解释差异和运用差异。差异引发的是人们心智中的信息互动，有不同才有吸引力，才有交流的必要。

在高校教师驻园工作期间，高校教师与幼儿园老师在思维模式、行动思路和实践方法上有明显差异，有时交流上的巨大差异会让双方非常苦恼。但有了生态学视野后，就会看到差异的两面性：一方面，它给双方的交流造成一定的阻碍；另一方面，它也能促使双方相互吸引，产生互动的愿望。

（二）互动产生关联

差异在两类事物（包括人的行为与思想）的比对中产生并在比对中被感知。有差异的信息是引发心智间互动的基础，而心智之间的连接构成关联。关联既可体现在如紧密或者疏松等物理外形上，又可体现在人与人的情感关系等方面。

在生物系统中，每一个小的“整体”都是由“部分”之间的相互作用构成的，大的整体由小的整体（被视为大整体的部分）构成。专业的生物学家用种族发生的“同源”来解释生物之间形式的相似性，心理学家也会用“原生家庭”图谱法来解释人心理的特殊性。

在幼儿园内，班级由性格迥异的个体组成，不同的班级构成年级，年级中的班级和幼儿园其他处室构成幼儿园，幼儿园及周围其他设施构成社区。它们之间互动交流，形成了密切关联的有机社会。

（三）关联依赖解释

科学家格雷戈里·贝特森（Gregory Bateson）认为：在科学研究中，有两种组织资料的方式，它们是“描述”和“解释”。两种方式经由套套逻辑（tautology）连接起来。纯粹的描述呈现一切存在于事物中的事实，但描述只包含信息，并不说明对象之间的关系。解释是指将描述所提供的信息铺设于套套逻辑之上。解释所提供的东西并不受限于描述所提供的信息，而是受限于解释者能否制造出更复杂的套套逻辑[①]。

在驻园模式研究中，我们经常使用案例分析的方法对看到的日常保教工作片段进行分析，使用的就是描述加解释的套路。但可以看到，即便是同一场景，因为观察主体不同，客观描述也有差异的，关键在于主体是站在何种视角进行解释的。

（四）解释构成意义

之所以有不同的解释，皆因主体对背景中关系的理解不同。没有背景就没有意义。人的行为依据对事物的解释。对教育世界重新审视后的基本表达，构建了

---

① 薛烨，朱家雄，等，2007. 生态学视野下的学前教育［M］. 上海：华东师范大学出版社：117-118.

以重新理解教育意义为基本问题，以主体、情境、语言与行动为基本范畴的教育解释学的分析框架。

哲学家费希特曾说过：“人们选择哪种哲学，就看他是哪一种人，因为一个哲学体系不是一个人们可以随意放弃或者接受的死用具。相反，一个哲学体系因占有这个哲学体系的人的精神而充满生机。”还有人说，一个人阅读什么样的书就易信奉什么样的理论，他信奉的这个理论就易成为他重估一切价值的基本依据。作为一个地方高校学前专业的普通教师，一个对幼儿园教师生活有深刻体验的人，愿意呈现给世人的是“生命与求知合一，求知与行动合一”的实践态度。

什么是路？就是从没路的地方践踏出来的，从只有荆棘的地方开辟出来的。

——鲁迅

第三章 地方综合性大学教育改革对学前教师教育的影响

高等教育在21世纪初就已经同时面临经济全球化、信息网络化和文化多元化三个方面的挑战。首先，全球化已不再是一种幻想、遐思或神话，而是一个不可抗拒的、影响世界经济和社会发展轨迹的事实。它的效应不仅体现在市场的全球拓展上，而且迅速渗透到社会生活的其他领域。经济运行方式正在改变大众的思想意识、行为方式和生活观念。其次，网络改变着人们的生活方式。人的闲暇时间变得越来越多，自主意识变得越来越强。网购使人们足不出户便可得到想要的物品，第三方支付即使在偏远的地方也能普遍使用；微博、微信公众号让人随时可在网络上发声，人人变成自媒体；QQ、微信还使即时交流成为可能。网络不仅方便了物质的交换，而且也方便了不同文化与价值观的交流，全球文化交流“扁平化”了。公众对生活多样化选择自由度越来越高，人的自主性得到了空前的激发，文化多元化成为趋势。

但是，这种文化多元化也带来了人们思想观念和生活观念的交流与碰撞。许多社会问题需要从学校教育、家庭教育甚至从学前教育阶段开始着手分析、研究和解决。比如，怎样把“讲奉献、讲大局”的政治要求和“人人为我，我为人人”的基本道德规范与“按劳取酬，多劳多得”的分配制度有机结合；怎样引导师范生在丰富的物质世界中，坚守教师的人文情怀与精神家园，为培养“中国人”和“现代中国人”做出应有的贡献，等等。

第一节　高校体制改革对教师发展的要求

各级组织纵横交错构成社会，每个组织都是社会的一个齿轮。社会变革，社会中的组织就得变化，组织就要求组织中的个人跟进这种变化，这是极其正常的。教师是教育组织中的一员，岂能置身其外？

当前，我国高等教育质量特别是人才培养的质量与经济社会发展的不相适应性日益突出，制约高等教育发展和人才培养的深层次矛盾逐渐显露。因此，解决高等教育质量的深层次矛盾和问题，成为高等教育改革的主题。具体地说，我国高等教育改革面临的形势和任务与20世纪八九十年代的改革大不相同，由解决“有学上”的问题转变为解决“上好学”的问题。由规模扩张、数量供给为主进入以提高质量和发展水平为主的新阶段，由“以量谋大”战略向“以质图强”战略的转变，正改变着我国高等教育“大而不强”的现状。

国务院副总理刘延东在《深化高等教育改革，走以提高质量为核心的内涵式发展道路》一文中指出：“要创新教学理念和模式，创新教学方法和手段，创新学习方式。人才培养立德为先、立学为基，既要加强专业教育，注重‘厚基础、宽领域、广适应、强能力’，也要加强思想品格教育，注重‘树理想、强意志、勇实践、讲奉献’，使学生具有坚定的理想信念、广阔的眼界胸怀，更好地适应未来职业和社会发展的需要。要探索科学基础、实践能力和思想品德、人文素养融合发展的培养模式，推动跨学院、跨学科、跨专业交叉培养，加强高校、科研院所、行业企业联合育人。”

2017年，中国共产党第十九次代表大会隆重召开。习近平总书记在报告中指出：“我国社会主要矛盾已经转化为人民日益增长的美好生活需要和不平衡、不充分的发展之间的矛盾。”“在发展中补齐民生短板、促进社会公平正义，在幼有所育、学有所教、劳有所得、病有所医、老有所养、住有所居、弱有所扶上不断取得新进展。”“社会主义核心价值观要从家庭做起，从娃娃抓起。深入挖掘中华优秀传统文化蕴含的思想观念、人文精神、道德规范，结合时代要求继承、创新，让中华文化展现出永久魅力和时代风采。”对此，高等教育学者应责无旁贷地承担起研究使命。

党的“十八大”以来，各地方高校纷纷开始“对标”发展：聚焦一流目标，从一流本科、一流学科建设开始，综合改革、人才队伍建设、国际合作等多举措并行，综合实力进一步增强。许多高校实施了首席教授、特聘教师、青年卓越人才等“工程”，大力引进如工程院士、长江学者、千人计划学者、国家杰出青年人才等高端人才组建科研团队，提升了科研实力，加快了研究成果的转化应用速度。

与此同时，高校对教师的要求更高了，如新入职的青年教师除了要有博士学位，还要有海外留学经历，最好能带着国家社科基金项目；45岁以下青年教师若要评教授，需有国外访学一年的经历等。

新经济形势下的社会意识形态对大学教师也会产生一定的影响。现在，许多高校内部也采用量化排名的方式评价各学院工作，各学院再出台相应的具体方法评价老师，包括科研业绩、教学业绩。将文化产品商品化的量化标准——SCI（自然科学引文索引）和SSCI（社会科学引文索引）成为学术评价最重要的标准。在这种标准下，教书育人的综合质量也被拆解为教师的教研论文数、学院教师的精品课程数、学院教授、副教授给本科生上课的数量等具体项目。同时，还包括学生获得的奖项、学生发表的论文、学生的考研率、一次性就业率等可以量化的指标。从整体上看，这些指标包括了高校人才培养的诸多方面，虽然不尽完善，如难以描述高校教师对学生价值观、意识形态进行引导时所付出的心血和时间，难以量化教师在承担非研究性工作任务中的工作业绩等，但其导向功能是积极的。或许，在社会转型期，部分单位的个别人员会出现“唯项目”“唯奖项”等急功近利的行为，将学术研究异化为单一的“投入—产出”关系，但不能代表大多数高校教师的主流价值观和学术研究精神。

第二节　地方综合性大学中师范类教师发展面临的挑战

地方性综合大学，一般是指隶属于各省、自治区、直辖市、港澳特区，靠地方财政供养，由地方行政部门划拨经费的普通高等学校。作为我国高等教育体系的主体部分，地方性综合大学以服务区域经济社会发展为目标，着力为地方培养高素质人才。目前，全国师范院校按照学校属性分为三类：第一类是六所部属师范大学和进入“211”的部分省属重点师范大学，这类学校办学历史悠久、学科综合性强；第二类是各地省属的重点师范大学，这类学校办学水平较高、学科布局较合理；第二类是地方普通师范类院校（含具有教师教育功能的地方综合性大学里的教育学院）。第三类院校因每年招生数量大而成为我国教师教育的主体。本节重点讨论的是地方综合性大学中的师范类教师的发展问题。

一、当前我国的教师教育形势分析

首先，教师教育政策的变化。1999年，国家提出“调整师范学校的层次和布局，鼓励综合性高等学校和非师范类高等学校参与培养、培训中小学教师的工作，探索在有条件的综合性高等学校中试办师范学院”的措施，标志着我国教师教育已不再是师范院校独自的领地。2011年，国家推行中小学教师资格考试改革和定期注册试点工作。从2015年起，我国开始全面推行教师资格全国统考，不再区分师范和非师范概念，使教师培养市场更趋开放。这些师范教育政策的变化对师范院校的影响与冲击非常大。

其次，教师教育概念的确立。教师教育是指在终身教育思想下，按照教师专业发展的不同阶段，对教师进行的连续的、可持续发展的、开放的教育，一般包括职前的素质养成、职初的岗位适应、职后的专业提升等。从师范教育转为教师教育，这不只是概念内涵的丰富，更意味着外延的扩大，功能的叠加。从阶段性的职前培养转向持续性的职后培训，呈现的是“职前教育职后培训一体贯通”的态势。这就迫使师范学院的教师不得不走出象牙塔，去研究基础教育的现实问题，否则很难胜任职后培训任务。

最后，固有的“三轨多级”的教师教育体系与开放的教师资格证制度有错位。“三轨”指师范院校、综合院校和职业院校；“多级”是指教师培养的学历为四层次体系。具体地说，幼儿园教师的学历有中专、大专、大学本科、研究生四个层次；小学教师有大专、大学本科和研究生三个层次；而中学教师则有大学本科和研究生两个层次。这个体系中，师范院校占主体。据统计，截至 2017 年，我国共有 224 所师范类大专院校，其中，本科层次的师范院校有 156 所，专科层次的有 68 所[①]。目前，许多地方综合性大学也开始加入到办师范教育的行列。师范教育的毕业生每年大约 60 多万。从 2015 年起，我国开始全面推行教师资格全国统考，改革后，师范生和非师范生的区别将会淡化，申请者参加国考，通过后即可获得教师资格证。因此，无论是从生存空间，还是从人才培养质量方面看，地方综合大学中的师范专业都面临前所未有的压力。

从总体上看，随着教师退休年龄的延迟，中小学教师总量基本趋于平衡，但幼儿园教师、农村小学教师、特教教师等无论是数量还是质量都有很大增长空间。师范院校转型，走综合化办学道路是大势所趋。

二、实质并入综合性大学后师范院校教师的发展问题

地方师范院校并入综合性大学有两种模式。一种是独立学院性质的软性整合，名称有改变，但原有的独立法人、独立账户、地方财政、自主管理模式不变。另一种是实质并入，从名称到教学科研管理制度、人事管理和财务管理制度各专业学院全部统一。

软性整合对师范学院教师的影响并不大，传统的师范教育特性还在，有少数人做课题研究，但不做研究对教师的利益也没有什么影响，而师范院校实质并入综合性大学后，师范学院教师感受的变化和压力是巨大的。

① http://www.moe.gov.cn/srcsite/A03/moe_634/201706/t20170614_306900.html.

（一）来自外部的科研压力

在国家管理层面，提倡有计划地引导部分地方院校向着应用技术型转型。地方综合性大学的主要定位是将培养精英人才转变为培养应用型人才，对接经济社会发展需要。对并入综合性大学的大多数师范院校来说，理论上看容易实现转型，也意味着有更好的发展机遇。

在地方高校管理层面，能得到更多的政府财政拨款与其他隐性的政策扶持，就能保证教育改革稳步推进；能升格提级或者扩充学科门类，增加硕士点、博士点的数量，就能吸引更优秀的专家团队；能发表更多的、高级别的研究成果，就能彰显研究实力；能吸引优质的生源就能获得更多的社会认可度，学生毕业就能有更多的深造机会和就业竞争力。对按部就班地以上课为己任的大多数师范院校来说，并入综合性大学后，面临的发展要求显然更高。

对于并入综合性大学的师范学院教师个体来说，他们有许多不适应，主要表现在三方面：第一，无法应对同一时间内的多重要求，出现了力不从心的状态。第二，无法适应学术期刊的市场化，出现了放弃写论文的想法。第三，无法适应“门槛”不断拔高的职称评价制度，出现了以现有职称熬到退休的想法。一些离教学科研量化指标落差较大、长期以教学为单一任务的师范类老教师，尽管离退休还有五六年，也彻底放弃了对高级职称的追求。男教师们上完规定的课程后，走向自己的公司或者教育机构，在广阔的“社会大舞台”上去实现自己的价值；女教师们上完规定的课程后，便“隐退”到家庭，以相夫教子和保健养生为乐趣……在师范学院内部，实际上是20%的人承担着80%的科研项目。

对转型不适应怎么办？这个问题让每一位从师范类院校并入综合性大学的教师不能回避。社会发展不以个人意志为转移。“穷则思变”才是积极对策，思路决定出路。师范学院教师需要面对的问题是，并入综合性大学后，如何在新的平台上、在新的目标要求下，顺应新格局，发挥优势，把自己的专业做好，继续为师范教育做出自己的贡献。

记得20年前有一本畅销书叫《谁动了我的奶酪》，讲的是面对变化，四只小老鼠的心态和行动，抱怨、犹豫只能让事情变得更糟的道理。在现实生活中，人们离开熟悉的生活环境，离开原有的心理舒适区，会感到不舒服，甚至焦虑，因为它挑战了原有的能力结构、资源范围、智力水平及知识储备。然而一旦达到了新的目标，就会有不一样的感受，好像是重新活过一样，在新的发展空间里又有了新的、更大的舒适区，这就是心理成长。

面对教学改革的新要求，师范学院教师该如何思考？如何抉择？

首先，认清形势，明确统一管理的思路不会改变。高校教师个人的发展如果不能与地方性综合大学的发展定位保持方向上的一致，只能被边缘化，甚至不得不另谋出路。

其次，分析目标，迎接与其他学院同样的考核。即教师教育专业教师要和不在同一起跑线上的其他专业教师一样，在同一平台内被考核、被量化、评职称。其他专业如工程类、商贸类、化工类专业等，从一开始建立就是为市场而生的，它们与地方经济、文化的关系非常密切，为地方“产学研”服务的意识更强，“一条龙服务”的成果更突出。

再次，与自己“和解”，正确对待职称改革。职称对高校教师来说，不仅直接体现为薪酬的多少，而且是个人学术自尊心使然。的确，外出参加学术会议时，白发苍苍的教授与年纪轻轻的博士生导师坐在一起讨论问题，会出现心理不平衡乃至尴尬等心理反应。此时，就得学会自我调整：生态位不同，人的发展空间不同，发展速度和程度有差别是自然的事情。

总之，外部力量将没有准备好的师范学院教师推上了综合性大学发展的“快车道”。长期在学院内工作的教师唯一的选择就是：既要保持大学学者的思想独立性，又要维护教育研究者的学术尊严，强化自身专业能力，在不被淘汰、不被同质化的边缘化地带，顽强生存、自主发展，逐步彰显不能替代的“师范性”特色。

（二）来自内部的教师教育转型难题

师范学院内部，一般有三类不同年龄的教师群体，各自有不同的基础条件。

第一类为“60后”具有副高级或以上职称中老年教师，大多数是原师范专科学校升格到师范学院中的“老人”，长期从事教学工作，兢兢业业辛苦了大半辈子，有的还承担中层管理工作。他们教学认真，做事严谨，对师范教育的情结深厚，传统教学理念和教学模式根深蒂固，对新兴的办学理念、课程改革等新兴事物容易产生无力感和不适应感，现在已经自觉地“退到一边”，等待退休，面临被边缘化的境地。

第二类是“70后”教师，多数为讲师，80%拥有博士学位，有的是副教授和正教授。师范院校并入综合性大学后，评上副高职称的，成了新学院的科研主力军和学科建设负责人，有的还成了二级学院的主要领导。未评上副高职称的，正在全力为职称而打拼，他们承担着更多的课程教学任务、更多的“七零八碎”的行政事务，发展的压力目前最大。

第三类为“80后”教师，多数为讲师，90%拥有博士学位。这些青年教师从上学开始就是自费，对于追求创新精神有“先天的”主动性和深入理解的意愿，对于学院转型的发展机遇有较高期待，但这类教师大多处于职业生涯阶梯中的底层，生态位较低，缺乏话语权。

教师群体中每个人的特长禀赋不尽相同，要想真正做到彰显特长，各尽其才，唯一的出路就是合作。

过去，基础教育同行对高校教师教育类专业课教师的评价是：基础教育“智库”的贡献率不高，专业引领不够，理论研究不“接地气”，对新一轮基础教育的现状、改革、新课程标准和新教材的开发与建设等，缺乏基本的了解和深入研究的能力。同时，存在所教课程内容陈旧、教学手段与方式单一；过于强调理论，实践指导能力缺乏；深入基础教育教学教研一线次数少等问题。此外，还存在开展产学研用结合的紧密度不够；在教学评价体系、实习实训指导、实践教学改革创新等方面探索不够等问题。如今，上述问题若不能改变，师范学院即便是有独立升格为师范大学的机会，也很难在同类师范类院校中脱颖而出，在激烈的教师人才市场中处于不败之地。

师范类教师的身份必须从某一课程的教师向能从事教师教育的教师转型，教育学科从单纯地为学科建设服务向为教育领域的人才培养及其专业发展服务转型，教师教育课程从学科体系的课程向学生发展课程转型，教师教育的资源要围绕师范生多方面的发展来进行再次分配；教师教育课程的实施要从单纯的理论讲授向实践属性渗透转型，教师教育资源要为师范生的实践能力发展而整合。要做到这些，唯有走出“象牙塔”，走向广阔的教育田野，加强与地方基础教育的联系，提高服务地方基础教育的能力，为地方科研提供智力支持，这样才能彰显自身价值，这才是师范类高校教师转型的出路。

第三节　学前教育改革给予高校专业建设的机遇

新中国成立后，中国学前教育事业走过了曲折的发展历程，大致为三个发展阶段。

第一阶段：从新中国成立到改革开放以前，特点是从逐步发展到“大起大落”。

伴随社会主义改造，学前教育在整顿中提高。办学前教育机构的目的主要在于解决工农劳动妇女对孩子的教养问题，重点是工业地区、企业部门，其次是机关、学校及郊区农村，鼓励私人和社会团体举办托儿所、幼儿园。

1951 年，我国公布了《关于改革学制的决定》，这是新中国的第一个学制，将幼稚园改称幼儿园。幼儿教育是该学制的第一阶段，幼儿园是对 3～7 岁的儿童进行教育和保育的机构。同年，教育部制定了《幼儿园暂行规程》和《幼儿园暂行教学纲领》，形成了托儿所由卫生部门管理、幼儿园由教育部门管理的机制，为建立社会主义学前教育体系奠定了基础。学前教育机构发展迅速，1956

年，全国幼儿园数为1949年的14倍，入园幼儿数为1949年的8.3倍，办园方式多样。但随后的“左”倾错误使学前教育“大跃进”，幼儿园由1957年的1.8万所猛增到1960年的78.5万所，入园幼儿由108.8万人增加到2933.1万人，幼儿师资则主要采用短训的方式予以补充。1960年，幼儿教育处被撤销，学前教育在全国失去了统一管理。1961年，中央进行整顿。1965年，全国的幼儿园数减少到1.92万所，入园幼儿降低到171.3万人。“文革”期间推行极“左”的教育方针，学前教育处于停滞甚至倒退境地，“文革”后期出现了一定的恢复和增长。从“大跃进”到改革开放前，我国学前教育的质量和水平很低，侧重于看管儿童[①]。

第二阶段：改革开放后到2010年，特点是强化管理职能，弱化政府投入，入园率先升后降，学前教育情况严峻。

1978年，教育部恢复了幼儿教育处。1979年，全国托幼工作会议召开，各省恢复或新建了幼儿教育行政领导机构和教研机构，充实了管理人员和教研人员。1987年，全国幼儿教育工作会议召开，明确了学前教育的地位和作用，要求多渠道、多形式地发展幼儿教育。在此期间，我国先后签订了有关的国际儿童保护条例，颁布了《幼儿园管理条例》《幼儿园工作规程》等一系列加强学前教育管理的制度。各地也相应地制订了儿童发展规划。这些举措使我国1990年的幼儿园（班）达到17.2万个，比1980年增长5%，在园幼儿1972万人，比1980年增长50%，形成了国家、集体、个人办园并存的格局。

长期以来，学前教育的重要性并未引起社会的足够重视。在一些地方，学前教育备受冷落，政府的财政投入长期过低，而这些数量不多的经费又仅仅投向了少数示范幼儿园。政府将举办学前教育的主要责任推向了市场，许多企业、事业单位主管领导盲目采用企业改制的做法，对企业附属幼儿园实行“断奶”，停拨教师的人头费，幼儿教师的工资待遇、医疗保险等无法保障。由此导致学前教育资源总体规模不足与结构不均衡，幼儿园在地区之间、城乡之间、公民办之间、优质园与普通园之间的差距明显拉大，财政投入少，“入园难、入园贵”的问题凸显，学前教育的公共性、福利性、基础性、补偿性明显不足。“从1995年到2001年，全国幼儿园数、在园幼儿数、幼儿入园率呈逐年下降趋势。幼儿园由18万余所减少到11万余所，在园幼儿数从2711.2万降到2021.8万，3～6岁幼儿入园率从41%下降到34%，学前教育出现明显滑坡。[②]”

除了城市流动儿童大量增加以外，农村留守幼儿数量也在不断增加。据统

---

① 罗若飞，2013．近现代学前教育发展趋势及其对学前教育专业建设的启示［J］．黑龙江高教研究，11．

② 董洪亮．学前教育为何滑坡［N］．人民日报，2002-04-05（006）．

计，2008 年，学龄前（0～5 周岁）农村留守幼儿有 1569 万人，占全国农村同龄儿童的 30.46%。而令人担忧的是，在中西部 22 个省区市的 27 284 个乡镇中，有一半乡镇没有一所中心幼儿园。2008 年，全国农村学前三年儿童毛入园率仅为 37%，而西部一些省市最低的不足 10%①。

另外，幼儿园师资严重匮乏，有的幼儿园聘用资质不合格的教师，引入不符合幼儿身心发展特点的教育内容和形式，那些没有专业资质的所谓“幼儿园教师”，只会把自己认识的字和会做的算术教给孩子，严重违背了幼儿身心发展的规律和学习特点。当孩子出现调皮、扰乱纪律、厌学等问题时，这些教师就无计可施了，打骂、责罚等不符合职业道德规范的行为频频出现，而媒体对个别教师虐童事件的放大，也激发了全社会对学前教育师资质量的不满，引发了国家领导人的高度重视。

第三阶段：从 2010 年至今，特点是强化学前教育的政府职能，多举措并举。《国家中长期教育改革和发展规划纲要（2010—2020 年）》（以下简称《规划纲要》）要求，2020 年，在九年制义务教育阶段的“上、下游”，我国将基本普及学前教育，且高中阶段教育毛入学率达 90%。此后，国务院印发的《中国儿童发展纲要（2011—2020 年）》也提出了未来儿童教育发展目标，包括基本普及学前教育、普及高中阶段教育等。中央、国务院领导多次批示，要求把积极发展学前教育、着力解决“入园难、入园贵”问题作为贯彻落实《规划纲要》的突破口和紧迫任务。

2010 年 11 月 21 日，国务院印发了《关于当前发展学前教育的若干意见》（简称“国十条”）。这是立足当前，兼顾长远，积极发展学前教育，着力破解“入园难”的动员令。

“国十条”要求各地政府把学前教育摆在国计民生的重要位置，突出强调了它的教育属性和社会公益属性。文件明确指出：学前教育是国民教育体系的重要组成部分，是重要的社会公益事业。因此，发展学前教育，必须坚持公益性和普惠性，努力构建覆盖城乡布局合理的学前教育公共服务体系，保障适龄儿童接受基本的、有质量的学前教育；必须坚持政府主导，落实政府责任，充分调动各方面的积极性；必须坚持改革创新，破除体制机制障碍；必须坚持因地制宜，一切从实际出发；必须坚持科学育儿，遵循幼儿身心发展规律。

学前教育“国十条”出台后，各地政府以县为单位制订了三年学前教育行动计划，提出了具体发展目标，分解年度任务，落实经费；增设公办园、普惠园，对困难家庭的儿童减免学费。2012 年，全国幼儿园已达 18.13 万所，在园儿童达

---

① 苏令．如何破解“入园难、入园贵”问题［OL］．中国教育报学前教育博客，http://blog.sina.com.cn/xueqianjiaoyusuling.

3685.76 万人。各地学前教育事业发展迅速。

据 2016 年全国教育事业发展统计公报，全国共有幼儿园 23.98 万所，比上年增加 1.61 万所，入园儿童 1922.09 万人，比上年减少 86.76 万人。在园儿童（包括附设班）4413.86 万人，比上年增加 149.03 万人。幼儿园园长和教师共 249.88 万人，比上年增加 19.56 万人。学前教育毛入园率达到 77.4%，比上年提高 2.4 个百分点[①]。但是，园舍易盖，教师难求。学前教育师资匮乏的严重程度是各级政府领导人始料未及的。师资紧缺已经成为目前国内大多数幼儿园面临的最严峻问题。

2015 年 11 月，教育部公布了《规划纲要》中期评估的学前教育专题评估报告。报告显示，2010～2015 年，幼儿园教师队伍建设成绩显著，2014 年，专任教师 184.4 万人，比 2011 年增加 52.84 万人，增长 40.17%，学历层次普遍提高。但报告也指出，幼儿园教师数量仍然不足，不能满足学前教育快速发展的需要；师幼比平均为 1∶22，农村地区更低；专科以上学历教师占比还较低，农村地区不到 50%，专业化水平有待提升[②]。

在这种情况下，2016 年，我国“二孩”生育政策全面放开，这意味着幼儿园数量将会继续扩张，学前专业办学热度将会持续保持。据 2016 年统计，陕西省 3～6 岁在园幼儿为 135 万多人，按 1∶9 计算，需幼儿园教师 15 万多人，现有教师为 8.3 万多，缺口为 6.6 万左右[③]。“随着二孩政策的全面实施，幼儿教师需求越来越大，尤其是郊区的幼儿园，缺口非常大。好的幼儿园都是提前一年来‘预订’。”华东师大学前教育专业负责就业的李老师介绍说。“从今年 9 月开始，就不停有幼儿园来要人，都是抢明年毕业的学生，真的是供不应求。[④]”近 10 年间，在国家教育体制中，只有学前教育如此缺师资。

尽管幼儿园缺师资，但是，学前教育专业部分本科生并没有全部到幼儿园入职。主要原因是幼儿园没有正式的教师编制。都是四年师范教育，小学教育专业毕业生考录到小学，就可以成为国家在编的正式教师，享受事业单位人员的一切待遇，而到了幼儿园就没有，学生心里不平衡是情理之中的事情。于是，增加幼儿园教师编制，给予幼儿教师应有的事业单位教师身份，以吸引本科生研究生投身学前教育事业，成了各级政府贯彻“学前教育三年行动计划”中发展农村中心幼儿园的重要举措之一。逐步实施与在编教师“同工同酬”政策，或者在工资上稍有差别的事业单位合同制，也是吸引大批高职高专的学前教育专业学生加入普

① 2016 年全国教育事业发展统计公报［OL］. 中国教育，2017-07-11. http://www.edu.cn/edu/zong_he/zong_he_news/201707/t20170711_1539360.shtml.

② 全国新设 5 所幼儿师范高等专科学校［OL］. 2016-05-11. http://news.sina.com.cn/c/2016-05-11/.

③ 幼教缺口大学前教育专业录取分数持续升高［OL］. 华商报，2017-09-27. http://edu.sina.com.cn/gaokao/2017-09-27/doc-ifymesii5806226.shtml.

④ 幼儿园师资缺口大提前一年“预订”［OL］. 幼师人才，2016-11-28. http://help.3g.163.com/16/1128/09/C6UU96H.

惠性幼儿园的较好举措。

"一个有本科生毕业证的大学生，只要有教师资格证，就可以比较容易地到城市公办幼儿园谋一份教师岗位。"一位物流专业的毕业生非常兴奋。"即便暂时没有教师资格证，只要是学学前教育的，在民办幼儿园中就能找到教师岗位。"一位中职毕业生也很高兴。在全国经济调整、大学生就业难的大背景下，学前教育却有如此好的就业形势，激发了各地即便是没有师范教育办学经验的中职、高职学院发展学前教育专业的极大热情，而各地市的师范院校更加积极，纷纷开设学前教育专业本科……2015年后，申报幼儿教师资格证的最低学历是大专，因此，许多中职院校不得不想办法办"3+2"高专。

这种培养教师的"短平快"模式的确能暂时缓解"用人荒"情况，但也带来诸多现实问题：培养单位缩减了实习见习环节，专业课教师不足，转行人员从书本到书本的传授知识方式无力指导学生的实践活动，致使师范生入职后，教师素养不足，无法满足幼儿园课程改革与发展需要，不能胜任环境创设及班级一日活动的组织工作，必须在岗进行"回炉式"学习……

概括地说，改变长期投入不足导致的学前教育薄弱现状与"二孩"政策全面放开的新形势，是政府增加学前教育教师编制（不给编制给政策）以吸引更多大中专学生选择学前教育行业的重要的待遇条件。高校毕业生整体就业压力增大而学前教育人才需求却"一花独秀"现象是吸引更多院校宁可减少其他专业（比如小学教育）也要开办、增加学前教育专业的动力，高校学前教育师资不足，质量不能满足学前教育事业发展需求也是重要的现实。

《山东省"十三五"教育事业发展规划》明确要求：推动本科高校向应用型转变。推动省属本科高校融入区域经济社会发展，适应、引领新产业、新业态发展，深化行业、企业合作，建立紧密对接产业链、创新链的专业体系，创新产教融合、协同育人的人才培养模式，着力培养应用型人才。高校学前教育专业发展的机遇已经来临。

第四节　地方高校学前专业教师的使命与担当

学前教育作为一个独立的学段，有自己的教育理念、教育目标、教育内容和教育方法，既不能被其他学段所取代，也不能照搬照抄其他学段的培养模式来培养师资。高质量的幼儿教师队伍是高质量学前教育的核心和保障。造就一支数量充足、结构合理、充满活力的学前教育专业队伍，是满足家长对优质学前教育资源需求、缓解入园难的重要举措，更是提高中国学前教育的重要保障。然而，我们应该清醒地看到，因为市场急需而快速扩充的学前师资培养方式，几年后可能在数量上能暂时缓解师资匮乏的压力，但因为师资质量问题而引发的“次级问题”可能会更严重地影响幼儿的身心发展和学前教育事业的发展。虽然质量是各类人才培养单位都关注的问题，但学前教师教育师资源头上的问题，目前，从整体上看，还是不够被重视的。

一、学前教育专业师资构成情况分析

中国学前教育培养体系以“三轨多级”的方式存在。不同学历的毕业生可能会同时到一所幼儿园就职。目前，我国学前教育专业（中职 / 高职 / 专科 / 本科 / 研究生）的师资构成主要有四类。

（一）教育类教师：承担了更多学前专业基础课程

因为学前教育科班出身的教师人数非常有限，师资培养单位会安排其他教育类专业（小学教育 / 教育技术 / 教育管理 / 教育学 / 特殊教育 / 课程教学论 / 应用心理学）的教师为学前专业学生授课。大教育类的教师各有各的主业，个人研究的重点很少放在学前教育方向，除了上课，他们对师范生的指导多数是带带毕业论文，对幼儿园教育实践（幼儿园）的指导侧重于研究课题的立项论证与结项鉴定等，学前教育课程对他们来说只是兼职。

（二）科班出身的年轻教师：承担了更多的专业核心课程

改革开放以来，高校培养的学前教育博士人数非常有限，且多集中在部属重点高校。我国地方高校学前教育本科专业的师资多是由部属或地方重点师范大学的学前专业的硕士毕业生组成。长期以来，尽管政府对学前教育的投入不够，但因各校学前教育本科招生数量有限，专业课教师基本上能够满足教学需要。

随着高校博士点的扩增，2010 年后，高校新教师入职的门槛也同步提升（博士 / 海归博士 / 有副教授职称的博士），有学前专业背景（本科 / 硕士为学前专业）的博士生也可进入地方综合性大学的学前教育专业。这些拥有博士学位的青年教师学术基础良好，科研能力强，是部属社科规划课题 / 国家青年社科基金研究项目的有力争夺者。高职高专的学前教育师资，多数是省属重点高校的学前专业硕士毕业生。中职中专的学前教育师资，一般是综合性大学学前专业的本科生或者其他相似专业（学校教育 / 教育学原理 / 课程教学论 / 应用心理学 / 特殊教育）的硕士生或本科生。

目前，学前专业的教师至少有 50% 为 40 岁以下的青年教师。与“80 后”的其他专业大学生一样，入职时工作积极，也很有做事的激情，但缺少经验，对幼儿园实践的接触面和学术影响力比较有限，在有“正能量”的团队中给予鼓励和指导后会成长很快。

（三）从其他专业转行的专职教师

从其他专业转行的专职教师教师多数在45岁以上，多数是20世纪80年代教育类本科毕业生，也是师范类院校的“老人”。有的地区的中等师范学校停办后，该类教师转行进入幼儿师范学校，幼儿师范学校独立升格为幼儿师专，或者幼儿师范整体并入地方综合性大学，成为综合性大学学前教育学院的专业教师。这类教师虽然学历不高，但教学经验丰富，敬业精神强，有浓厚的师范情结。他们指导学生有更多耐心，对幼儿园教研工作的指导更能“接地气”，但对规范的科研立项课题缺乏兴趣。

（四）艺体类教师：承担着学前专业大部分的艺体技能课程

艺术院校毕业的硕士、博士对自己的专业非常喜欢，也沿袭了用专业艺体类人才的培养经验来培养幼儿教师的艺体技能，将学生实现艺术类考级目标作为自己教学的成绩。实际上，对幼儿教师培养目标的错位理解与实践，是有些地区将幼儿教师的艺体技能等同于专业技能的主要根源。

相比综合性大学，高职高专的学前教育教师的科研压力较小，他们的课程教学压力更大。进行交流时，有老师说：“我每周一三五到校，每日上6～8节课，周二、周四则在家备课。没有办法啊，高职办学新校址外迁，住在市区里的教师只能定期随班车入校上课，以降低来回路上每天将近四个小时的时间成本。”“学生太多，课程也太多，我们的教育实习、见习都是让学生自己找幼儿园。”

二、地方高校学前教育专业教师的定位

从理论上看，大学的理想与使命是通过以“人才培养规格”来造就符合社会需要的人力资源实现的。联合国教科文组织国际教育发展委员会在《学会生存》中指出：“如果教育要继续成为一个生机勃勃的有机体，能够运用智慧和精力去满足个人的和社会发展的需要，那么它就必须克服自满和墨守成规的缺点。教育必须经常检查它的目标、内容和方法。①”

学者肖川认为：“大学需要培养的是具有理性精神、具有广博深厚的基础文明教养、具有某一领域的专门知识和技能、具有有效地表达自我的能力、具有自我延伸的能力、具有自由与责任的意识和能力，即有灵魂、有头脑、有专长、能够创造幸福生活和服务社群的人。②”社会对优质学前教育师资的强烈需求能否得

① 联合国教科文组织国际教育发展委员会，1997．学会生存［M］．上海：上海译文出版社：120.

② 肖川，2003．教育的视界［M］．长沙：岳麓书社：175.

到满足，与师资培养单位的人才培养目标、课程设置，以及学前专业教师的教育教学能力、科研能力密切相关。而学前专业教师受地方高校体制“牵制”（科研导向）的现实是产生“虚幻科研能力上升（论文数量多了），实质培养质量下降（学校不怎么抓了）”的重要因素。

理想的大学治理应该是尊重差异，错位发展。对高校教师，应使其各尽其才，按需要和特长设岗。如果能增加“社会服务与技术推广岗”和“实践教学岗”等，就可以让老师“一职多岗”，根据自己的情况选择岗位，获得相应的职称与待遇。但是目前，大学层面的改革还没有走向深度变革，没有走到“尊重差异，各显其能”的阶段。作为一名普通的学前教育专业课教师，是观望等待还是主动出击？是放弃还是寻求平衡？这的确考验一个人的智慧。

无论是哪一行业，要想做出的业绩被社会认可，都需要做研究，改进自己的工作。满足不了社会需求（高校要求）就难有个人生存与发展的空间。在高校复杂的教育改革现实中，无论在哪个生态位上的教师，首先应该理性分析自身的教学水平、研究能力，综合评定后，再确定自己可行的专业发展规划。大学是人才发展的孵化器、科学研究的桥头堡。无研究的教学是不可想象的，但做什么类型、什么内容的研究有利于人才培养？以什么作为研究的成果更能代表自己的学术水平？这的确需要认真考虑。

部属高校与地方高校，研究基础不同，平台不同，即便是学前教育的同一研究方向，研究的重点也应该有所区别。部属高校应该研究宏观的学前教育事业发展问题，如学前教育的管理机制、政府投入机制、资源配置机制等。在地方综合大学师范院校中，有博士学位的中青年教师，既可参与国家学前教育宏观问题的研究，也可独立承担省部级规划课题的中观层面的项目；而没有博士学位且没有教授职称的中老年教师，所研究的微观问题被批准为省部级规划课题的概率很小，那就转为做自己感兴趣且能对幼儿园教育实践有直接帮助的应用性课题，如研究学前教育人才培养模式等问题，还可发挥服务地方的职能，为地方幼儿园的改革与发展提供学术支持，发挥专业引领作用。高职高专的学前教育专业课教师，因为教学工作量比较大，应结合课堂教学实践，在研究人才培养的微观方面多做研究，如研究学前教师教育的教材教法创新、幼儿园领域课程的教材编写和教法创新等问题。地方大学首先要服务于地方发展的需要，做地方需要的科研课题，这是地方高校教师基本的研究定位。处于不同生态位的人应有不同的社会责任与使命，有明确的认识和发展的眼光，尽自己能力做最大的贡献。这种研究思路既是学前教育事业发展的需要，大学对教师的要求，也是高校教师个人专业发展的需要。

在学习型组织中，领导者是设计师、仆人和教师。

——彼得·圣吉

第四章 高校教师在 U-K 互助关系中的角色

角色理论对建构 U-K 互助关系具有一定的启发意义。管理学家亨利·明茨伯格在《管理工作的本质》一书中说："角色这一概念是行为科学从舞台术语中借用过来的。角色就是属于一定职责或者地位的一套有条理的行为。[①]"他从管理实践出发，将管理者的角色分为三大类，即人际角色、信息角色和决策角色。梅雷迪思·贝尔宾团队角色理论认为：高效的团队工作有赖于默契协作。团队成员必须清楚其他人所扮演的角色，了解如何相互弥补不足，发挥优势。成功的团队协作可以提高生产力，鼓舞士气，激励创新。利用个人的行为优势创造一个和谐的团队，可以极大地提升团队和个人绩效。没有完美的个人，但有完美的团队[②]。高校教师以个人身份与幼儿园合作，共建教师专业发展学校（PDS）也是受此理念的启发。

许多地方高校没有自己的附属幼儿园，受许多条件的制约，也暂时不可能给所有学生提供充足的教育见习、实习条件。在这种情况下，高校教师与幼儿园建立 U-K 互助关系就显得尤为必要。高校教师在给幼儿园提供专业支持的同时，幼儿园也愿意给有强烈愿望的学生提供教育实践的机会，PDS"互助共赢"的理念在学前教育领域容易"落地"。

在 PDS 平台上，高校专业课教师在组建实践研究共同体中发挥着核心作用，扮演着不可替代的专业引领者角色。具体地说，在 U-K 互助活动中，高校教师扮演着五种角色。

---

① 亨利·明茨伯格的角色理论［OL］. https://baike.baidu.com/item/%E4%BA%A8%E5%88%A9%C2%B7%E6%98%8E%E8%8C%A8%E4%BC%AF%E6%A0%BC/446663.

② 团队角色理论［OL］. https://baike.baidu.com/item/%E8%B4%9D%E5%B0%94%E5%AE%BE%E5%9B%A2%E9%98%9F%E8%A7%92%E8%89%B2%E7%90%86%E8%AE%BA/409737?fr=aladdin.

第一节　U-K 互助式驻园培养模式的开发者

高校教师驻园研究不是新鲜事物，而是教育学者的惯常做法。陶行知、陈鹤琴等老一辈教育家既是高校教授，又亲自开办了学校、幼稚园进行研究。其他的著名学者如叶澜教授所带的“新基础教育”研究团队、朱永新教授所带的“新教育”研究团队等，他们都有固定的研究基地和实验合作伙伴。

本书中的 U-K 互助式驻园培养模式是指高校教师以教师教育职前职后一体贯通理念为指导，以 PDS 为平台，以项目为抓手，以培养职前职后的教师为重点，在幼儿园进行的教育教学及研究活动。它汲取了国内国外同行“教师驻校培养”的理念，但与美国的“教师驻校培养”① 不同，它没有与学区合作培养专职教师的职能，也没有来自高校的经费资助；它还与杭州师范大学的以培养反思性研究生的“驻园培养”②模式不同，它发挥了专家驻园工作室的优势，以项目（或者共同课题）为抓手，将高校教师、幼儿园园长、师范生、幼儿教师四种力量有机整合，构成了专业学习共同体，体现了共同目标、共享知识等特征。其运行方式如图 4-1 所示。

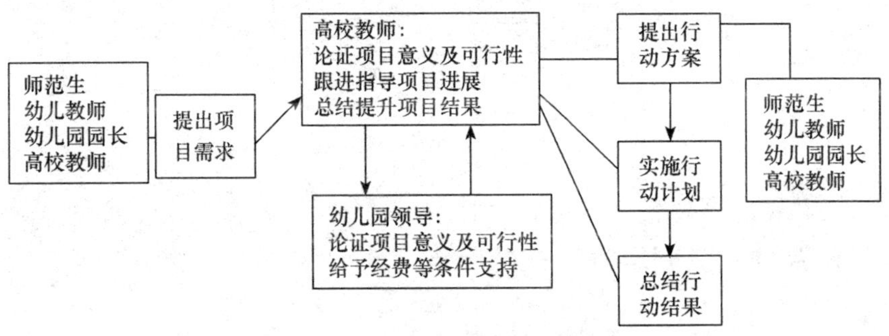

图 4-1　U-K 互助式驻园培养模式

① “教师驻校培养”源起于美国，是一种“临床实践”式的学士后教师教育培养模式。其特点是被称为美国教师教育的第三条道路。驻校模式由学区主办，其目的是为本学区培养教师，学区与大学、基金会形成伙伴关系，该模式的培养过程包括未来教师的录取与筛选、驻校学习与课程学习、入职指导与领导力形成；驻校模式注重理论与实践的整合，培养课程具有学区个性化特征，由经验教师承担大部分培养任务，使未来教师在幼儿实践共同体中学习教学。

② 从文献中看，“教师驻园培养”是杭州师范大学最早启动的以培养学士后反思研究型专业人才为主的育人机制。他们从培养理念、课程编排、基地遴选以及导师队伍建设等进行了系列化的设计，为我国高层次基础教育师资培养提供了启示。

在这个模型中，高校教师、师范生（研究生）、幼儿园园长和幼儿教师共同组建了实践研究共同体。具体项目的提出者可能是上述主体的任何一类成员。在项目实施过程中，各主体承担不同的任务：高校教师负责论证项目的可行性和意义，跟进并指导项目实施，项目结束时给予评价；幼儿教师负责项目组织实施；师范生负责收集资料、整理资料；幼儿园园长负责提供资源支持。例如，利用PDS平台，高校教师将“幼儿园戏剧游戏与幼儿发展研究”（幼儿园课题、研究生课题）①、“卓越教师后备人才驻园培养研究”②两个课题联系起来。其运行流程如图4-2所示。

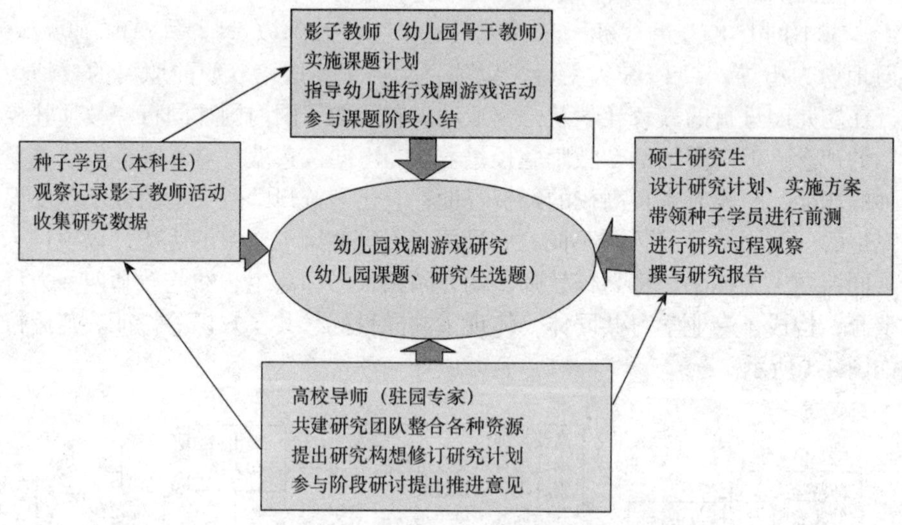

图4-2　幼儿园戏剧游戏研究运行流程

一、U-K互助式驻园培养模式的特点

（一）盘活资源，人员构成异质性

自然科学学科的研究需要实验室，人文学科的研究却要植根于真实的社会生活。教育学是研究、培养人的活动，高校的功能室只能训练学生练习某些艺体技能，而观察分析幼儿的技能却需要在真实的教育实验田——幼儿园里进行。

在PDS平台上，高校教师将异质的人力资源（在校师范生、在职教师、实

① 在该备选课题中，参与研究的本科生被称为“种子学员”，幼儿园指导老师被称为“影子老师”，他们在共同参与的“戏剧游戏与幼儿发展”项目中学习，各自发挥独特作用。

② 该研究为青莲老师曾经申报的省规划课题，虽没有被立项，但师生自认为研究过程的价值大于结果，就自己做。

践专家、高校教师）进行整合，组成学习研究共同体，共同研究问题。人员异质构成的优点有二：其一，视角不同，研讨问题时思路更开阔。其二，幼儿教师增加了偶尔的工作帮手，保证了能在工作当中参与研究的时间，这样安排既盘活了资源，又能多向受益。

（二）项目牵动，兼顾多方的发展需求

研究项目的名称各不相同，既有师范生的大学生创新创业项目，也有研究生的毕业研究课题，有幼儿园自己的课题研究项目，还有师范生的短期观察项目。因项目的性质不同，所用时间也有长有短，除了幼儿园的课题项目外，由师范生参与的项目最长时间为半年，最短可以为一周（比如课程观察项目）。

U-K 互助式培养模式既要满足职前师范生的实践需要，也要满足在职教师研究意识和实践能力提升的需要，还要满足高校教师了解大学生及幼儿学习特点、能力水平及相关问题的需要，所以受益人群是多方面的。

（三）亲力亲为，经历真实的实践过程

对师范生而言，短期项目多是 1～2 周的课程观察。每日跟班观察，每周小组总结，项目结束分享经验。大、中项目一般会持续半年。每周 1～2 次定期入园，每次半日。每月一次分享、交流研讨。师生们会清楚地看到现实中的教育困境，既能看到幼儿可爱呆萌的一面，也能看到幼儿顽劣撒泼的一面；既能看到幼儿教师的教育机智，也能看到幼儿教师失去耐心或者无计可施的“抓狂”表现。真实的教育情境对师范生的教育胜过教科书中的千言万语。

对在职教师而言，有师范生在场的跟班观察，会提醒他们尽可能按照教育的规则从事日常工作，提高自己工作的理性水平，将自己最好的一面呈现出来。或许一开始他们会“装”一阵子，但时间久了，就容易形成习惯，不自觉地提高教育工作的质量。

比如，XA 幼儿园提倡教师说话要平和，不宜出高声，要蹲下身和孩子讲话。在师范生来园观察或者实习时，有外人在的压力会提醒他们，注意控制自己的音量，注意和孩子平等交流。等师范生返校后，她们也不会再提高自己的音量，因为已经习惯了，无须“装”了。而且，教师蹲下身来、心平气和地和孩子说话，做该做的事情，也会让师幼双方的关系更融洽，教师自己也喜欢上这种感觉。

对高校教师而言，U-K 互助式驻园模式要想取得成就，关键在于保证高校教师的驻园活动。高校专业课教师工作时间有弹性（只要手头有资料，身边有电脑，随时随地可开始工作），如果教学工作量不大，每周 2～3 天的驻园时间是能够保证的。

（四）专业互助，体现跟进式指导

师范生在实践中的收获如何，与专业课教师“跟进式指导”的程度密切相关。许多地方高校比较重视教育实践环节的质量，鼓励高校教师利用自己的人脉资源对师范生进行指导，不仅会将指导工作折合成教学课时量计酬，而且会使实习点和带队教师相对固定，使之经常接触，彼此加深了解，提供了U-K深度合作的机会。而有的地方高校，在人才培养方案中，虽然也安排实习、见习环节，但在具体操作中，无暇关注教育实践环节的质量。受科研导向和经费的影响，除了每年组织一次教育实习，这些高校的学前教育专业与幼儿园“公对公”的联系并不十分紧密。这些高校把师范生放到幼儿园后，让幼儿园教师负责指导，只安排带队教师定期去巡查，并不参与实习过程中的指导，也不与幼儿园进行深度的交流合作，这是需要高校反思的现状。

从幼儿园方面看，“二孩”政策放开后，幼儿园教师生育二胎的积极性比较高，这就意味着因“保胎＋修产假”而离岗的教师人数骤增，让幼儿园本来就缺人的现象更为严重。所以，几乎所有的幼儿园都很愿意接收师范生到幼儿园实习、见习，幼儿园给学生提供教育实践机会，学生则可以给幼儿园老师帮忙，使班级人手紧张的情况稍有缓解。这种“投桃报李”式的互惠关系是短暂的，实践活动停止，互惠关系结束。由于没有建立长期的来自专业引领的互助关系，幼儿园教师的专业发展来自于高校的支持力量难以体现。

从高校及幼儿园两方面来看，高校教师对师范生教育实习的跟进式指导是有必要的。所谓“跟进式指导”，是指在师范生进入幼儿园实践期间，高校教师利用自己的驻园便利，在师范生实践的不同阶段给予关注，有时是跟班观察，有时是插空询问并解答疑问，有时是参与听评课，有时是组织反思与小结，同时，在幼儿园的教研活动中发挥专业引领作用。

在U-K互助式驻园模式中，幼儿园既是师范生的实践基地，也是高校教师的研究基地、个人工作室所在地。高校师生熟悉幼儿园环境，与教师关系友好，高校教师对师范生及在职教师的“跟进＋互动式指导”也会自然发生。从实践效果上看，驻园实习指导的效果要优于常规的“带队教师”的指导。

（五）形式灵活，合作受体制牵制较少

从理论上说，无须上级管理部门批准，只要高校教师和幼儿园自愿，就可共建PDS。从中国的实际出发，得到上级分管领导的支持有利于开展工作。或许个别领导担心大学生的安全问题，但也没有反对的理由：学院不能满足学生的实践需要，师生自发行动起来，自谋实践机会，无须经费支持，不要课时补贴，学校领导理应提倡。从幼儿园的上级领导来讲，其所管理的幼儿园，如果有高校教师

做专业支持，不仅对该幼儿园的教师专业发展有利，也能辐射周边幼儿园，何乐而不为？因此，地方教育局对高校教师的驻园研究发挥专业引领作用的心理支持力度很大。在已有教育管理体制不变的情况下，有时点面共享的小机制改革可以有效解决表面上看似难以解决的问题。

二、驻园培养模式的文化基础

驻园培养模式取得满意效果的关键是 U-K 之间要建立长期合作的文化认同，形成互助共生的关系。深度合作时，在基本研究条件（设施设备、师资）得到保证的基础上，选对人比做对事情更为重要。

（一）驻园培养模式的核心理念

PDS 的核心理念是互惠共赢，驻园培养模式的核心理念是互助共生。互助共生关系是指以共同发展为目的，以相互支持、相互帮助为工作常态的合作关系。它以共建的文化为关系基础，以合作双方的最大发展为利益诉求，以主动奉献智慧为行为准则，以教师专业发展项目开发为主要方式。这就像生物界中的共生现象一样，彼此依附，共同生存，彼此脱离，自生自灭。

计划服从于变化

今天到园的计划是商议幼儿园三年规划的事情。刚切入正题，就有家长来咨询孩子入园的事情，我马上停止了讨论，让负责招生的小李老师去接洽。没有想到的是，大家等了好一阵儿，也没有见李老师回到办公室。一会儿，小李进来说，那位家长自称已经走了附近的四所幼儿园了，在这个幼儿园也观察了两次，还未决定将孩子送到哪家幼儿园！看得出小李老师有点怵这位“有思想”的家长。我自告奋勇，主动去接待了那位家长。用“外人”的立场，将自己看到的情况客观地与家长交流。家长马上就答应了，说下周就让孩子来“试园”。送走家长后接近中午饭时间了，要讨论的规划也没有完成。我说：“当前，幼儿园的头等大事是将孩子招进来，没有孩子，再好的理念也无法体现，今后一段时间，大家都要群策群力将孩子招进来，我们才能有进一步研究的可能性。”D 园长的眼睛里充满着感激，连声说：“谢谢理解。”

吃完中午饭，我习惯到教室门口走走，算作“饭后散步”。走到小班门前，突然听到了哭声，进去一看是新入园的小男孩壮壮，赶紧过去帮忙。我一只手抱着他，一只手轻轻地抚摸他的头发和脸蛋，细声和他说话，不用5分钟，这个孩子就睡了，可刚放下就又醒了，我就这么一直抱着，直到小班的另一位老师吃完饭将孩子接了过去。起身时我的两条腿都是麻麻的，坐在小床边儿停了好一会儿。

在幼儿园里，老师们没把我当“外人”，我得以在幼儿园各班级“行走”，观察师生活动。我也渐渐把自己当成幼儿园的一分子了，做孩子们眼中的“奶奶老师”，青年人心中的“妈妈老师”，用自己的行动给他们做榜样，取得他们的无限信赖后，才能有资格去引领他们走正确的道路。

（驻园工作手记，2013-3-22）

幼儿园的组织文化与大学的组织文化不同，特别强调“同舟共济”，在关键时刻把幼儿园的事当成自己的事情做时，就有了“一家人”的立场，在“搭把手”的具体行动中体现了以儿童为本的专业精神。在幼儿园复杂的实践工作中，许多事情无须明说，需要自觉承担、主动为之。比如，第二天有上级来检查，幼儿园会要求全体老师下班后晚走一会儿，彻底清理一下公共卫生。此刻，高校教师是带学生按下班时间返校，还是留下来一起加班？选择留下是明智的。幼儿园教师会因为人手充裕而早些回家，也会感激高校师生的鼎力相助，以后会更加善待来园的师生，同时，在参与“加班”的过程中，师范生学习并体验了以幼儿园大局为重的团队精神。

（二）互助共生关系形成的基本原则

1. 思想理念的共通性

在幼儿园园长的眼里，高校合作者的格局、境界比专业能力更重要；在高校教师眼里，幼儿园合作者真诚地信任、尊重专业人员，有较强的改进意愿，愿意通过持续合作提升办园质量的意识比提供合作机会更重要。合作的初心是共同成长，有让彼此更好的发展愿望才能有更多的相互扶持行为。价值观相同的人思考问题的方向相对一致，有“一家人”的思维和立场。

2. 工作内容的界限性

工作内容的界限性主要是指合作双方要明晰自己的职责与任务、权力与范围。非特殊时刻不要“僭越”——做超出职责范围之外的事务。在幼儿园时间久了，与工作人员熟悉了，老师们真把高校教师当成“自家人”时，彼此都会出现角色模糊的情况。比如，本该是业务园长组织的教师研讨活动，只要高校教师在场，他就自觉地“退到一边”，将组织、评价、指导的工作让渡于专家，像普通老师那样，拿着笔和本子准备做记录。如果高校教师不加分析地接手，就会越俎代庖，有时还会因为不了解园内工作的安排细节而引出不必要的麻烦，从而不利于业务干部管理职能的发挥。

3. 关系维系的无障碍沟通性

与幼儿园合作的高校教师要认识到，带学生到幼儿园实习、见习、做观察研究，的确会影响幼儿园的日常工作，是在给幼儿园添麻烦。如果抱着感恩的心与幼儿园合作，就会自觉地站在他们的立场上思考问题，以幼儿园的利益为重。而园长、幼儿教师则会对这份心意给予更多的回报。在幼儿园里行走时间久了，发现多数幼儿园教师是社会中最善良的人群，他们最反感的是只顾自己的教师和学生，最不愿与不实在的人打交道。

4. 人员基础的无条件接纳性

无条件接纳意味着 U-K 双方在交往中接受对方的已有水平和处事风格，遇事不抱怨，不放弃，共同面对现实中的问题。包括两方面：一方面，高校教师不能嫌弃幼儿教师学历低，专业能力差（有时是“盲人摸象”效应，未看到整体和内部）。一线教师有丰富的实践经验，他们会做而非能说，有的教师或许真的在专业能力上不行，这恰恰需要高校教师专业的帮扶。既然承诺合作，双方都要有长期付出的心理准备。另一方面，作为幼儿园的领导和教师，要耐心细致地对待实习生，手把手地指导，鼓励他们独立带班，给他们锻炼的机会，必要时还要帮一把。对高校老师的处事方式不也要过多挑剔。高校教师在分析问题、提炼教师工作策略方面是长项，但实际组织孩子活动的经验不足，提供的建议与方法也可能不切实际，有时会专注于问题本身，而在说话方式方面不加选择，这就需要相互理解和包容。

（三）互助关系维系的条件

贝雷克兹科和科林斯（Katerine Bielaczyc & Allan Collins）从学习环境的角度对课堂学习共同体环境与个体学习环境进行过研究。认为学习共同体有 8 个要素，分别是：①共同体的目标；②学习活动；③教师的角色和权力关系；④中心性 / 边缘性 / 同一性（指共同体成员在其中的角色、专长）；⑤资源；⑥话语；⑦知识；

⑧产品[①]。刘易斯（Louis）则具体论述了教师专业共同体的5个特征：①共享的规范和价值；②反思性对话；③去个人化的实践；④集中于学生学习的集体；⑤合作[②]。

在PDS中，合作双方要想建立学习共同体，形成互助共生的关系需要具备以下5个条件。

1. 互助的文化氛围

加拿大学者哈格里斯夫曾对教师文化进行过考察，将教师文化分为4种类型：个人主义文化、派别主义文化、人为合作文化和自然合作文化[③]。个人主义文化奉行个人成功观和不干涉主义，更愿意从自己的经验中学习，将向别人请教视为自己的无能；派别主义文化表现为派别内的紧密联系和派别间的漠不关心，有时会有竞争和对抗；人为合作文化是正规化、行政官僚程序的产物，常常缺乏相应的感情基础；而自然合作文化重视共同价值观的认同和行为方式的协调，对教师专业发展最有利。德国心理学家勒温曾阐述"心理场"（psychological filed）的概念，他认为："人就是一个场，人的心理现象具有空间的属性，人的心理活动也是在一种心理场或生活空间中发生的。心理场主要是由个体需要和他的心理环境相互作用的关系所构成。它包括有可能影响个人的过去、现在和将来的一切事件，这三方面的每一方面都能决定任何一个情景下的人的行为。[④]"

幼儿园的工作性质决定了教师之间必须合作，从人为合作到自然合作，文化建立需要磨合。一个班级有2～3位老师（两位老师，一位保育员）带40个左右3～6岁的孩子。2～3位老师同时在教室的时候，他们之间既要分工明确，又要根据孩子们的实际情况，灵活调整工作内容。在幼儿园里，班级工作人员多数是自由组合、双向选择的。如果主班老师与配班老师、保育员的个人关系比较融洽，就能够互相帮助，不仅班级的事故发生率会大大降低，而且教师和孩子们在班级里工作生活的心情也会好很多。

相比中小学老师，幼儿教师因不受孩子学习成绩排名所累，对师范生的到来更为欢迎，也能够放手让师范生实践。她们不会因为教室里多了一双观察自己与儿童行为的眼睛，而对自己的教育教学方法有所顾忌或者有所保留，有学习意识的老师甚至会主动邀请师范生观察自己的教学行为，将师范生视为"自家人"。

---

① Bielaczyc K，Collins A，1999. Learning communities in classrooms: A reconceptualization of educational practice [M]//Instructional Design Theories and Models. Vol. II. Mahwah NL: Lawrence Erlbaum Associates:269-292.

② 周成海，衣庆泳，2007. 专业共同体：教师发展的组织基础［J］. 教育科学，(2).

③ 邓涛，鲍传友，2005. 教师文化的重新理解与建构：哈格里斯夫的教师文化观述评［J］. 外国教育研究，(8).

④ http://baike.baidu.com/view/704364.htm.

当师范生不能独立带班的时候，她们就会下手帮忙。在融洽的环境中，师范生心理上比较松弛，能放得开，不仅敢于尝试，而且敢于表达自己的意见和见解，尽管这个意见可能比较幼稚，甚至不一定最为合适，但包含了批判精神和创造性想法，对实习单位共同体建设也是一笔可贵的财富。

2．共有的价值观念

在传统的实习中，师范生与指导教师的关系是指导与被指导的关系，二者虽有互动，但更多的是基于备课与上课的内容交流，并且时间比较短（有的仅为6～8周），即使价值观不一致，也不会因直接的观念冲突而使矛盾公开化，大家都会在客气与忍耐中，平静地度过相处的日子。在 PDS 实践中，师范生与指导老师相处的时间较长（不间断的分散见习），朝夕相处的时间多达半年之久。因为有以小课题为载体的明确任务，而且是实践活动的“结构”制造了互助的机会，这使主体之间的交往方式与传统的交往方式截然不同。而只有在实施互助的真实过程中，双方体验到合作的愉快之后，互助共享才能成为大家能够理解而且认可的价值观念。

PDS 强调共享。高校的学术资源丰富，幼儿园的实践资源丰富，优势互补对师范生发展非常有利。在共建 PDS 的过程中，青莲教师向 XA 幼儿园开放了自己的研究生课堂和专家讲座培训，XA 幼儿园的重要研讨、开放活动也无数次地对青莲教师的学生们开放。青莲教师在驻园期间，还作为幼儿园的优势资源在家教指导中发挥了特殊作用，如家教咨询、特殊儿童的问题处理等。因为经常有高校教师和学生在场观察，幼儿教师也努力地做最好的自己，在潜移默化中也能提升专业素质。

3．渐近的感情基础

驻园培养需要感情的投入，但这种投入不是靠行政干预，强迫到位的，而是自然生发、自觉自愿，渐近式的。在师范生与指导老师尚未建立起信任乃至信赖的关系时，生硬地要求二者建立互助关系比较困难。适宜的方法是，在摸清双方发展需求的前提下，通过“牵线搭桥”匹配合作对子。高校教师和幼儿园园长要召开一个见面会，将共同愿景和工作目标阐述清楚。让实习生先观察、学习一段时间，双方熟悉以后，互助活动就能比较自然了。常常是，指导教师和师范生的关系越亲密，二者的互助活动就越多，效果也越明显。而以熟悉不同年龄班为目的的交换式实习模式（有的幼儿园让实习生每个月换一次班级），虽然让实习生多了一些了解不同年龄班幼儿特点的机会，但与单个指导教师在一起工作的时间不长，不易建立深厚的感情基础，互助活动的效果不如前者明显。

4. 明确的项目任务

驻园培养模式的载体是明确的项目任务，并且这个项目任务要有一定的难度，需要借助互助的力量才能顺利完成。因此，确定合适的具体工作，激发互助动机，也是此模式正常运行的条件之一。比如，几位教师要在幼儿园的“十二五”课题研究中承担任务。对她们来说，相比日常教育教学工作，研究前的文献检索是有一定难度的。如果将实习生要做的毕业论文与幼儿园的研究课题相结合，使其在学校图书馆的电子数据库中查找相应的文献资料，客观上就给了两个发展主体互助合作的机会，让她们真实体验到了互助共生的必要性。

5. 交流与评估

PDS平台建立了，互助模式的框架也就搭起来了，但并不是说，这样就一定能取得预期效果。驻园培养模式的实施效果会因具体的外部环境、互助双方关系的维护及能力水平等因素的影响而有所不同，而经常性的交流与评估对强化互助意识及提高互助能力会起到一定的调控作用。特别是在忙忙碌碌的幼儿园，既要做好日常的保教工作，又要准备完成上级分派下来的各种任务，同时还要做好课题研究，对幼儿教师而言，这很不容易。定期交流制度有助于互助双方进一步明确自己的任务、检查自己工作任务的完成情况、学习其他小组的经验等。如果教师们能将互助活动中的关键事件进行描述，阐述自己的想法，其他教师在倾听时也能发现他们自己真正关心的问题，从不同角度反思自己，就可以确定在类似情境中自己处理互助关系的方式，提高双方的专业水平。高校教师在参与幼儿园发展建设中还应注重培养骨干教师和研究团队，他们在专业上成长了，就有能力帮带师范生，有能力参与高校老师的研究课题并为此提供研究条件。

总之，在以上五个条件中，互助的文化氛围是基础，共有的价值观念是关键，渐近的感情基础是纽带。

三、驻园培养模式的理论价值

（一）确认了实践教育学的意义

教育是现实的存在，是在实践过程中逐步生成和发展的。通过教育实践活动，个体获得了对外界、自我及两者关系的反映，得以认识世界，并且通过实践能动地改造着客观世界。教育活动不是一个孤立静止的片段或恪守某一机械运动规律的过程，而是动态变化的，是主体在实践过程中的“教育生活”，只有在人类的生活、实践中方能显示自己的全貌，也只有在其中才能得到全面的把握。为此，教育学的实践转向是对现有教育学研究中心课题及一系列相应的研究思路、思维方式的根本性转换。它要求教育学研究从以纯客观的方式转变为以实践为基点去看待教育活动；从把教育当作静态的、先定的、机械的文化预设现象转变为在实践中不断涌现、变化的文化生成过程；从理论规定的方法转变为根据实践来选择方法；从强调宏大体系的建构转变为宏大理论与基础教育实践的结合。

（二）确立了“临床经验”的价值

所谓个人临床知识，是指医生通过实践和经验得到的技能与判断能力，个人临床经验可以反映在许多方面，最主要地反映在通过思考、辨别，能更准确、更快地做出诊断，定出切合病人实际情况的最佳治疗方案[①]。一个合格教师，不仅要拥有足够的学科性知识，更要具有综合运用条件性知识的能力。这些条件性知识与能力包括：诊断、评估儿童需要的能力；根据当下的教育情境设计教育活动的能力；根据不同儿童的已有水平组织更有挑战性目标的教育活动的能力；运用集体力量帮助幼儿发展其良好个性品质的能力等。

医院里的儿科医生最难当。儿科大夫面对不能清晰表述自己症状的患儿，要能凭借自己的临床观察和分析进行有效诊疗。学前教育也需要具有“临床经验”的教师。面对缺乏独立思考和判断能力，且接受能力和理解表达能力十分有限的3岁孩子，教师所具有的较高的职业素养和个案分析能力，比掌握文理学科某一专业的基础知识显得更为重要。按照埃里克森的观点：3～6岁幼儿心理发展的主要矛盾是自主对内疚。这时候，如果成人（老师和家人）能提供更多机会，使幼儿的好奇心和主动探索活动得到鼓励，幼儿提出的大量幼稚的问题也能及时得到大人耐心的解答，幼儿就会有一种愉悦感，主动性就会得到进一步发展。幼儿有了一种自主的意识之后，就会更积极地对周围环境进行探究，会按自己认为有效的方式行事，使自己的潜在能力得到发挥。相反，如果父母对幼儿的主动性活动采取否定、压制的态度，对孩子的创造力、想象行为进行挖苦、嘲笑甚至辱骂，就会使他们认为自己的游戏是不好的，自己提出的问题是笨拙的，致使其产生内疚感、挫败感甚至罪恶感。如此，幼儿今后将寻求一种更为规矩的生活，更倾向于生活在别人为他们安排好的狭隘的圈子里，因为这样就不会犯错，不会受指责。幼儿园教育的重点在于发展儿童的主动性，使其对活动产生兴趣，从而掌握基本的游戏规则，初步形成良好的个性和对待人生的基本态度。教育的难点在于教师要让幼儿对自己有信心并且有主动性。相比其他学段，学前教育更具有启

① 再论“循证医学”［OL］. http://www.cd120.com/phpwind/read.php?tid=1602&fpage=9.

蒙性、基础性和综合性的特点。高素质幼儿教师应该是儿童教育专家而非教学专家。从这个意义上讲，幼儿教师的培养与儿科医生的培养颇为相似。

以建构教师实践性知识为取向的教育实践活动，其基本假设是：教师个体实践性知识的获得有赖于在真实而具体的实践情境中的体验。

在师范学院的课堂上，大学教师对教育情境的描述与讲解并不能让师范生对儿童有更为直观的认识。只有当师范生有机会接触幼儿，有了对这些可爱而又顽皮的幼儿束手无策或者力不从心的真实体验与感受后，他们主动学习基础理论知识的意识才能明显增强，对掌握“如何教”的知识和技能才有积极探究的兴趣。师范生应具备的能力包括与儿童进行良好沟通的能力、观察识别儿童需要的能力、快速建立班集体规则的能力及就地取材盘活教学资源的能力等。德国的教师教育委员会也支持这种观点，它主张学习环境的建构、学习策略的传授、学习过程的组织、学习成就的测量、新教学技术在教学中的应用、自我组织能力、师生关系、支持学生的行动、学生纪律和危机的处置等知识和能力是师范生必须具备的①。这些能力的习得不仅仅是在大学的课堂上，更多的是需要与实际教育环境“亲密接触”。

（三）确立了情境性经验的作用

情境体验是教学技能习得的重要基础。观察医学院临床医学（儿科方向）的教学大纲，我们不难发现：儿科医生之所以能够准确把握患儿病情的外部特征，与其接触患儿的频次有关。正如一些儿科专家所言：“见得多了，自然就容易抓到特征。”以某医学院儿科方向的实习大纲为例：学生需要在小儿保健科（2～3周）、小儿内科（15周）、小儿感染消化科（5周）、小儿外科（5周）实习。从具体目标、教学内容到每人必须完成的操作项目次数、出科考核的内容及考核的方法、总结报告的要求等都非常详细且明确。除去到其他部门如成人内科、外科、妇产科实习的时间外，仅在儿科实习的时间就长达28周。这就有效保证了学生全面了解不同年龄的患儿病患的一般特征，为其今后独当一面打下了坚实的临床基础②。相比之下，学前教育本科生在教育实践方面的时间却很少，一般是在大四上学期，持续两个月的时间。最近，教育部师范司要求将高等师范院校的实习时间延长为一个学期，这是很明智的举措。但是，我们认为：与第四学期进行集中见习、第七学期进行集中实习相比，四年不间断的分散见习更能为师范生提供幼儿园教育的真实情境。教师专业技能的习得是一个长期而缓慢的过程，这些能力的形成机制较之教师其他素质要素如学科专业

---

① 张希文，2005. 关于本科学历小学教育专业教育学科课程的思考［J］. 晋中学院学报，（22）：4.

② http://202.202.128.43/2006/erke2006/sjzd/1.doc.

知识的掌握、专业情意的获得等更为复杂。这种复杂与教学情境的可变性、师范生个体的专业意向的不确定性及幼儿发展的差异性等密切相关。相比儿科医生对某些具体病例的诊断，观察对象复杂、混沌的特点使教育诊断更加不易。师范生个人化、情景化的技能是在具体的、真实的教学场景中形成和发展起来的，在教学主体与客体的相互作用中实现的。真实的学生与具体的教材能够激发师范生强烈的责任心和任务意识，促使他们初步形成研究问题、解决问题的能力，而如果缺乏大量的、真实教育实践情境的浸染，教师专业技能的习得就是一句空话。

（四）改善了教育理论与教育实践脱节的问题

杜威认为，教育理论与教师实践的二元对立是“教职的主要恶弊之一”。一方面是教师对理论的盲目崇拜；另一方面是教师在实践中的依然故我。由于教师的创造和洞见不被重视，教师很少参与教育理论和政策的制定，而成了掌握熟练教学技术的工人，因此，失去了质疑教育目的本身是否具有合理性的能力，只是作为达到教育目的手段和工具①。

考察当前我国教育理论与实践的现状，不难发现，理论与实践脱离的情况确实存在：一方面是现实中的问题和现象没有引起理论研究的足够重视；另一方面理论研究是一回事，实践是另一回事，或者说理论阐明的结论与现实呈现的情况并不一致。许多来自一线的教师认为，不少教育理论对自己当下的工作并无益处，因而学习理论的积极性不高。“当从现成的教育理论中不能寻找到答案时，他们宁可对教育理论持一种敬而远之继而束之高阁的态度，宁可相信自己的经验与直觉。②”师范生在系统地学习理论的同时，适时参加教育实践活动，可以在某种程度上改善理论与实际脱节的问题，为其今后自觉地将理论与实践相结合打下基础。

实践证明，那些更早、更主动接触幼儿园教育实践的大学生，课堂学习的主动性明显提升，课下与教师交流的频次也增加了。本科毕业后，那些考研深造的，会利用假期继续自己主动介入幼儿园实践；直接考录为幼儿教师的，则逐步成了该园的科研骨干。

另外，驻园培养模式还给高校研究者提供了课程观察、实践体验的最好机会。例如，五年间，XA幼儿园先后为300多人次的本科生提供了见习与实习机会，给30多名学生的短期教育实践活动提供过免费的吃住条件。在艰难创业的初期，D园长给了高校老师一间个人办公室，里面有全新的办公设备、大书橱、

① 岳欣云，2004．理论先行还是实践先行——兼论教育理论研究者与教师的关系［J］．教师教育研究，(6)：63

② 王江，杨全印，2001．关于教育研究目的、结果与思维方式的思考［J］．江苏高教，(1)：60-62．

文件橱、沙发、空调等，向高校老师开放了全部的教学班级和管理活动，良好的研究条件让高校老师找到了真正喜欢的专业生活。

"每周2～3天的驻园工作，不仅可以近距离观察幼儿，随时观察幼儿教师的工作，还可以敏锐地捕捉教育问题、锻炼解决实际问题的能力，随时可以将家长的咨询问题，日常观察的思考用于课堂教学。有时静静地坐在工作室里读书，孩子们的欢闹声和烤面包香味儿不时地袭来，那种美好的感觉是在高校里享受不到的。""在幼儿园中，你看到了幼儿教师的辛苦和不易，你就更能理解她们，更愿帮助她们，在互助中生成的专业自觉将有力地支持我不抱怨地应对这个复杂的社会。"驻园专家青莲如是说。

第二节　园本课程开发的"智多星"

在国外校本课程开发热潮的推动下，我国于1999年召开的第三次全国教育工作会议上，提出了要"调整和改革课程体系、结构和内容，建立现代基础教育课程体系，试行国家课程、地方课程和学校课程三级课程体制"的课改要求。2001年，教育部颁发的《基础教育课程改革纲要（试行）》中提出，要改变课程管理过于集中的状况，实行国家、地方、学校三级课程管理，增强课程对地方、学校及学生的适应性。

学校课程包含校本课程。关于学校课程的功能，学者王德如认为：一是使国家课程和地方课程的校本化，即学校和教师通过选择、改编、整合、补充等方式，对国家课程和地方课程进行再加工、再创造，使之更符合本校学生的特点；二是学校自主开发新的课程，即学校在一定教育思想的指导下，立足于学校具体实际充分利用社区和学校的课程资源，自主进行开发的符合学生个性特点，体现学校特色的课程①。

校本课程是指学校在保证国家和地方课程基本质量的前提下，通过对本校学生的需求进行科学评估，充分利用当地社区和学校的课程资源而开发的多样性的、可供学生选择的课程。校本课程开发实质上是一个以学校为基础进行的课程开发的开放民主的决策过程，是由校长、教师、课程专家、学生及其家长和社区人员共同参与学校课程计划的制订、实施和评价活动②。

20世纪末，我国开始了园本课程开发的探索研究。与中小学不同的是，在

---

① 王德如，2007. 课程文化自觉论［M］. 北京：人民出版社：287.

② 崔允漷，2002. 从"选修课和活动课"走向"校本课程"：江苏省锡山高级中学校本课程个案研究［J］. 教育发展研究，(2).

学前教育阶段，我国并未出台统一的幼儿园课程标准，更无固定的教材体系（20世纪 80 年代，我国曾出过全国统编教材），幼儿园保教工作的主要依据是《幼儿园教育指导纲要（试行）》和《3—6 岁儿童学习与发展指南》。为了推动幼儿园课程改革，地方教育行政部门要求各幼儿园在地方教师指导用书的基础上，有条件的幼儿园可自编部分园本课程方案，以体现课程对幼儿发展的适切性。但是，有的地区对此提出了不切实际的拔高要求，不仅将有无园本课程体系作为晋升省市级示范性幼儿园的硬性条件之一，还要求民办幼儿园和村办幼儿园都有自己的园本课程。

应该说，上级教育指导部门的愿望是好的，行政手段也确实推动了园本课程的建设步伐，在实践中也确实看到了一些幼儿园的办园特色。但是，我国幼儿园实际情况比较复杂，人力资源条件有限，许多幼儿园在没有深刻领会国家基础教育课程改革的政策，没有深入学习国内外课程理论，没有合理借鉴中小学校本课程开发经验的情况下，匆忙开启了园本课程的编制工作。课程研发者多为本园普通幼儿教师，他们对幼儿园课程、园本课程的概念不知晓，对园本课程的特点及功能不清楚，对国内外园本课程的理论与实践现状不了解，且开发园本课程的条件不具备，自身能力不足。也就是说，在幼儿园课程开发的思想准备、理论准备和技术准备都不到位的状态中，勉为其难地编制出了一本本幼儿园的“园本课程实施方案”，因此，各地幼儿园园本课程开发出现“乱象”不足为奇。自 2013 年开始，新建的 XA 幼儿园为了晋升市级示范幼儿园，也需要构建自己的园本课程。

PDS 强调互助共赢。高校教师在驻园工作期间所展现的理论素养会使幼儿园自然地想到聘其为园本课程开发的顾问。高校老师在深入思考幼儿园课程开发意义，剖析课程开发“乱象”之根源后，提出了关于课程开发的基本思路。第一，园本课程开发是在幼儿园文化统领下的关于课程理念与目标、课程内容与方法、课程组织与评价的一整套操作体系，无论如何表述，都必须体现课程开发的发展性、基础性、前瞻性和特色性。第二，幼儿园的课程开发不是全部创新，而是合理借鉴与移植。第三，幼儿园的课程开发必须依靠团队合作攻关，是多主体参与、民主决策的结果。

幼儿园教师是课程开发的主体。他们在一定课程理念下选择适合幼儿年龄特点的课程内容，设计合适的教学策略，记录与评价幼儿学习过程中的表现。高校专业人员在园本课程开发过程中可充当课程开发“智多星”角色，即出谋划策者。

在贝尔宾团队角色理论中，智多星充当创新者和发明者的角色。他们为团队的发展和完善出谋划策。通常他们更倾向于与其他团队成员保持距离，运用自己的想象力独立完成任务，标新立异。他们对于外界的批判和赞扬反应强烈，持保守态度。他们的想法总是很激进，并且可能会忽略实施的可能性。他们是独立的、聪明的、充满原创思想的，但是他们可能不善于与那些气场不同的人交流[①]。

在幼儿园园本课程开发过程中，高校教师在幼儿园课程建设中发挥“智多星”的作用主要表现在六个方面。下面以XA幼儿园的“自然教育”园本课程方案为例具体分析。

一、明确幼儿园课程理念

法国著名启蒙思想家、哲学家让·雅克·卢梭（Jean-Jacques Rousseau，1712—1778）说：“大自然希望儿童在成人以前，就要像儿童的样子。如果我们打乱了这个次序，就会造成一些早熟的果实，它们长得既不丰满也不甜美，而且很快就会腐烂。就是说，我们将造成一些年纪轻轻的博士和老态龙钟的儿童。”

21世纪的中国，物质资源有限，竞争压力空前增大。互联网经济像巨浪一样，从社会的各个角落中爆发出来，不停地昭示人们要更高、更快、更强地发展。人才竞争的严酷性是家长们怕输心理的直接根源。许多家长等不及孩子的自然发展，强迫孩子在人生的早期接受所谓的“书本知识”，让孩子早一点学识字、学数数成为普遍的家教内容。而过早地被推入被比较、被竞争的学校模式后，孩子首先丧失的是学习的兴趣，其次是自信与自尊。进入中学后，当孩子们有能力“逆反”，有能力对父母的教导说“不”时，他们的自我控制能力并未增强，自我发展的动力很弱，遇到苛刻的老师与不断的考试，孩子们就可能会放弃学业，过早辍学，过早进入社会，成为流水线上的廉价劳动力……幼儿园中存在的提前读写、过度教育现象，中小学教育中存在的负担过重现象，大学中存在的功利主义倾向等，是某些大学生缺少兴趣、失去创造性、迷失主体性的重要因素。

“不让孩子输在起跑线上”是众多家长给幼儿园施加压力的标志性口号。“家长如是说”似乎成为许多幼儿园，尤其是民办幼儿园生存与发展的“指挥棒”，名称新潮、花样繁多的特色活动成为许多民办幼儿园招揽生源的噱头。

对于孩子家长的错误教育倾向，是迎合还是引导？这是衡量一个幼儿园是否有社会良心的重要标尺，也是检验幼儿园课程是否以儿童发展为本的试金石。教育应顺应儿童的自然天性，为孩子提供有准备的发展环境和教育引导，让孩子按照自己的节律愉快成长，为孩子将来成为思想独立、身心自由的人奠定良好基础。让孩子像孩子。卢梭、福禄贝尔、蒙特梭利等教育家的主张都是来自其信奉的自然主义思想，对改变我国当代急功近利的教育现状具有重要的作用。

---

① 贝尔宾团队角色理论［OL］. http://www.baike.com/wiki/%E8%B4%9D%E5%B0%94%E5%AE%BE%E5%9B%A2%E9%98%9F%E8%A7%92%E8%89%B2%E7%90%86%E8%AE%BA.

基于以上分析，高校老师提出了“自然教育”的主张。与 XA 园的园长、老师一起，反复讨论、斟酌，2013 年，确定的园本课程理念是：第一，“育人”比“育才”更根本，“独立”比“依赖”更重要；第二，“合理满足”比“盲目给予”更人心，“顺应天性”比“强制服从”更有效；第三，“体验”优于“倾听”，“经历”胜于“观看”；第四，在自然中学习比在教室里学习更有价值；第五，“家园合作”比“家园单干”更有益于儿童发展。

经过一段时间的学习，驻园专家发现老师们在一日活动的组织中并没有很好地体现这些理念，说是文字太多记不住，于是，又将这些理念进一步提炼 30 个字，即“顺应幼儿天性，尊重发展差异，满足合理需要，家园联合育人，在自然中学习”。

二、凝练幼儿园的课程目标

教育部出台的《3—6 岁儿童学习与发展指南》是在国家层面上规定了学前儿童发展的一般方向，但幼儿园实施的课程不同，关注的目标重点也有差异。比如，XA 幼儿园认为，经过三年的自然教育园本课程的学习，本园孩子在实现一般发展目标的基础上，应该有如下更突出的行为表现：喜欢运动，饮食有度，身体健康少生病；尊敬长辈，友爱同伴，大方自信有礼貌；好奇好问，兴趣广泛，探究自然有方法；喜欢阅读，专注认真，做事条理有始终；体验感受，大胆想象，动手动脑愿表达；自理独立，合作协商，服从秩序不扰人。

这些行为举止说起来既不“高大上”，也不响亮“抓眼球”，但是，它们指向的却是全面发展基础上的兴趣、习惯和品质。这是一个人可持续发展的关键力量，是走向快乐幸福、收获完满人生不可或缺的重要基础。在拥有自然教育理念的幼儿园环境和家庭环境中，教师和父母只有持续地鼓励与引导，孩子才能获得良好发展，这才是自然教育课程应该送给孩子们最珍贵的礼物。

清华大学经济管理学院院长钱颖一教授曾经谈道：“人才”是一个词，而且我们经常会把“人才”简单地落脚为“才”。所谓“拔尖人才”“创新人才”“杰出人才”等，都是指“才”。但是，“人才”是由“人”与“才”两个汉字组成的。“才”的英文是 talent，而“人”的英文是 person 或 human being。“才”关注的是“三力”：创造力、分析力、领导力。人有“三观”：世界观、人生观、价值观。度量“才”的词是成绩、成功、成就，而形容“人”的词则是自由、快乐、幸福。“育人”比“育才”更根本，人从小到老都要学习，而学习的最终目的是先成“人”后成“才”。

学前教育最重要的目标是培养幼儿的独立性。新生儿童的第一声啼哭，预示着他独立呼吸的开始；一岁儿童挣脱父母的帮扶，迈出战战兢兢的第一步，预示着他独立行走的开始。在人生的第一年，几乎每一个健康的孩子都实现了独立行走的愿望。但随着年龄的增长，儿童的独立需求常常被成人忽视，在成人（尤其是祖辈老人）眼里，这些看起来“执拗”的独立表现是笨拙的，独立的结果是破坏性的。自然教育首先要承认儿童是独立的存在，孩子的人生最终由他们自己说了算；其次要相信孩子有巨大的发展潜能，教师必须满足并支持孩子的独立需求。

幼儿园的课程目标可从如下活动开始：当宝宝愿意自己拿勺子吃饭时，成人要鼓励这样做，因为这是独立性的起点；当宝宝想自己穿上衣服时，成人要鼓励这样做，因为这是自信心的萌芽；当宝宝在草地上发现了西瓜虫时，成人要鼓励他看，因为这是探究性的表现；当宝宝不敢跨跳小水沟时，成人要搭把手帮助他跳过去，因为这可让孩子体验到自尊感。

三、更新家长的教育观念

当前，许多年轻父母出于生存压力，不得已将孩子托付给祖辈家长代养。“隔辈亲”情结使祖辈老人在孙辈教育上出现误区。比如，对小孩子既宠又惯，包办代替现象比较普遍；对小孩子的探索行为实施禁止策略，过度保护行为比较普遍。年轻父母受社会大环境的影响，在育儿问题上也颇为“纠结”：一方面，希望孩子能有一个自由快乐的童年；另一方面，也羡慕邻家小孩的聪明伶俐、出口成章。因此，家长会将孩子能在幼儿园学多少知识、何种技能作为衡量幼儿园质量优劣的标尺，而这种观念与幼儿园的“自然教育”理念相悖，幼儿园请高校老师“出马”给预报名的家长讲课、参与家长沙龙、呼吁年轻家长接受新的教育理念，形成教育儿童新共识。

父母必须明白：孩子上幼儿园并不意味着家庭教育责任的减少，幼儿园教育是无法满足孩子发展的所有需求的，如父母的爱、家庭归属感的建立等。孩子六岁前最重要的早期教育是安全型依恋的建立、良好习惯的形成，以及独立性、自理能力的初步形成。好性格的形成更多的是家庭熏陶的结果，父母的榜样、生活方式及家庭成员教育的一贯性才是儿童成长真正的家庭背景。

阅读链接

作为选择了自然教育课程的家长，应该坚信：人的一生有不同的发展阶段，每个阶段都有特定的价值和发展任务；人的成长就像马拉松，最终能坚持下来的不一定是在起跑线领跑的人；孩子的发展不能替代，每个人的路只能自己走，好的教育是用心陪伴；顺应天性就是满足并理解孩子的合理性需要，成人按照自己的想法强迫孩子接受是不明智的行为；每个人天赋潜能不同，好的教育就是发现孩子的潜能，给他们提供发展的条件和机会；儿童的天性就是尝试、发现与创造，能保护好孩子的好奇心，使之探究意识和能力得到增长就是好父母、好老师；每个孩子在不同领域里的发展速度是有差异的，体会差异，发现不同才能因势利导。

作为选择了自然教育课程的家长，应该承诺：父母每天和孩子在一起相处（指亲子游戏或者亲子阅读）不应少于一小时；爸爸要积极参与家庭育儿活动，每周要有 2～3 次的专门时间陪孩子们玩，有质量的陪伴胜于给孩子们更多的物质享受；老师要利用多种形式与家长交流育儿心得，对学前儿童而言，“怎么做”比“为什么”更有用，正面引导比呵斥责备更有效；与孩子共成长。父母要主动参与育儿知识的学习，必须亲自参加家长会和亲子活动，保持与幼儿园教育的一致性。

（XA 幼儿园《自然教育园本课程说明》）

四、梳理课程的实施要领

幼儿园教师虽然接受了自然教育的课程理念，但缺少了实施的方法。当个别家长对幼儿园施压，要求教师多教知识时，许多老师就会在思想上产生动摇。建议高校教师在基本确定幼儿园课程框架后，将培训的重点放在推进课程的实施要领上。

比如，儿童是在活动中学习的。活动性是所有生物的本质特征。活动更是人与世界对话、获得发展的基本途径。这种活动不是单一通道的感觉活动，而是多种感官参与的体验活动、动手动脑的操作活动、以获得感知经验为结果的实践活动，而单一的倾听或者观看不是学前儿童学习的特点（对于特殊儿童，需要进行必要的感觉统合训练）。

自然教育课程实施的基本要求是：集体教育活动之前，首先必须创设能让孩子在自由活动中发现有趣现象和问题的环境；在集体教育活动过程中，教师必须让孩子们充分探究和体验；严禁教师将结果告知孩子，保护好奇心比学习知识更重要；阳光、蓝天、白云、流水、树木、小草和鸣叫的小鸟，丰富的大自然的资源是孩子们最好的老师。孩子们在自然中了解的远比老师教给他们的要多得多。他们会知道吃有定时，睡有定时，生长有定时：了解生命成长的规律才能懂得生命的宝贵，才会尊重生命，珍爱生命。

自然教育课程要求：能在自然中学习的不要在教室里学习；与自然相处就是与真实的“活物”相处，尤其是学习与植物、动物有关的主题；教师要善于抓住一日生活中各种与自然相处的机会，引导幼儿亲近自然；父母每周都应带孩子到大自然中玩耍，保持孩子对自然的兴趣；在幼儿园生活的3年间，父母要配合老师，至少亲历在自然中活动的50件事情；在玩具材料上，尽量给孩子提供自然环保的操作材料，如橡皮泥要逐步改为天然的泥巴，可使用真实的果实、面团进行DIY操作，能在大自然中进行的学习活动，不要用课件或者图片替代。

五、分析课程内容选择的意义

课程内容是落实园本课程理念和课程目标的重要载体。课程不仅是集体教育活动的代名词，对幼儿园而言，课程内容更多时候体现在幼儿园的一日活动、班级区域环境中，体现在幼儿自主选择的活动中。

在一些教师眼中，园本课程方案是上级要求编制的，只是上级检查时拿出来的一份文件而已，课程理念不仅没有成为指导日常工作的重要信条，就连周计划中预设的课程内容也常常随意更改或者放弃。比如，为了体现幼儿的自主学习，班级设立了多个活动区域，但幼儿午睡起床后，教师会组织全班幼儿集体同做一件事情，如画画、做手工、玩桌面玩具等。问其原因，老师会用“马上要做××活动了，收拾起来很麻烦”等各种理由解释。高校教师看到了，会将这类事情拿到教研会议上进行深度分析以减少这些行为的出现。

幼儿自主选择对其身心发展到底有何意义？英国哲学家以赛亚·柏林曾说：“人别于动物的首要之处……在于能选择，人在选择而不是被选择时才最能表现自己，人是目的的寻求者（而不仅仅是手段），并以他自己的方式追求目的，可想而知，追求的方式越多，人的生活就越丰满；个体间相互影响的领域越广，新的和预料之外的机会就越多。[①]”

没有自由就没有个性发展，但这只是在一般意义上展开的。对教育来说，儿童的个性发展需要怎样的条件，以及儿童的个性究竟应该在怎样的教育背景下才能够得到发展，却是一个有待于理性解决的问题。个性意味着允许人们彼此相异，允许按照不同的方式从事一件事情。或许教师会认为，儿童是没有能力做出决定或者进行选择的。因为他的推断力、观察力、判断力和自制力都不成熟，需要成人代为选择，所以，才有监护人制度。这种观点固然有其合理性，从法律的角度看，儿童的确没有能力为自己的行为负责。儿童的选择能力也的确是一个有待于实现的东西。但是从教育的角度看，人的选

① 以赛亚·柏林，2003．自由论［M］．胡胜传，译．南京：译林出版社：245.

择能力是一个不断生成的过程，在选择中学会选择，为选择而付出代价是成长的必需。无论是在生活情境还是在教育情境中，儿童都与成人一样有自由，并且因这份自由而学会选择，这是儿童发展良好个性，成为一个能动的、自主的人的重要条件。

教育的根本意义在于提供各种模拟的社会情境，使儿童通过自己的实践，获得关于社会及生活中的各种技能和能力，形成对生活及自然的基本态度。学前教育的重要目的在于培养儿童的选择能力，而培养幼儿选择能力的前提是给予儿童更多的自由和自主。当然，幼儿对危险也是缺少预知力的，需要教师给予一定的规则边界。教师在发展幼儿自主性的过程中要注意避免两种倾向：教育秩序混乱与儿童任性。

幼儿的自主是有条件的，他得遵守必需的秩序。边界是不打扰别人，不给其他人添麻烦。比如，在别人玩玩具的时候，你可以礼貌地与别人商量，是否可以共享玩具，如果先得者不同意，你就得去选择其他的；你若想和其他小朋友一起玩，就得让他先挑角色或者玩具，这样人家才能乐意与你一起；在大家共同使用同一个器具时，要保持完整和完好，让其他人使用时感到方便，如用完公厕后要将小便池或者马桶冲水，清洗之后再离开；在玩过某一玩具时，需要将玩具整理好，以便别人使用时是完整的。班级中常常会有教师不允许幼儿玩的区域或者玩具，不是教师有意不许孩子玩，只是时间不允许，因为幼儿动作慢，没有收拾物品的能力，而这是教师没有刻意训练的结果。如果老师先教孩子们学会了如何收拾，再让幼儿玩，可能效果就不同。秩序混乱意味着没有形成固定的秩序，没有遵守共同的约定。在这种状态下，一旦幼儿任性，就极易出现危险和安全问题，而后者是教师非常忌讳的。

新生入园第一个月是建立并形成教室中的秩序感的最佳时期。一进教室先干什么后干什么，在什么位置喝水，怎样站队都需要一一说明并每天如此。这不是教师硬塞给孩子的规定和要求，要让孩子知道为什么必须这样做，但许多成人却不肯说明与解释，以至于幼儿出现所谓的“执拗”。

六、引导课程资源的生成

好的幼儿园课程一定是有着鲜明的教育理念而又蕴含多种价值追求的教育实践活动。幼儿园的课程资源非常丰富，只要教师用心，大自然中的一草一木，一堆沙、一个水坑，都能成为孩子们探究的绝好资源。

以自然教育课程中的“春季远足”为例，除了锻炼幼儿体魄与耐力外，教师可带领幼儿进行以保护生物多样性为目的自然教育：观察小区内树上不同的花，比较其不同，如梨花与杏花，迎春与连翘；熟悉社区的安全防护标志；寻找惊蛰后陆续出现的小虫——蜗牛、蚯蚓等；寻找蒲公英、荠菜等野菜。通过自然教育，让室内外的资源有机联系，焕发出生命活力；通过自然教育，使幼儿园的生活变得更为有趣；通过自然教育，使幼儿的个性得以丰富，心灵得到滋养。

第三节 实践智慧的提炼者

智慧是梵文“般若”“若那”的音译。印度佛学中，智慧指破除人生迷惑、破除“我执”的能力，包括判断、辨析、洞察和彻悟。汉朝的贾谊将智慧视为一种对未来祸福的预知能力和敏捷洞察力，认为“深知祸福谓之智，反智谓愚，亟见窕察谓之慧，反慧谓童”[①]。古希腊哲学家赫拉克利特说，智慧就在于说出真理，并且按照自然行事，听自然的话。在亚里士多德眼里，“智慧就是有关某些原理与原因的知识”[②]。伽达默尔进一步解释说：“亚里士多德所谓的实践智慧（phronesis），它只在具体的情境中证实自己，并总是置身于一个由信念、习惯和价值所构成的活生生的关系之中，即是说，在一个伦理（ethos）之中。[③]”

有的人将智慧视为一种聪明，是天生的高智商的体现，似乎知识越多，智慧就越多。还有人将之视为一种境界和人格，比如田慧生认为，在社会生活中，智慧是个体生命活力的象征，是个体在一定社会文化心理背景下，在知识、经验习得基础上，在知性、理性、情感、实践层面上生发的，是个体安身立命、直面生活的一种品质、状态和境界。

英国哲学家洛克说：“我对于智慧的理解和一般的流行的解释是一样的，它使得一个人能干并有远见，能很好地处理事务，并对事务专心致志。[④]”在他看来，智慧是有德行的绅士所必备的品质，是能运用知识解决实际问题的能力。这种能力不是天生的，而是在实践中生发和创造的。

杜威认为实践智慧是一种深思熟虑。一个最有智慧的人所能做的一切“就是更广泛地、更细致地观察正在发生的事情，然后从已经被注意到的东西中更谨慎地选择那些因素，这些因素恰恰指向将来要发生的事情”[⑤]。在他看来，智慧就是

---

① 阎振益，钟夏，2000. 新书校注［M］. 北京：中华书局：304.

② 亚里士多德，1959. 形而上学［M］. 吴寿彭译. 北京：商务印书馆：3.

③ 汉斯·格奥尔格·伽达默尔，卡斯腾·杜特，2005. 什么是实践哲学：伽达默尔访谈录［J］. 金惠敏，译. 西北师大学报（社会科学版），(1).

④ 洛克，1999. 教育漫话［M］. 北京：教育科学出版社：117.

⑤ 杜威，1990. 民主主义与教育［M］. 王承绪，译. 北京：人民教育出版社：155.

个人在具体情境中应对不确定的问题时所表现出来的能力，由敏锐的观察能力、良好的判断能力及快速的行动能力组成。

一、幼儿教师的实践智慧

关于教师的教育智慧，学者高伟将之分为四个方面。他认为："教师的教育智慧既包括基于整体感知、直觉把握形成的知性智慧，也包括基于理论思考、规律认识的理性智慧，基于职业感、道德感、人际交往、师爱的情感智慧，基于个体经验积累、实践感悟、教学反思形成的实践智慧。①"

笔者认为，教师的实践智慧是一种源于个体的实践经验，它既是深埋于外在行为中教育理念的反映，也是基于具体情境中解决问题的综合能力。有超能力、大智慧的人或许是少数，但有智慧的人并不是少数。在幼儿园教育实践中，教师的实践智慧呈现的方式多种多样，有的是基于具体情境中临场发挥出的教学机智，有的是互动讨论中脱口而出的"奇思妙语"，还有的是恰如其分的教育行为（比如沉默或者等待）。在多数情况下，许多一线教师并不知道自己惯常使用的方法妙在何处，点子"金"在哪里。

参与驻园活动的高校教师是行走于教育理论与教育实践两种不同场域的人，他们很容易发现教师工作中那些"灵光一现"的好方法，如果能及时地对这些现象给予解释、建构，对幼儿教师的教育经验加以提炼，就可以将实践中的个体经验生成教育智慧。

二、实践智慧的提炼

科学史学家库恩早就指出：理论始于观察，而观察中渗透着理论。高校专业教师在实践中是他人活动的评判者，更是教育实践智慧（大部分是教育规则）的提炼者。

（一）发现教育规则

规则是指应该怎样做的具体要求。在幼儿园里，对教师的工作要求也称为工作常规。研究者程亮从不同角度阐明了教育实践理论知识的陈述方式，认为规律（laws）与规则（rule）各有侧重点（见表 4-1）。

① 高伟，2010．回归智慧，回归生活——教师教育哲学研究［M］．北京：教育科学出版社：5.

表 4-1 “规律”与“规则”的比较[①]

规律	规则
具有客观“自在性”	具有“人为性”
一直存在，后来被人发现出来的	由人制定的，以前没有
是在自然和社会中不令自行的	只对人而言，要求人们遵守的，有人执行它时它才发挥作用
是对存在的普遍性的陈述和判断； 用陈述句表达； 回答的是外部世界“是什么”的问题	是对于行动者在所指定的环境条件下应该如何行动的“规范”或者“指令”； 用祈使句表达； 回答的是在某种条件下应该怎样做的问题
科学是一个规律系统，科学家以发现和研究规律为己任	工程、技术、社会和经济、管理等活动都是规则系统，相关人员以制定、改进和执行规则为己任
规律具有“不可违反性”	规则存在遵守和违反的问题
规律涉及的是“真理论”的问题	规则涉及的是“功效论”的问题

规则与如下几个词汇的意思相近但又有明显不同，指令（instruction，具有强制性色彩）、原则（principle，指导意义比较强）、建议（suggestion，参考的意思浓厚）、处方（prescription，针对性强，更为具体）。规则最为中性，既有一定的情境性，也是指导与约束人的行为，使之朝向理性的实践知识。在教育实践中，一方面，大量有用的教育规则未被“挖掘”；另一方面，还存在正在应用的教育规则需要反思、甄别和批判的问题。

从理论上看，教育规则对于教师行为具有“软”的约束力，与道德规范类似，是在一定价值支配下的行为规范。它通常有两个相互依赖、相互统一的成分。一是目的或价值成分，即规范的价值与特定的“社会—文化”背景相契合，是执行者在思想上接纳后才能在实践情境中予以复现。二是手段或操作成分。作为一种程序性知识，规范是可以直接教授和传递的，更需要通过制度加以保障。当然，由于教育规则集中反映的是特定时期、特定地域的教育价值观，随着时空的转换、观念的流变，教育规则也会发生相应的变化，况且，教育规则本身也是有待辩护、有待检验的。

幼儿教师无论是处理幼儿纠纷还是组织管理班级活动，都有很多有用的小方法、小妙招，这些被视为工作经验（包含大量的行为规则）作为“默会知识”被深埋于个体的日常行为中，并未被其他人所知晓。有些特级教师非常善于总结工作经验，但多数教师即便是有很好的经验，受各种因素的影响也不愿意分享，而许多新手教师则需要重复经历他人的困境。虽然他人的经验无法替代个体的经历

① 程亮，2009. 教育学的“理论—实践观”[M]. 福州：福建教育出版社：88.

与体验，但有益的经验可以让新手少走弯路，因此，教师不仅要做教育规则的发现者，而且要做教育规则的传播者。

（二）提炼实践策略

高校教师在大学的讲台上要直接传递教育理论知识或技能（从某种意义上说，这些理论中有大量的规则，这些规则也可以是实践经验），以拓展师范生对教育理论（规则）价值的认同度，对教育方法的认知度，进而达到指导他们教育实践的目的。

提炼实践策略对高校教师而言至少有两种价值：一是能发现大量的、鲜活的、与教育理论相契合的实践知识，减少了在知识传递（授—受）过程中的机械说教、灌输或者盲目训练。二是在与幼儿园教师的互动（比如参与其教研活动）中，能够为其所“兜售”的教育理论提供实践证据，而教育实践工作者在辩护这些实践行为的正当性时，也会逐步提升理性能力，也才能将有价值的规则真正为己所用。

案例 4-2

班级生活环节中保教结合的策略

日常生活中的场景	普通教师的工作行为	工作策略和教育价值分析	有经验教师的指导行为	工作策略和教育价值分析
入园时，4岁的小姑娘丽丽拖拉着自己的书包、磨磨蹭蹭地来园	常规性问好，转身问妈妈： T：挺好的吧？ M：今天早晨有点闹情绪，不愿来。 T：小孩儿常这样。对丽丽说：快进教室吧，早饭马上就要收了。	策略：走流程	蹲下来，对丽丽说：“我看你有点不开心，来，悄悄告诉我，发生了什么事情？或者，我猜一猜，可能是什么原因。”	策略：关注情绪，同理心 价值分析：该教师的保教结合意识强。保持愉快稳定的情绪有助于身体健康，情绪是容易传染的。让丽丽知道自己在老师心里是最疼爱的人，她关心自己
中班户外活动。孩子们在荡桥边乱作一团。有从两头分别走的，有第	T：你们这样太危险了！赶紧排好队一个一个走！ T：不是刚才强调纪律了吗？不挤也不抢吗？都忘了？	策略：维持秩序，外在规则强化 价值分析：减少安全事故。内心认同的规则是外在输入观念，停	T：快快站到我这里来，有事和大家说。 T：刚才你们玩荡桥时发生什么事情了？ （孩子们七嘴八舌地描述过程。）	策略：描述现象，个体叙说体验，集体讨论，教师建议，引发内在规则生成

日常生活中的场景	普通教师的工作行为	工作策略和教育价值分析	有经验教师的指导行为	工作策略和教育价值分析
一个走不稳掉下去第二个撞在第一个身上的，有在后面喊着“快走，快走”的	T：再不遵守规则就不用玩了！	止游戏可强化规则的权威性，但也会剥夺愉悦，易造成痛苦和不满	T：有没有办法解决这个问题？ C：一个一个跟着走。 T：刚才我看你们也是一个一个跟着的，可为什么会倒了呀？ C：前面的人太慢了。（以自己的经验推理） T：是吗？我请两个小朋友来试一试，结果发现是前一个小朋友晃的踏板影响了后一个踏板的稳定性。 T：怎样解决这个问题？这样，第一个小朋友走两个格后，第二个小朋友再走，试一试，果然，整个队伍速度加快了。 T：能不能从两边走？ C：不能，会像两只小羊那样调到河里的。（刚学的儿歌） T：如果后面使劲儿地催，会怎么样？ C：心里着急会更慢，也会掉下去。 T：那么，我们现在知道了要玩荡桥需要注意什么？ C：不能着急，前面走完了才能开始走。 T：除了荡桥要控两个格，还有什么也要空格？ C：平衡木！梅花桩！	价值分析： 规则是维持集体活动正常进行的必要条件（所有的老师都知道）； 描述现象有利于关注不愉快的情绪； 叙述对规则的体验有利于更好地认同新规则并自觉遵守规则（许多老师没有意识到这个原理）； 幼儿的集体讨论不一定能马上解决问题，但可提高对规则的内在认同度，更有利于在无人监督下自觉执行； 教师的具体建议可以帮助幼儿解决问题

分析：教育的终极价值在于让人拥有获得自由的能力，但自由并不意味着想怎样就怎样。帮助幼儿建立集体活动中的规则是为了让孩子拥有更大的自由——在不影响他人的前提下享受自主和自在。教育过程中的规则（纪律）并不是自由的对立面，自由也不是孤独，它有共融的可能，有和他人共享约定的自主愿望。

尼格尔·塔布斯在《教师的哲学》一书中引用了马丁·布伯的观点，提出了教育者发展儿童能力的两种途径。

布伯说：有两种针对教育和教育者任务的基本途径。根据第一种途径，教育指的是从孩子身上引导出他内在的东西。不是从外部影响孩子，而只是克服任何干扰因素，排除那些妨碍他自由发展的障碍——让孩子成为“他自己”。

根据第二种途径，教育指的是将孩子塑造成一个教育家首先构思好的形态，这样就可以引导他的工作了。他不依凭孩子自身先天的禀赋，而是建设一种相反的模式来决定如何操控这样一种禀赋。

布伯将第二种途径与雕塑家相比，雕塑家的教育“意味着教育家用自己认为正确的行为去施加影响，从而去发展一个灵魂”。许多父母和教师在发展儿童能力的过程中充当了雕塑家的角色。理想的教育是通过第一种途径让儿童成为他“最好的自己”，在获得自由能力的同时拥有一颗自由的心。

如何让孩子学习“限制”

幼儿园里许多的常规要求都是教师制定的。但小朋友总是记不住。其结果要么就是受伤，要么就是干扰了他人，让大家不开心。问题出在哪里？有没有解决的方法？在一次研讨活动中，一位老师从一本书中介绍的“马与栅栏”中受到启发：如果你是一匹马，你是喜欢被拴在一棵树上，有自己的荫凉、水和食物，可以围着自己那棵树散步，还是喜欢在主人修建的栅栏里自由奔跑？虽然你必须走到自己的食盘中吃东西，但你可以与其他马儿嬉戏，竞争最佳的荫凉，做马儿想做的一切事。你唯一的限制就是远离外界危险的栅栏。你喜欢哪一种环境？

限制就像是栅栏。教师要给幼儿提供安全、受尊重和负责任的环境，在一定范围内活动按照一定的要求进行，而不束缚他们的手脚，限制发展幼儿的内部界限（或称自我控制）。

老师们反思：我们以前都是直接告诉孩子们，应该怎样，不应该怎样，认为和孩子说道理孩子们也听不懂，其实不一定，主要是看我们说的是什么，怎样说？大家商量着各自回到班级里试一试。

一周后：

小班老师：我把小马编了个故事，就是要让孩子明白常规的好处。比如，让自己和小朋友不受伤。

中班老师：对材料和设备要按老师的要求使用。弄坏了下次就不能玩了，别人就玩不了了。

大班老师：我让孩子们体会按规则做事的满足感，这是他们长大了的表现。

通过分享的实践做法，老师们发现，培养幼儿的规则意识，让他们学习基本的行为规范不完全是外部灌输的结果，而是在他律基础上的自律行为。只有将自律的好处弄明白，孩子才能有自我要求。

集体教育活动中的教师指导

许多老师将集体教育活动的低效归因于自己缺少更多的教法，或者教法老套不够新颖。很少从幼儿的学习方式和特点出发，研究自己的教法指导。“以学定教”只是一句空洞的口号。在进行了一段时间的“教育活动展示”之后，我和幼儿园的老师们就各自活动中的亮点进行了分析，发现老师们之所以在某些活动中有出彩的环节，多数是考虑了幼儿的学习特点，不知不觉地运用了相关的教育思想及其策略，如维果斯基的“支架教学”。我们就根据其表现，给这些支架进行“命名”。

1．多通道提示法

多通道提示法是指在集体教学过程中，当幼儿的思路“卡壳”或者“断片儿”时，教师通过语言、肢体动作、表情等提示，为幼儿提供思考、理解的思路，从而帮助幼儿解决问题和困难，推进集体教学活动的顺利进行。这种回应的目的在于为幼儿提供回答的支架，多用于孩子学习中出现困难的情况。多通道提示法的妙用在于让幼儿觉得最终的主意是自己想出来的，有利于提升幼儿的自信心。

2．经验整理法

受经验局限，幼儿思考问题容易顺着一个思路展开，不能多方面考虑。受语言表达能力的局限，幼儿在描述事情或者回答问题时往往散乱、不清楚。这就需要教师帮助开阔思路，用规范性的语言、结构化的句子表达。

比如，在“好玩的磁铁”活动中，教师问：“请你们拿着磁铁看一看，摸一摸，掂一掂，看看有什么发现？”

幼儿 A：“磁铁是圆圆的。”

普通老师：“嗯。磁铁是圆圆的。”有经验的老师则这样回应：“你发现了磁铁的形状是圆圆的。除了圆形的磁铁，你还看到过什么样的磁铁？”

幼儿 B：“我还看见有长条形的。”

幼儿 C：“我还看见磁铁有方形的。”

教师：“这些小朋友都是用眼睛看到了磁铁的形状。除了形状，谁还发现了什么？请摸一摸、摁一摁，再掂一掂。”

幼儿：“磁铁摸起来是滑滑的。”

教师：“你们摁一摁，掂一掂呢？请你摸一摸，磁铁是怎样的？摁一摁，发现磁铁是怎样的？掂一掂，发现磁铁是怎样的？完整地说说磁铁的样子。”

教师小结：“磁铁是一种有多种形状、有点硬、有点光滑、掂一掂有点重的金属。”

（三）在辨析中引导专业发展

在幼儿园中，高校教师会经常观察幼儿教师工作的实际表现。发现幼儿教师在日常工作中使用的策略不尽相同。多使用“上策”者，班级管理张弛有度，幼儿行为自主可控。多使用“下策”者，比如大量地使用“快速解决问题”的实践策略，会出现“摁下葫芦起了瓢”、顾此失彼的局面。在幼儿园的教研活动中，通过引导教师辨析日常工作做法，教师们会发现，“快速解决问题”的策略不仅不是“上策”，还可能是制约幼儿发展的“下策”。

怎样处理争抢自行车问题

某小班有 20 多个孩子。在固定的户外活动场地里只有两辆三轮脚踏车，所以脚踏车的投放和使用就成了问题，孩子们常常为此争吵。有一天，一个名叫宝宝的小男孩跑到老师面前抗议说：“小利不让我骑三轮脚踏车……”

讨论：

（1）普通老师会怎样做？

（2）有经验的老师会做怎样的诊断、判断和决策？

教师们讨论：

A：我会将他们分开并安抚情绪。

B：我会引导宝宝去玩别的玩具。

C：我会让他们每人先玩2分钟。

D：我会和他们说，小朋友要团结友爱，不能争抢。

专家：你们的这些做法能够暂时平息当下孩子们的争执，但对以后类似的事件帮助不大。有经验的老师会怎样做呢？

第一，水平诊断。这样的情况在班里已经不是第一次了，说明孩子们可能没有学会相应的社会交往技能（诊断幼儿社会交往水平），也可能是不会用语言去交流自己的需要（诊断语言交流能力），遇到问题常常用哭泣或者到成人那里寻求支持解决（在家庭中常用的方法），这对儿童的社会性发展是不利的。

第二，价值判断。这件事可以发展幼儿什么？①幼儿的社交技能，包括共享、轮流、协商、等待等。②商量解决问题的语言技巧，避免抱怨和告状。③与同伴一起游戏的愉快体验……

第三，教师采取的决策是：将孩子们召集在一起，与所有孩子互动。

教师："你们看，我们这里只有两辆脚踏车，小朋友都想骑。怎么办呢？"（抛出问题）即使是小班的孩子，也会说，他还可以玩别的。

教师："可是，宝宝这个时候也特别想骑，怎么办？"（关注宝宝情绪）

幼儿1："让他（宝宝）骑一会儿，再让他（小利）骑一会儿。"这是社会性发展良好的孩子的已有经验。

此时，小利或许会主动从小车上下来让宝宝骑。这是许多老师愿意看到的，如果是这样，事情就好办了，教师要马上表扬小利，愿意让给小朋友，让宝宝谢谢小利。但独生子女居多的当代幼儿园，许多像小利这样的孩子并不想这样做。

教师："如果一个人总想骑，不想给其他人骑怎么办？"（描述现象）幼儿可能面面相觑，不知如何回答。

教师："我们可以不可以和他商量：我们两个人都骑，好不好？你从这头骑到我这头，我从这头骑到你那头。"（教给方法）一般情况，多数小孩都会接受这样的建议。因为这样，的确每个人都可以玩了。

教师："看一看，咱们还有哪些东西可以一起玩呀？"（新经验迁移）

幼儿 1："悠悠车！一个人坐在上面，一个人推。"

幼儿 2："篮球！你扔给我，我扔给你。"

幼儿 3："大鼓！你敲三下，我敲三下。"

教师："你们真会动脑筋，想出这么多好玩的方法，快去玩吧。"（鼓励尝试）

高校老师将有经验教师的决策用表格的方式呈现出来，如下表所示。

三轮车事件中师幼互动的决策分析

幼儿行为观察	核心需求判断	教育价值分析	教师应答对策	可能结果预测
两个幼儿争抢三轮车	1. 社会交往技能欠缺 2. 不会用语言去交流自己的需要 3. 遇到问题常常用哭泣或者到成人那里寻求支持解决（在家庭中常用的方法）	1. 发展幼儿的社交技能，包括共享、轮流、协商、等待等 2. 学习商量解决问题的语言技巧 3. 减少避免抱怨和告状 4. 与同伴一起游戏的愉快体验	1. 抛出问题 2. 关注情绪 3. 直接教给方法 4. 搭建支架，让新经验迁移 5. 鼓励尝试	1. 宝宝和小利幼儿游戏的愉快感提升 2. 其他幼儿学习了用语言进行交往的技能 3. 在遇到类似的事情时会尝试自己解决 4. 因为玩具不够而告状的现象可能会减少

高校教师又播放了另外一个在建构区的师幼互动的视频案例。

S：结合刚才两个案例，你们能否说一说，当幼儿提出明确要求时，教师该怎样想、怎样做才能对他的发展起到促进的作用？

（教师们低头思考后面面相觑。）

S：大家看，我这样提炼怎么样？

第一，当幼儿提出明确需求时，教师应首先进行水平分析和价值判断，然后再做出既有利于解决当前问题又有助于长远发展的教育决策，小班幼儿能力有限，需要老师的直接帮助（语言或者行为）。

第二，当幼儿在游戏中发生冲突时，教师应该快速进行水平分析和价值判断，然后再帮助幼儿在他们能达到的水平上开发内容，提供的方法既满足幼儿的当下需要（显性的）也要兼顾其他发展需要（隐性的）。

（教师鼓掌，好！）

（2016 年 XA 园教研活动纪实）

在这里，高校教师提炼出的师幼互动规则对改善教师日常行为中师幼互动中的无效和低效是有明显价值的。他不仅要提炼出实践中的智慧，更要引导幼儿教师自己探求教育实践智慧。如果时间足够，高校教师甚至还可以进一步引导。

在上述案例中，大家取得的共识是：在活动区组织中，①“幼儿行为观察—核心需求判断—教育价值分析—教师应答策略”是教师启动与幼儿发展高度关联指导环节；②如果我们能按这一组有序列性的思维方式指导幼儿活动，就可更好地促进幼儿的发展；③这个操作流程并不复杂，我愿意在日常生活中尝试这样做；④我们再想想看，有没有类似的情境？我们可以套用这样的思维方式指导孩子吗？

在活动区中，教师作用可体现为三部曲：观察诊断—支持回应—引导促进。①观察诊断。以此了解幼儿某种能力的最近发展区。②支持回应。教师跟孩子们一起做，不在于玩，而在于能让幼儿有安全感、保持探究兴趣。③引导促进。发现问题并帮助幼儿组织想法。

提供支架：①信息型支架；②知识型支架；③程序型支架；④策略型支架。将这些转化成可以掌握的活动，并愿意尝试在幼儿最近发展区内活动。这样能保证每一个孩子都能体验探索和学习新知的成果。

第四节　园本文化的引领者

费孝通先生曾用四句话十六个字来概括他提出的文化自觉：“各美其美，美人之美，美美与共，天下大同。”我们可以将之看成文化自觉不同程度的发展历程。毕竟和平共处才是人类美好生活的新秩序。

当今世界经济一体化趋势让地球成为“村”，互联网的广泛使用让这个现实更为凸显，但是和平相处的新秩序并没有建立。为了自己的利益，以“为我独美”的思维要求别人“从我之美”，矛盾冲突自然不断。如果社会都认可“各美其美，美美与共”，并能从行动中“美人之美”，那么，至少在小环境中就会出现“和平共处”的和谐景象。“天下大同”并不是都要认同一个思想观念，而是要尊重“和而不同”。国家不分大小，要互相尊重，教师不分老幼，应以礼待之。在尊重对方文化的基础上建立新型的合作关系，提倡不同文化之间和谐共处、取长补短，提倡各种文化共处而不是冲突，对话而不是对抗，交流而不是封闭，包容而不是排斥，只有这样，才能共同繁荣[①]。

在有文化自觉意识的人看来，要建立一个具有共处守则的和谐团队，就需要有一种强烈的自我反思精神，需要有一种开放的胸襟，以实现共同的发展目标为重，博采众长。

联合国教科文组织在《学会生存》一书中有句鼓舞人心的话，即“教育的目的在于使人成为他自己，变成他自己”。以人为本既是一种价值观念，也是教育的工作原则。学前教育机构因人而产生，幼儿因在不同的幼儿园而具有独特性。一个组织有先进的文化理念才能聚集人才，一个发展共同体需要有共同愿景的人。

一般来说，经过 1～2 年的工作磨合，高校教师与幼儿园的管理干部、幼儿教师的关系会更为紧密，高校教师在 U-K 合作过程中承担的角色更加多样。成为“文化引领者”既是幼儿园方的客观需求，也是高校教师自身的主观要求。文化引领者的作用主要体现在以下四个方面。

一、文化定位

自从华勒（W. Waller）提出“学校文化”这个概念以来，无数人为此下过定义，多数人认为：园所（组织）有独树一帜的价值体系和行为方式系统。国家教育咨询委员会委员陶西平先生曾提出：优质的学校文化乃是办学理念的高境界、校园环境的高品位、学校制度的高效能、师生行为的高标准。对此，笔者甚是认同。但在实践者眼里，文化是一个抽象的概念。进入 21 世纪以来，基础教育课程改革在全国轰轰烈烈地开展，改革的目标之一是建立国家、地方和学校三级课程体系。校本（特色）课程开发因此成为此校区别于他校的文化名片。

在学前教育界，2001 年 7 月，教育部发布了《幼儿园教育指导纲要（试行）》，要求“教师要从本地、本园的条件出发，结合本班幼儿的实际情况，制定切实可行的工作计划并灵活地执行”。虽然在国家层面没有明确指出每个幼儿园必须开发属于自己的园本课程，但是，各地的幼教指导机构在积极开发适合本地区普适性课程的同时，也用行政的力量引导幼儿园制定属于本园的课程实施方案，并将其作为向教育名园发展进程中的重要标志。有的幼儿园采取“加盟”的方式，盲目移植其他名园所谓“成熟”的课程方案，导致出现“水土不服”的情况。

园本文化才是此园区别于他园的文化名片。特色课程只是文化的载体。园本文化是一所幼儿园经过较长办园实践逐步形成的、认同并且习惯化了的、富有鲜明个性的精神价值体系和行为方式。具体地说，园本文化至少具有以下两大特征。

一是内在独特性。“一方水土养一方人”。世界上没有一所学校（幼儿园）的

---

① 第三届全球文化论坛组委会．尊重文化多样性，共建和谐世界［N］．人民日报，2005-11-10.

文化是同其他学校完全相同的。同样，幼儿园自身在长期的发展过程中，必然形成具有本园独特风格与精神面貌的价值体系和行为方式。真正具有传承性的精神与物质文化财富不会轻易地因为管理者的调任、升迁而消失。

二是主体适应性。园本文化是由创立者内心所信奉的价值观念体系通过多年的实践逐步形成的一整套价值体系和行为方式。经过多年的浸润，它既能内隐于幼儿园员工的精神生活里，又能不自觉地外显于待人接物及教书育人的行为方式中。或许，新员工在进入该幼儿园前已经形成了一些内隐的哲学观、价值观，而且各自有不同。但是，进入一所园本文化特征明显的幼儿园后，不出几年，每个新入职的教师都会“适应”这种文化，而且其行为也会不自觉地融入该园的文化价值体系中。

当前，幼儿园文化建设存在的问题主要体现在以下三个方面。

一是文化建设学科化。有的幼儿园为了快速成名，采取强化某一学科课程的方式，将幼儿园命名为“双语幼儿园”“艺术幼儿园”“音乐幼儿园”等，偏离了全面发展的教育目标。

二是文化建设口号化。有些幼儿园认为，文化建设就是用一些特别对仗的、郎朗上口的句子呈现教育理念，越是与众不同的越好，越是古老的越好，但却与现实工作不相符。

三是文化建设硬件化。近些年，伴随政府对学前教育经费投入增加，许多幼儿园把文化建设视为装修升级、形象宣传，提高了绿化、美化的档次，突出了硬件的“高大上”，忽视了文化软实力的建设。

高校教师的理论学养及专业素养，可以在U-K合作幼儿园的文化建设中发挥重要作用：既可对尚未运行的文化活动给予价值分析，也可对正在运行的文化活动进行原理解释，还可对幼儿园自认为好的文化活动进行建设性批判。

XA幼儿园2013年文化建设文本（节选）

一、幼儿园核心价值观：学习与理解，尊重与包容

（1）学习是理解的前提。只有通过持续、不断的学习，才能正确认识自己和他人、理解生活的多样与差异，才能尊重、包容别人的优势与不足，将营建和谐的人际关系作为自己的分内之事。

（2）理解是教育的中介。有了对孩子的理解，教师和父母就会努力创设适合孩子发展的环境，在指导的过程中摒弃心浮气躁，静心等待孩子的成长；有了对家长的理解，教师就会将心比心，满足家长对教育的合理需求；有了对老师的理解，家长也会将心比心，体谅幼教事业的不易继而支持教师的工作；有了对员工的理解，领导就会营造更温馨的文化环境，让教师有尊严地工作；有了对领导的理解，教师就会加强自我管理，无须他人监督，全身心关注每一个孩子的发展。

（3）尊重是交往的原则。尊重别人就是尊重自己，能尊重孩子的想法及尊重不如自己的人更是一种大气和修养。

（4）包容是共处的智慧。包容意味着异中求同，同中容异。包容在给别人一个机会的同时，也给自己留一份心安，留一片天。

二、办园理念：教育让人做更好的自己

（1）构建有利于幼儿园自主发展的管理体系。以法人为核心，确立幼儿园"自主经营、自我约束、自我完善、自我发展"的办学主体地位，增强面向社会和市场依法自主办学、主动发展的能力。

（2）构建以人的发展为本的幼儿园内部管理制度。在人员招聘、薪酬设计、管理运行和课程设置等方面体现"教育让人做更好的自己"的办园理念。

（3）构建与社区、家庭相互支持的"互助共育"的教育模式，吸收专家、家长参加园务会会议、家委会、伙委会，探究让家长参与幼儿园管理的经验。

三、实施思路

（1）让幼儿园文化建设与现代学校制度相辅相成。

（2）以推进民主管理为保障。

（3）为教师自主发展的创设条件。从建园伊始，就聘请儿保专家、教育专家驻园指导，随时为教师的专业发展提供支持。

四、U-K 研究共同体愿景

（1）知识开放，资源共享。互联网时代，知识的更新共享已经成为认同的趋势。资源优势不同才有了合作的必要和互助的可能。

（2）关注需求，尊重差异。每个人都有自己的需求和不同的发展速度，在互助过程中不应强迫人全部按照专家的意见办事。

（3）互助共生，整体协调。教育实践并非一张设计好的图纸，有不同的变数，有各种需求的错位和矛盾，但应以大局为重，将各方面的力量整合协调，有利于工作的开展。

D 园长和教师们非常认同高校教师对园本文化的解读，要求幼儿园将核心价值观制成宣传板放在办公区的外墙上，让教师和家长都能看得到，也将此作为U-K互助合作、幼儿园与社区合作、教师与家长合作、教师与幼儿合作的思想基础。

二、制度重塑

一个组织从建立到正常运转，需要一系列的规范与制度保障。从组织行为学的角度看，这些制度有内部规约和外部制度之分。内部规约指的是约定俗成的、未成文的习惯做法和群体意识及道德要求等。外部制度指的是明文规定的上级文件要求、政策要求、园所规定等。从经验、理论，到规则、制度，本质上是一个内部规约固化为外部制度的过程。前面提到，高校教师在驻园工作期间，如果能帮助幼儿园将现存的工作行为提炼为工作规则，将这些规则转化、固化成园本文化制度建设的内容，将是对幼儿园文化建设的重要贡献。遗憾的是，在一线幼儿园教师眼里，相对于书本上的知识，她们更愿意相信同事的经验。如同老司机在开车时不愿意系安全带，矿工不愿意带防护用品一样，只有出现事故时才觉得防护和规则的重要性。

内部规约是浸润于每个人头脑中的习惯与意识，良好的内部规约（做事讲良心，一人有难众人帮）有利于形成群体凝聚力。不良的内部规约（各人自扫门前雪，莫管他人瓦上霜）则不利于团队合作。一旦形成内部规约，很难在短时间内被改变，这需要一代、两代甚至几代人的时间。现代管理学家倾向于依靠外部制度来改善内部规约的不良性，比如对互帮互助者提供更多的酬金和机会，表扬为集体奉献的班级和团队等。

研究者程亮认为，教育规则不如教育规律那样具有强制的、必然的色彩，而是如同道德规范那样带有柔性特征。即提供的只是一些参考的规范或者原则，因而对教师的实践并不具有强制性，教师是否选择某种教育规则作为自己的行动指南，仅仅依靠教师个人的意志和努力，这种诉诸个人自觉的方式，往往难以达到执行教育规则、改变教育实践的目的，在这种情况下，制度具有不可替代的价值①。

在新建幼儿园的管理中，最先需要建立的就是严格而明确的流程意识和标准意识。只要工作人员在每一个细节上不厌其烦地严格按照流程和标准进行监管，一般事故都会避免。但在幼儿教育实践中，保教人员对外部规约，比如按操作程序进行班级消毒、记录等工作常规常有轻视现象，常按不良的内部规约（其他人

---

① 程亮，2009. 教育学的“理论—实践观”［M］. 福州：福建教育出版社：88-89.

也没有这样认真，不是也没有出问题嘛）行事，存在侥幸心理。这就需要幼儿园出台行之有效的管理制度并加以落实。

幼儿教师的观念及行为方式是由其身处的园本文化制度所决定的。改变教师行为就得先改变固有制度，因为制度本身就是由规则构成。通过制度改变行为，是一种直接的行为干预。它比说教、灌输更具切实的实践效应，但这种干预策略常常为人们所忽视。由经验产生理论，理论固化为规则，而制度则是一整套分层级的规则。

幼儿园的议事规则——以管理层头脑风暴讨论会为例

参会人员：

XA 幼儿园平稳扎实的发展步伐离不开各位管理层同事的努力与凝聚，但是在当前的市场压力下我们面临的挑战还是很艰巨的，为了提高幼儿园在同行业中的竞争力，硬件设施与地理位置均不占优势的我们，必须壮大自己的软实力，真正实现精准服务、精致环境、精心教育。我园拟于节后召开管理人员头脑风暴讨论会——如何提高幼儿园软实力。

参会的每一个人都是幼儿园的骨干精英，请各位认真思考并准备发言，为幼儿园发展多献计策，为同事彼此多提建议，虚心接纳合理建议。希望会后幼儿园包括我们每个人都会有新的变化。

参会人员：D 园长、青莲老师、教育助理 LY、LJ、SH。

会议时间：6 月 12 日 9:00～12:00。

会议地点：园长办公室。

会议要求：

（1）参会前将下表认真填好，文字清晰、具体，就事论事，不带情绪。

（2）本次讨论会可能需要 3 个小时以上，为了不占用大家的工作外时间，所以定在了节后第一个工作日上午，请各位参会前安排好当天其他工作，会议过程中不要离席（临时家长咨询除外）。

会议提示：

只要是对幼儿园发展有帮助的建议，请畅所欲言，即便不是自己工作范围的，有好的想法也一定要说出来！如果是关系到具体工作的建议，请对事不对人，每一个提议的出发点要是正面的，所以希望每个人有能用平和、尊重、谦虚的心态。会议讨论中有工作建议环节，每个人先说自己的工作，这一环节前请深度反思，不要有保留，如果自己没有反思到的，别人会对你的工作提出建议，所以自我反思要深刻与全面。

共5人参会，工作建议环节须对包括自己在内的5个人的工作都提出建议，在这里，我们都是同事关系，请抛开上下级的从属关系，一切从幼儿园发展的角度出发。因为没有任何一个人的工作是完美的，如果你对别人的工作提不出建议，那只能说明你平时对同事的工作不够关心。

如果你只是发现了问题，但是没有想到解决的办法，没关系，说出来，大家一起想办法；如果知道自己工作中哪里做得不够好，但确实是有自己克服不了的困难，没关系，说出来，大家一起想办法。

如果会议中提出非常有价值的好主意，或者对会议上的重要决定在会后工作中坚持落实，取得了好的工作成绩，给予表扬与奖励！

如果有话但是因为“不好意思说”或“忘说了”或“不知道怎么开口”等原因没有在会议上提出来，在日后的工作中将不再私下讨论。

如果会议中已对某提案达成共识，确定了接下来的工作方案，如果执行工作中遇到了困难，无法顺利进行工作，需要及时向园长说明，寻求帮助。如果没有主动沟通，工作也没有按时按质完成，事后才说明困难，将提出批评，情节严重的还将酌情“自罚”。

关于会议的准备，可参考以下问题。

管理层头脑风暴讨论会发言准备

姓名：　　　日期：

你认为在哪些方面可以体现出一个幼儿园的软实力？也就是说，在地理位置和硬件条件（活动场地小）不能改变的前提下，我们凭什么让家长舍近求远的、放下硬件更好、收费标准差不多的幼儿园不去，来选择我们？

1.

2.

3.

……

根据上面的答案，提出较有可行性的方案。如何做才能提高幼儿园的软实力？

1.

2.

3.

……

根据上面的答案，想一想在自己的工作中，要怎么做？需要哪些改进与创新？

1.

2.

3.

……

反思自己工作中的不足之处，提出改进办法或提出困难，寻求帮助。（必须深刻、彻底、全面）
1.
2.
3.
……

对在座的其他四人工作中的不完善之处提出建议，想不到改进办法也没有关系，说出来，大家一起想办法。（必须实在，不要遮掩，拒绝“挺好的”，包括对你的“上级”，会中没有上下级的关系，大家都是同事）
同事 1（姓名）：
同事 2（姓名）：
同事 3（姓名）：
同事 4（姓名）：

以上案例是用表格的方式确立明确的议事规则。有人说中国人的会议多，但真正会“开会”的人并不多。开会不是带着纸笔听领导讲话、记录领导讲话、落实领导讲话这一种模式，而是提出问题、交流心得、探究方法，“带着问题、带着办法”开会，“会上怎么说都行，形成决议后，会下坚决执行”是会议质量高效的重要标准。

三、行为指导

文化建设具有不同的层次，物质文化的建立最容易实现，只要资金到位，加上专业的设计，以体现文化理念的服务内容、教职工道德规范、幼儿园的园徽等视觉符号体系为代表的物质文化可以短时间内创造出来。然而，将共同认可的价值观作为一种处世方式、一种职业操守，乃至作为一种生活态度加以自觉实践，则需要漫长的过程。

教育同行们对 XA 幼儿园自然教育理念评价很高，认为提法针对时弊，具有前瞻性和时代性。但深入幼儿园的日常工作中，我们会发现，理念可以轻松言说，行为不可能短时间到位。幼儿园文化建设的终极关怀是，让更多的教师从内心认可幼儿园文化变革与自身发展的关系，并将这种认可与自觉化的行为改变联系起来，享受在学习型组织中成长的幸福、在培植共同愿景中的愉快、在教书育人中的价值。

常规工作的问题诊断与策略

园长发现，自己幼儿园中该组织的理论学习也组织了不少，该考试的内容也让老师背了不少，可到班上巡查时，却发现教师离常规工作要求差了许多。于是，园长决定趁寒假中孩子们来园少，有空闲时间，组织老师进行“一日常规工作要求”的强化培训。

保教助理小徐想：用过去请人来讲课的方式可能效果会不够明显，建议幼儿园以剖析“案例”的方式进行现场研讨。于是，在集中培训方案中，就进行了展示活动—现场观察—即兴讨论—专家点评的环节。

当小徐将这个想法与我沟通时，我觉得这个培训设计符合该园的具体实际，形式有利于教师们即学即会，结合工作实际提高“实操性”的目的应该能够达成，就答应在点评活动中出任嘉宾。

在开展培训活动的头一天晚上，即将入睡的我反复推演第二天可能会出现的问题，思考自己的角色和任务：第一，充当“点评者”之职不够确切，它或许带有某些“评价”的色彩。而培训中专家的任务应该为“引领”。第二，该园两位教学助理描述具体问题的能力是有的，找出具体解决问题的办法也是她们的强项。但透过具体问题找到“普遍问题”，继而找到问题背后的“问题”，她们暂时还没有这个能力，而这恰恰需要专业力量介入。于是，我披衣下床，列出了如下分析框架。

××环节常规工作中的问题及其应对策略

幼儿问题	教师应对办法	教师在纠正幼儿行为中的问题	解决策略	保教价值

第二天，正如我预测的那样，老师们在分析孩子们行为问题时特别具体，细致到某个孩子的某个具体表现，其应对策略也大致相同：制止、讲道理等。我知道，描述现象固然重要，但将时间放在过多细节描述上既耽误时间，也影响了老师们对自身工作策略的反思，而后者则是集中培训更为重要的目标。

在我发言时，我将上表打在投影上，整理了老师们的做法。同时，提出了他们忽视的两个关键问题。一是教师对自身问题的分析不够；二是缺乏对幼儿行为问题中蕴含的保教价值的提炼。基于问题分析，提出如下策略指导。

晨间活动的问题诊断以及调整策略

保教价值	工作任务	幼儿常见问题	调整策略与方法	班级常见问题	调整策略与方法
1. 筛查不利于幼儿健康和集体活动的因素，为重点关注的幼儿提供依据（晨检） 2. 调动情绪，愉快 3. 愉快地开启一天的活动 4. 照顾幼儿早餐，为一天的活动提供重要能量 5. 让幼儿在自选区域活动满足个性发展需要 6. 启动一天的活动，提出常规要求和希望	1. 卫生清理 2. 与家长短暂交流 3. 二次晨检 4. 引导幼儿完成进班程序（插健康卡、脱外套、换鞋、洗手、挂毛巾） 5. 观察指导幼儿进餐（20～30 分钟） 6. 组织幼儿自选活动 7. 晨间小结（5～10 分钟）	小班： 1. 分离焦虑，适应困难 2. 依赖任性，不愿入园 3. 自我服务能力差 4 迟到（各班）	1. 情绪改善"五个一"：抱、哄、说、查、定 2. 情绪带动，玩具吸引 3. 用儿歌或者步骤图指导自理能力 4. 家园合作，逐步放手	1. 只顾清理卫生或者做教学准备，不顾孩子 2. 不会应对人园困难儿（任其哭） 3. 对自理差者直接替代并数落 4. 对孩子问好不热情回应，敷衍 5. 规定幼儿活动，不让自选 6. 对幼儿的提问不耐烦 7. 责任分散 8. 拖拉，遗漏任务 9. 时间控制感不强 10. 对本环节任务心中无数不知自己该干什么 11. 不关注健康袋 12. 晨间活动结束后不进行小结或者将小结变为班级点名	1. 清扫卫生，做教学准备的时间改为下班前或者下班后 2. 以幼儿的活动为中心 3. 合理安排三人工作和站位（一人管区角，一人管吃饭、接待，一人准备教具） 4. 上午主班负责晨间小结。要关注健康袋的情况，提示健康注意事项，提出后续环节要求 5. 小班要表扬愉快来园的小朋友，表扬能独立吃饭的、会收玩具的小朋友 6. 中大班要总结晨间要注意的特殊情况，如在区域探索新发现的、为班级做好事的。组织晨间播报（天气、新闻），组长统计出勤
		中班： 1. 情绪不稳定，任性 2. 喜欢逞强，但能力差 3. 无任务意识，做事拖拉 4. 迟到，早餐吃不好	1. 了解原因，说服转移 2. 情绪带动，活动吸引 3. 家园沟通，鼓励跟进		
		大班： 1. 带违规或者贵重物品 2. 不愿吃早饭，谎称吃了 3. 溜达，不知自己该干什么 4. 抢自己喜欢的区域活动	1. 了解原因，教给方法 2. 说明利害，鼓励进食 3. 提供建议，共同游戏 4. 重建规则，合作游戏		

两位教学助理觉得这样很好，真诚地说："有专家在，我们的园本培训就是不一样。"我也觉得这样做，效果的确是不同的，我所做的，是大学老师（作为一个实践活动的旁观者，更有利于跳出具体情境抓到问题的核心）在驻园活动中应该做的。

活动结束后，我对这个活动的效果做了进一步的反思，正是因为我头一天晚上进行了充分的准备（对幼儿园干部教师专业能力的分析），才能取得这样的效果。而我先让老师们自己反思，再将我的分析呈现出来，也体现了我对该园“学习与理解、尊重与包容”文化理念的认同与践行。

（驻园工作手记，2016-11-17）

舍恩认为，“使用中的理论”是个人行动的主要依据，它有别于个人能清楚加以陈述的“相信的理论”。两种理论不一致时，会造成其中一种理论的修正或调整，两者具有一致性时，才能发展出统一的人格，实践能力才有可能得到持续性的发展[①]。许多理想化的设计，在现实的教师文化环境中有时会落空。比如，教师口头上是非常认同“尊重与包容”这个价值观的，它体现为管理制度刚性与弹性的完美结合，体现在教师行为中便是“爱与理解儿童为前提，严格要求与年龄特点相适应”，但在实际工作中，当幼儿的行为不符合教师的要求时，大声呵斥孩子的情况仍会不自觉地出现。

四、共建学习共同体

文化引领的方式很多，它不只是分析一个先进的理念，或者提供一个具体的做法，而且要将自己“卷入”共同体中，在共同面对问题中提供方法论指导，这就需要个人做出一些改变。并不是所有人都愿意改变，相反，多数人不愿意改变（除非大环境“逼迫”），他们喜欢待在自己的“心理舒适区”。幼儿教师也是一样，有些时候该做的事不做（比如户外活动中给幼儿多种小型器械让其选择），不该做的事却在做（比如生硬地灌输小学知识）。幼儿教师主要存在两类问题：一类是不知不懂，即专业知识掌握不牢、运用不灵和日久遗忘；另一类是明知故犯，理由是他人不变我也不变，园长不讲我不变。对待第一类问题，“回炉”学习很有必要。最难的是第二类问题，要解决这类问题就需要创设鼓励改变的文化。

《瞬变》一书的作者提出了改变的三个要点：第一，给骑象人（人的理性）提供方向。第二，让大象（人的情感）动起来。第三，形成具体的路径（具体办法）。这个解决问题的框架对没有行政权力的人来说是很有帮助的。它成为建设U-K学习共同体文化的重要方法。但是，真正运行起来，改变并非容易。这个世界并非总是按照你想要的方式来运转。幼儿教师也有抗拒的时候。

“你的用心是好的，但你不觉得这样做很麻烦？偶尔做做可以，天天做谁也受不了。”一位在幼儿园工作30年的老园长这样说。“我们不想当优秀教师，这

① 张家军，2007. 论学校文化及其建设［J］. 贵州师范大学学报（社会科学版），(1).

只是份养家糊口的工作而已。”没有驻园工作时，觉得老师这样说很没有觉悟，但驻园工作后，了解了老师们的收入和付出之后，对这句话背后的无奈有了更为深切的理解。“你也许想要改变其他人的行事方式，但他们也有自己的选择权，虽然你能够感化、激励、鼓舞甚至哄骗，但有的时候，有些老师宁愿放弃这工作，也不愿意改变那个让自己感到舒服的行为模式。”

改变是非常艰难的。有些人表面看起来懒散，其实是筋疲力尽。人的理性不可能强迫自己去完成别人的目标，倘若要改变，就要把目标变成自己的，并且必须调动个人的情感，再探讨具体的方法。有时，看上去是个人的问题，实质上是外界环境的问题。当搞清楚了状况后，再提出专业的建议。当改变遭到严重抵抗时，那一定是改变的时机不合适。

在共建学习共同体时，有四点非常重要。

第一，倡导聆听的必要。学习共同体最早是杜威提出的实践模式。彼得·圣吉将之应用于社会的其他组织中，日本学者佐藤学又将之引用到日本的中小学教育实践中，指向于课堂中师生、生生之间的相互学习。随着教师教育的深入研究，学习共同体的概念已经深入人心，广泛应用于各类人群的学习。其中，倾听、合作、表达、参与成为共同体学习的重要原则。来自不同学科的青年教师与来自校外的资深教师及驻园专家，都需要在平等的基础上建立以倾听为基础的对话关系。在案例分享中，共同体中要有不同的任务分工，有对个人叙事的记录，有研讨中的首席分析。倾听是对话的基础，不断倾听才能理解表达者的话语方式和话语意义。

第二，鼓励多元的思考。客观世界是多元的、多维的，充满着复杂性、交叉性、交融性，只有鼓励多元、多维度、多方位、多角度，甚至是多时序、多时段的观察思考才能更接近现实存在。

佐藤学先生曾将教师的教学比喻为旅游。有的教师将计划做得很详细并全程控制，如同旅游中的导游，将每个景点的游览时间、坐什么车子，景点的运行路线等都事先准备好，只等学生们沿着自己设计的轨道一路飞驰；有的教师会让学生们自己选择景点，准备器材和交通工具，探险前行。不同的学习模式和学习经历给学生的体验是不同的。我们不能说哪种方式一定是最好的，但可以说，各有其好。前者可以在旅游者经验不足、能力不够且时间相对有限的情况下选择，这样能够获得较为丰富的信息资源，且信息量最大化，但也可能带来的是“蜻蜓点水、走马观花”的浅表体验；后者堪比自助式深度游，虽然去的景点不多，但体验深刻。幼儿园的教育教学也如此，有的教师集体教育活动可能组织得平平的、效果一般，但会通过活动区中的材料，将相关的内容给予巩固性练习；有的教师会借助家长资源将相关的内容给予强化。因此，评价教师的工作表现不能仅看一个方面，应鼓励教师分析自己行为的有效性，从幼儿发展的逻辑出发，多角度给予关怀。

第三，强调在实践中检验。实践包括实验、实证，倡导平等、自由的争论，珍视创造性、建设性的冲突。只有保障了争论的平等权与自由，才会产生真正的理性怀疑和多元的思考。

第四，注重激励中的宽容。人的认识能力是有限的，每一个人在实践中都可能遭受失败。宽容是纠正错误的最好方法。

彼得·圣吉在《第五项修炼》一书中指出，改善心智模式是最重要的。在学习共同体建设中，形成反思性实践的习惯是最重要的；在形成反思性实践习惯的过程中，核心价值观念的说明和支持性合作是最重要的。教师专业发展的观念需要碰撞，需要在一个真诚信任、民主开放的环境中交流与互动。在相互信任的环境下，人们自由地表达观念、阐述看法，分享成功的经验与失败的教训。

在U-K合作中，作为驻园专家，学习共同体中的“首席”，高校教师在幼儿园发展中承担着多种重要角色，发挥着重要作用。实践证明，为了保证对复杂的理论和技术过程的必要控制，来自高校的专业指导是有利于幼儿园发展的。专家指导下的幼儿园实践，不在于让幼儿管理者按照专家教导去适应预先给定的职能，也不在于替幼儿教师想出恰当的方法，以达到预先给定的目标乃至于聪明地完成相应的工作任务，这是技术层面的工作。相反，专家指导下的幼儿园管理实践，应比其他的同类幼儿园更有远见，在共同的深思熟虑中，确定共同的目标，保证幼儿可持续发展。专家指导下的幼儿园教师，应该比其他幼儿教师更能懂孩子，更能根据当下具体的教育情境，做出更理性的工作行为，以适应幼儿个体的差异性发展需求。但作为高校教师，期望自己的全部言论都能指导幼儿园实践，甚至做到可以替代园长或者老师做决策的想法是幼稚的，这既不切实际，也是角色模糊、职责越位的表现。

高校教师与XA幼儿园的合作已有5年。从D园长接手XA幼儿园时，高校教师就全程参与了给幼儿园命名、幼儿园章程修订、团队文化建设、园本课程等工作，见证了一个幼儿园起步的艰辛：幼儿园教师的人员更迭、当地学前教育新政策、新规定的陆续出台、家长们不断变换的教育需求，以及幼儿园实践中偶发的事故等，同时也分享着发展的成就：XA幼儿园在建园的第三年，被评为当地五星级幼儿园，第四年评为市级示范幼儿园，第五年开始盈利，在园幼儿人数达150人。幼儿园在社区有了更好的美誉度，幼儿园的教科研活动也在区域内展示，受到上级的好评。也正是因为认同幼儿园的文化理念，近3年中，QD大学学前教育本科生中有6位（3位曾在此园实习）毕业后“反哺”幼儿园，成为该园重要的专业力量，这在当地民办园中是首屈一指的。最重要的是，通过U-K互助合作，高校教师与幼儿园教师的互助关系经受了时间的考验，合作向纵深推进。

半亩方塘一鉴开，天光云影共徘徊。问渠哪得清如许？为有源头活水来。

——朱熹

第五章 幼儿教师在 U-K 互助关系中的角色

为了与“高校教师”这一称谓相对应，方便分析 U-K 互助关系中的角色，在本章中，将幼儿园园长、副园长、教研组长及教师、保育员等统称为幼儿教师[①]。幼儿教师在 U-K 互助关系的建设中承担着三种主要角色，在互助关系的维系中发挥着不可替代的作用。没有他们，U-K 互助关系无法形成。在什么情况下，幼儿教师才愿意与高校教师合作？合作对他们的专业发展具有怎样的影响？了解教育实践对高校师生有怎样的意义？这些看似简单的问题并没有现成的、令人满意的答案，值得我们深入教育实践，探究这些行为并对其赋予意义。

实践的意义和价值到底是什么？再次学习毛泽东的《实践论》[②]，许多耳熟能详的话语仍然感觉很亲切。

我们强调社会实践在认识过程中的意义，就在于只有社会实践才能使人的认识开始发生，开始从客观外界得到感觉经验。一个闭目塞听、同客观外界根本绝缘的人，是无所谓认识的。认识开始于经验——这就是认识论的唯物论。

你要知道梨子的滋味，你就得变革梨子，亲口吃一吃。你要知道原子的组织同性质，你就得实行物理学和化学的实验，变革原子的情况。你要知道革命的理论和方法，你就得参加革命。一切真知都是从直接经验发源的。

感性和理性二者的性质不同，但又不是互相分离的，它们在实践的基础上统一起来了。

毛泽东在谈到实践的重要性时，特别引用了列宁的话：“实践高于（理论的）认识，因为它不但有普遍性的品格，而且还有直接现实性的品格。”

---

① 根据研究规范，本书将隐去幼儿教师及幼儿的真实姓名，以英文符号代替，所描述的事件也仅是基于作者视角的个人解释，所见所思难免有主观偏见，望相关教师不要对号入座。

② http://sjj.jc.gansu.gov.cn/art/2017/9/28/art_18840_360032.html.

教育学是一门解释教育实践的科学，更是一门说明如何培养人才的学问。在学术界，教育理论一直占据着中心地位。教育理论被认为是指导教师实践的，因为它既是从事教育工作的认识起点，也是检验教育实践是否科学的标准。教育实践是教育理论的应用，是操作的方法与技术，居从属地位，没有独立性。

学者郐志辉认为："理论话语中的实践常常是概念化、结构化、逻辑化和抽象化的，它蒸馏了教育实践的丰富性与生动性，压瘪了教育实践的充盈性和多样性，遮蔽了教育实践的复杂性与生成性，教育实践的内在精神与灵魂被抽干和掏空，成了没有血肉没有生命活力的僵死的实践，成了可由概念骨架搭建起来的'实践骷髅'。[①]"这段分析鞭辟入里，深刻揭示了一些所谓"学者"的浅薄认识。

值得关注的是，近年来学术界渐渐认识到，教育实践与教育理论是不同的，它有自己独特的发展逻辑，并提出了教育实践中心取向的新研究路径。但是，这种以实践为中心的学术探讨仍然沿用理论建构的思维模式，教育实践研究的目的是对其进行学理化解释，而不在教育实践本身，也不是为了教师的智慧性行动，所发表的论文并不能增强在职教师或者师范生对教育实践意义的真切体验。实际上，揭示教育实践的情境性与复杂性，增强教师对儿童的敏感性及对教育意义的理解，引领教师运用自身理性与情感做出对儿童合理的教育指导决定，才是高校教师深入教育实践、进行教育实践研究的根本目标。

"回到教育实践本身"要求我们用存在论而非认识论的解释框架去理解教育实践；要用对教育实践的真实体验去描述、解释教育实践所传达的意义，让教育实践的本质意义能够被直观地看见，那就是师生之间的教育关系，一种指引与唤醒的关系。幼儿教师的日常教育实践为高校教师探究学前教育规律、解释教育现象提供了重要的实践源泉。

第一节　实践经验的原创者

幼儿园的工作纷繁复杂，不仅包括对班级幼儿的保教管理、发展指导，还包括完成上级交付的各种任务、满足家长关于看护孩子方面的特殊需求。在有限的时间内，会同时出现若干新问题、新情况。经验多的老师能够做到应对自如、游刃有余，经验少的老师则会顾此失彼、焦头烂额。一般说来，这种状况与入职时学历高低没有直接联系，而是与入职前的"临床经验"和入职后的"实战经验"的多寡直接相关。在U-K互助中，大学师生最需要学习的，就是幼儿教师的实

① 郐志辉，2007．论教育实践的品性［J］．高等教育研究，（6）：14-22.

践经验。

源于幼儿教师个体的实践经验，经同行在同类情境中的进一步试用、验证，被认为是有效解决问题的方法策略时，可视为教育的实践智慧。它既是深埋于外在行为中教育理念的反映，也是具体情境中解决实际问题的综合能力的反映。也就是说，当幼儿教师描述了具体的教育事件或者自己的教育生活体验之后，同伴以追问的方式进行质疑或者反思：“我们做得对吗？”“孩子理解了吗？”“他们是怎么做的？”如果得到肯定的答复，则说明这种方法或者策略能够适合当下该年龄班幼儿的发展需要，其方法策略会在适当的时候被更多的幼儿教师在类似的情境中使用。

在幼儿园中，教师实践经验的生成有两种途径：一种是个体经验的积累；另一种是集体经验的互动共享。“实践＋反思”是经验凝练为智慧的重要方式。从个体经验拓展为集体智慧，需要经历四个阶段：知识习得（个体经验经由专业提炼成为显性知识并在群体里分享）并形成内隐的个体观念；个体内隐的观念在类似的工作情境中对应出现；将观念具体化为解决实际问题的操作程序；解决问题并达到一定的熟练程度。驻园的高校教师在个体的实践经验转化为群体智慧的过程中发挥了独特的作用。

一、教师个体实践经验的积累

1. 从实践中摸索出来的“窍门”

在任何行业中，都有“心里有东西”、会使“巧劲儿”、善于借力的聪明者。幼儿教师也一样，为了更好、更快地完成工作任务，能基于具体情境想出各种办法。所谓“心里有东西”指的是幼儿教师以自身经验和他人经验为基础，结合长期从事某项工作的感悟与思考，“生产”出具有创造性的精神产品（教学策略、工具改进抑或教育思想）。许多中小学的特级教师都有这样的精神产品，这些产品经由自己的言说，引发更多教育同行的实践，在更多的情境中验证，进一步加工凝练，成为教学模式或者教育新方法，成为教育实践中的宝贵财富。比如，上海闸北八中的“成功教育”模式，上海一师附小的“愉快教育”模式，北京光明小学的“我能行”教育模式，湖北黎世法主持的“异步教学法”实验，江苏李吉林提出的“情境教育”，江苏邱学华提出的“尝试教学法”，上海育才中学进行的“读读、议议、练练、讲讲”八字教学法，华东师范大学张思中进行的“适当集中，反复循环，阅读原著，因材施教”十六字外语教学法，南京斯霞进行的“分散识字”改革，黑龙江等地进行的“注音识字、提前读写”实验等。

在学前教育界，也有许多幼儿园的资深园长、教师，长期在教学一线积累了宝贵的经验，在全国具有广泛影响。比如20世纪80年代，上海幼儿园特级教师赵赫、南京幼儿园特级教师沈长华、北京幼儿园特级教师王月媛等，都是激励我们进行幼儿园实践探索的榜样。真正的知识不只局限在书本或者学者的想象力中，它还源于与工作对象打交道的过程中。

巧做同类玩具

昨天晚上我和D园长加了个班，出门的时候，已经6点多了。4月的天黑得也早，幼儿园里静悄悄地。我们看见小1班教室的灯还亮着，就走进去，发现曲老师没有走，一边听着音乐，一边在专心致志地做玩具——把筷子一端绑上小磁铁做成“鱼竿”。我问她为什么还不走，她说：“这个时间点回家，路上也是很堵的，索性岔开。”我说：“这套玩具不是有配套的“鱼竿”么？”她说：“不够啊。小班孩子好模仿，一个玩什么，其他的孩子也要玩什么。我就多做几套，让三四个小朋友一块玩。”我发现，桌子上还有一些她自制的“小鱼”。

D园长说，前一段时间她班上的另一个老师怀孕需要回家保胎，班上少了一个老师，经常是她自己带班，没看见孩子们在教室里乱跑而“管控不住”的现象。20多个孩子在活动区里三人一堆，五人一伙儿的，玩得都挺好，曲老师带班挺让人放心的。

我有些明白了。原来之所以班上没有出现“混乱”现象，不是因为这些孩子特别乖，而是曲老师带班“有办法”。她给孩子们提供了让他们扎堆儿玩的“同类材料”。全班孩子以“材料”聚集，自发分组，有利于在老师人手不够时进行观察指导。

（驻园手记，2015-4-22）

学前儿童的学习方式是模仿。班杜拉社会学习理论认为，同伴榜样对儿童社会行为的发展具有重要影响。维果斯基也强调，儿童的学习是在成人有意识创设的环境中，通过互动发生的。或许曲老师说不出这些理论，也不是学习了这些理论才开始工作的，但她从工作的现实需要出发，发现了幼儿有“愿意凑堆儿”的特点，并发现，满足了幼儿的需求后，班级秩序变得没有想象的那么乱。进一步的实践还让她知道：有了朋友和材料，争抢材料的现象就会减少，“无所事事”的孩子就会减少，班级活动的秩序也就可控了。

2. 从“拉呱”中了解幼儿需要

有位老师讲了这样一个事例，让我们知道了，没有专业知识，即便是孩子的亲人也不一定懂孩子的心理。

让宝宝乖乖理发有方法

有一天，我正在理发店里做头发。当时焗油膏已经抹在头发上了，镜子中的我，头发竖着像一把短柄扫帚，滑稽而可笑。我一边看着手机，一边消磨这段无聊的时间。忽然，听见远处座位上一个孩子在哭。教师的职业本能让我转身一看，是一位奶奶和一位爸爸带着一个孩子在理发。两个人使劲地摁着小孩子的头，那小孩全身扭动着，像杀猪一样吼叫着反抗。我实在看不下去了，就跑过去干涉。

我：“你们不要这样对他，他是害怕才这样。”

爸爸：“头发弄到他身上了会发痒，一会儿就好了。”

奶奶：“这孩子真犟。”转身对孩子：“你再哭，看我不打死你！”

小孩继续哭闹，拒绝理发师在他头上“动刀”。我让孩子的家人起身，抱起哭泣的孩子，说：“来，阿姨抱抱你。”孩子看看我奇怪的样子，停止了哭泣，我把他抱起来时，他没有拒绝。我抚摸他软软的后背说：“是不是剪头发时让你感觉疼啊？来，我抱着你，叔叔手里拿的那个不是刀子，是个小推车！就像小汽车一样，在你头上开一会儿，保证让你一点也不觉得疼！”几下的功夫，头发就剪完了。

我没有看小孩家人那惊讶的表情，继续回到我的座位上看书。不一会儿，奶奶将洗完头的孙子领了出来。在她穿衣服的空当儿，我问小孩：“你几岁了？”他说：“4岁了！”我问：“刚才你哭是不是因为怕疼？”他使劲儿点点头。“是不是以前理发的时候，有人弄疼过你啊？”他又使劲儿点点头。

这个故事引发了我的很多思考：许多成年人，包括老师，自认为很了解孩子，而且是出于“爱”的动机，自以为是地强迫孩子做这个做那个，但就是不愿先听听孩子的心声，也不愿站在孩子的角度去思考孩子抗拒行为的初衷。

高校教师在驻园期间，经常听到幼儿教师与幼儿的各种“拉呱”、聊天。

在聊天中与幼儿良性互动

师：今天，谁送你来的？

生：（提高音量，愉快地）我爸爸！

师：怪不得今天这么高兴！晚上还是你爸爸来接么？

生：嗯，我爸爸说，只要他不出差，就天天来接我。

师：真好！今天你得做点拿手的东西，放学的时候让爸爸看看，让他高兴高兴！

生：嗯，我要插个超级摩天楼，让他大吃一惊。

师：今天你怎么看起来不高兴呢？

生：老师，我和你说一个秘密，你不要告诉别人啊。

师：嗯，（小声地问）发生什么事情了？

生：今天早上，我听见爸爸妈妈吵架了，还说要离婚！

师：我爸爸妈妈也会吵架，但吵架不一定都离婚，他们会和好的。

生：我还看见我爸爸打我妈妈了！

师：啊！打人肯定不对。我们得想想办法，让他们和好。

生：他们能和好吗？

师：嗯。

表面上看，这些似乎是有意无意的闲谈，其实，这是了解幼儿需要、指导孩子有效学习的重要方式。与教师聊天时是孩子们最放松的时候，他们会向教师解释自己的想法、定义他们的问题或者表达他们对某些事情的恐惧。高校教师驻园期间观察到的情况是：师生经常聊天的班级，孩子们活泼开朗而不执拗，教师愉快而不焦躁；而很少与孩子交谈的教师，班级气氛比较紧张，师生情绪不够平和，教师组织孩子声调比较高。教室中的互动状态与互动主体间的信任密切相关。孩子们对教师越信任，越容易开启自己的心扉；教师越是了解孩子的需要，满足其合理的需要，孩子也就愿意按照教师的指导去做。这就形成了良性循环。

3. 在经历麻烦中想出新“招儿”

幼儿教师的许多工作方法，不是从书本上学的，也不是从他人身上直接学的，而是由教师个人反复实践（甚至是经历多次失败）逐步摸索出来的。

组织幼儿如厕的巧方法

在上周实习小结会上，有学生提问，为什么开启一个集体活动（早操、上课、午睡、进餐等）之前，老师都要组织幼儿去小便？学生不理解，拿出来在小组会上讨论。有的说，如厕是具有隐私性的个人化行为，集体如厕会拥挤。有的说，在一日生活中，仅组织幼儿喝水和小便会浪费很多时间，应该让孩子自由自主。

我让她们去询问带班王老师，为什么要组织集体如厕。王老师解释说这样会减少尿裤子现象。但学生们还是认为，集体统一如厕是方便教师班级管理的一种办法。

直到有一次，我带80岁的老母亲到市郊公园游玩了一天，我发现，上午的时候，老人家看见厕所就去，而下午找寻厕所不方便，她就坚持不再喝水。她说："人老了，尿憋不住了。"（实际上，这是老年人身体功能出现的退行性变化。）

联想到3～5岁的孩子，他们的大脑对膀胱括约肌的控制能力还未发育成熟，膀胱的容量也小。受心理紧张兴奋、对新环境的不适等因素影响，尿床、尿裤子现象比较普遍，这也是正常的，但在集体教养环境中，倘若教师把精力都用在处理这些此起彼伏的"小事故"上，额外增加许多工作量不说，孩子的家长也得配合幼儿园，跑过来送上干净的裤子，再将尿湿的衣物带回去清洗晾晒，不胜其烦。教师也会因给这个孩子换衣裤而忽略对其他孩子的看管，增加其他幼儿相互打闹等意外受伤的概率，工作不衔接，还容易出现顾此失彼的情况。因此，教师经常提醒幼儿喝水、小便是根据幼儿的生理特点而进行的常规工作。

为了进一步分析这个问题，昨天放学前我到两个小班询问，小甲班的孩子在幼儿园一天都没有尿裤子和尿床的，小乙班则有三个孩子尿裤子，有一个孩子几乎是每天都尿裤子，其他孩子是偶然出现这种情况。

难道是小甲班的孩子喝水量少吗？按照规定，每个小班孩子的喝水量应该保持每小时50毫升左右，这是卫生部、教育部发布的《托儿所幼儿园卫生保健管理办法》中明确要求的。孩子们通过喝水维持身体血液中的酸碱平衡，喝水不足会让幼儿更容易生病。作为幼儿教师，不让喝水是触及职业道德问题的。

今天，我特别嘱咐学生进行定向观察。结果发现，小甲班老师采取的是分组喝水并如厕的组织方式，保育员或者老师中的一个必定站在厕所和喝水处中间，观察两个区位的孩子是否喝水和如厕了，对谁做得怎样心里很有数。而小乙班组织喝水时采取的是看谁坐得好就让谁先去的方式。工作人员有时站在区位观察，有时又做其他事情，并未采取“紧盯”的方式观察每个幼儿喝水和如厕的行为。

（驻园工作手记，2013-11-12）

一个“喝水环节”的组织，甲乙两班的老师站位不同，班级管理的效果也就不同。小甲班出现尿裤子现象的孩子明显少于小乙班。或许一开始，小甲班老师也和小乙班一样，但发现有的孩子因为贪玩而忘记如厕，出现尿裤子的尴尬，就琢磨着改进了。

迈克尔·波兰尼将知识分为显性知识与缄默知识两种。显性知识是客观有形的知识，是能明确地反思并可以用语言文字来表述的知识；而缄默知识则不能通过语言、文字或符号进行逻辑说明，它是高度个体化的、难以形式化的，并且以整体经验为基础的，是只可意会、不可言传的知识，甚至就连知识的拥有者也不一定能清晰地表达。在大学的课堂上，高校教师传递的大多是显性知识，即所谓的教育基本理论，而如何处理具体问题，靠的是教师在实践中摸索，在经历中反思。

4. 拿不准时就试一试

苏联心理学家维果斯基提出的“最近发展区”理论阐明了教学取得满意效果的重要心理机制。从儿童到成人，任何内容的教学都是如此。教师如果能发现幼儿某方面的“最近发展区”，并能开启看似无意的“拉呱”，实际上是有意的谈话，就能促进孩子某项技能朝更高水平上发展。比如，孩子们经常会选择那些熟悉的材料或者玩具，在做有把握的事情的过程中体会愉悦的心情。特别是小女孩，害怕失败的心理使她们不敢面对有挑战性的活动。教师要想从所创设的环境中使幼儿获得发展，就必须鼓励其放弃胆怯心理，鼓励其勇敢尝试，在尝试新经验过程中获得自信。

巧搭“支架”，提升自信

今天在幼儿园，看到一个温馨且让我感动的师幼互动场景。

师：[发现甜甜（化名）在旁观其他孩子从高的梯子上往下跳]你怎么不跳？

甜甜不语。

师：让我猜猜。（故意猜错）嗯，你不喜欢？

甜甜摇摇头。

师：你的腿不舒服？

甜甜笑了，摇摇头。

师：你不敢确定，如果自己从那么高的地方跳下来，会不会受伤？

甜甜：嗯（她使劲儿地点点头）。

师：这好办，我们先从矮的地方往下跳，试一试。

教师搬来一把小椅子。甜甜马上站在上面往下跳了。

师：你刚才跳时，轻轻落地，就站得稳稳的了。不过，这小椅子太矮了，没意思，我们跳桌子怎么样？

甜甜（很高兴地说）：好！

师生从教室里抬出一张桌子。甜甜自己爬上去。

师：你能落地时轻轻的、稳稳的吗？

甜甜点点头，从桌子上跳了下来。

师：很棒嘛！敢不敢挑战一下桌子加椅子？老师顺手将小椅子放在桌子上。

甜甜没有移动身体，看来有些犹豫。

师：（鼓励地说）来，我们试一试。

甜甜还是没有动，看来这对她来说的确是有点难了。

师：这样吧，我在地上铺上垫子。你只要像刚才那样，就不会受伤。

甜甜想试一试了。教师扶着她，爬上了桌子上的小椅子，她没有马上往下跳，而是站在上面，停了一会儿，“噗”的一声，她跳了下来，虽然双手扶着地了，但她看起来非常兴奋！大叫着又跑过去，连续跳了四遍。

（驻园手记，2014-4-28）

在这个师幼互动过程中，教师首先发现了孩子的胆怯是源于对自己从高处跳的能力没有把握，因此，采取了“降低难度，鼓励尝试”的策略。开始时，通过为孩子选择“万无一失”地从小椅子上往下跳的活动（2岁孩子的技能水平），最终完成“桌子加椅子”的冲刺（提高了两个级别），尽管该幼儿跳的能力离其他孩子还差一个层级，但这已经是其最近发展区了。在这段互动过程中，教师的有心观察与有意引导发挥了作用。这比任由孩子自由发展效果要好，也是维果斯基“文化—历史发展”理论在幼儿教育实践中应用的具体体现。

假如该教师在这个活动后，组织一次集体分享活动，让甜甜小朋友说说今天的收获，这个活动就堪称完美了。这不仅能提升甜甜从事新活动的自信心，让她确信自己是一个有能力的学习者，同时也会鼓励更多的孩子愿意尝试新的活动。

在学前阶段，良好的教育应是不着痕迹、润物无声的过程，是给予适合的条件让“花儿”自然地生长，而不是“填鸭式”地灌输。没有用心地观察和搭建有梯度的“支架”，“花儿”或许也能开，但不会是生机勃勃地、自由地绽放。儿童的发展极大地取决于环境，取决于环境中的教师的素养。当然，发展的过程在很大程度上也由主体内因决定，当教师能够觉察到孩子的需求时，不要无动于衷，要抓住机会，积极应答、激励，发展的结果定会让教师满意。

其实，从幼儿园到大学，任何一个层次的教育，最佳的教学机会都是在主体有需求的时候。所谓“不愤不启，不悱不发”。如果找不到这样的时机，教师就得想方设法地创造情境，用一些方法让学生明白某一个科目是值得学习的，继而引发他们的好奇心和对知识的探究兴趣。没有兴趣和主观愿望，教师再好的方法，能起到的作用也很有限。

哈佛大学的阿吉里斯在研究心智模式和组织学习时，说：“尽管人们不（总是）完全遵从自己口头‘声称的理论’（他们所说的）去行事，但他们一定会完全遵照自己实际‘实行的理论’（他们的心智模式）去做。[①]”在学前教育实践中，教师们声称的理论与信奉的理论所发挥的作用并不一致。声称的理论常常用在正式提交的论文中，而信奉的理论却是内隐的、指导教师日常行动的。

当教师面临新问题时（这些新问题常常是紧迫的，需要立即解决的），他们首先是从个人的“经验库”中提取相似的情境，或者用熟悉的问题，不断重

① 彼得·圣吉，2009. 第五项修练［M］. 北京：中信出版社：174.

构新问题情境。对他们来说，问题解决的效果要重于“学理”上的通透。另外，时间上的紧迫感和空间资源的有限性，需要教师迅速做出对当下来说最好的决定。因此，幼儿教师的个体实践经验具有即时生成性和具体情境性。个体实践经验积累得越多，也就越能在相似的情境中找到解决新问题的方法，这是理论所不能替代的。

总之，幼儿教师的实践智慧起始于个人的实践经验，再现于教育实践场域。实践智慧与个人的敬业精神、反思能力密切相关，时间久了，它就变成了教师的一种生活方式。

二、集体实践经验的互动共享

集体实践经验是个人实践经验的共享，共享的方式主要有四种。

1. 日常交流中的信息传递

教师之间的日常交流发生在班级之间、餐厅进餐、集体开会前等待、幼儿午睡等时间段。日常交流是教师之间传递幼儿发展信息、共享个体经验的主要途径。

教师与师范生的日常交流

午饭时间：一位幼儿园老师边吃饭边和师范生聊天。

师：你们是本科生，为什么愿意到幼儿园当老师呀？

生：现在当幼儿老师也不是想当就能当的，我们还要经过笔试和面试呢。

师：面试很难吧。

生：嗯，除了说课还有技能测试，还有班级管理、职业道德方面的答辩。

师：考的时候不容易，进来干就更难了。

生：我看小朋友是超级可爱啊。

师：你带带班，试一试就知道了，都是小魔头！不“哈呼着”（方言，呵斥的意思）根本不听话。

生：我看您对孩子挺好的呀，他们很听你的话。

师：嗯，你得摸着每个孩子的脾气，先要真对他们好，他们不听话时也不能客气，否则就管不住了。

生：这些都是非常重要的本领，我们得好好学。

12:30，吃完午饭，我到班级去转圈儿，想看看午睡情况，听见小1班的两位老师（甲、乙）在小声交流。

甲：你看小石头（幼儿名）马上就睡着了，上午户外远足中数他跑得欢！

乙：是啊，孩子们今天都睡得挺好。平时这个点儿，多数孩子翻来覆去睡不着，可能是上午活动量不足。

甲：看来，户外活动得考虑孩子的运动量，能玩能睡才能长个儿。

……

乙：小利今天好像不如前几天开朗，蔫蔫的，一直让我领着他。

甲：下午再观察一下，看看是不是有什么不舒服。小孩一感到不舒服就容易黏人。

乙：好！

（驻园手记，2016-4-6）

同一班级教师在工作时间内，经常性地交流信息，对做好保教工作非常有利。当然，教师交流中也会有"家长里短"等无关工作的信息，园领导在巡查过程中要及时消除因信息不对称而造成的误会，通过多种形式正面引导教师，从信息交流中获得关于幼儿发展的经验，享受工作的愉快。

2. 互动对话中激活思路

此处的互动对话一般是指正式场合的教师交流。这种交流既有观念的碰撞，也有保教技能上的切磋，是共享个人实践知识、形成群体智慧的主要时机。

关于幼儿教师在区域活动中的角色的日常交流

高校教师：在你们的理解中，教师在区域活动中应该是什么角色？

教师A：是幼儿游戏的积极参与者。

高校教师：参与幼儿活动有什么好处？

教师A：孩子们会很高兴。

教师 B：幼儿可以获得更多新经验。

教师 C：幼儿觉得你和他一起玩，他会更大胆地尝试新的技能。

高校教师：嗯，你们说得很好，还可以承担什么角色？

教师 A：游戏活动的促进者和结果的评估者。

教师 B：区域材料的调配者，教师通过观察幼儿的活动，会修正自己原先的计划。

高校教师：你们说得很好，我的问题是，为什么在我看到的室内区域活动中，你们有的在看手机，有的在打印资料，很少体现上述所说的角色，而且区域材料很少变化呢？

教师们低头不语。

高校教师：看来，有了正确的认识，但实际工作未必做得到。今天我们不讨论如何才能让你们做得到，那是你们园长要做的事情（众人舒了一口气，笑了）。我想再问一下，如果在幼儿游戏结束时，拿出几分钟的时间点评一下，你们觉得有必要吗？说说理由。

教师 A：得看具体情况，我觉得每次活动都进行小结没有必要。

教师 B：我觉得有必要，可评价幼儿的表现，指出方向。

教师 A：按照你这样说，那每个活动结束后都应该进行小结。

高校教师：根据你们的日常经验，你们说说，有小结的活动和没有小结的活动效果一样吗？

教师 C：应该不一样。我曾经看过 ×× 老师组织的半日活动，她是不停地对幼儿的活动进行评价，大的板块活动还组织孩子进行小结。

教师 B：也可以是幼儿的评价。

高校教师：评价在一日活动的组织中发挥着指导行为、调控行为的作用。幼儿的常规能力或者其他能力的发展需要教师的引导，评价是否能跟上，取决于什么？

教师 A：游戏中教师的用心观察。

教师 C：看来，幼儿活动的时候我们还真不能干自己的事儿，否则，游戏结束后就没有什么可说的了。

（驻园手记，2016-11-9）

高校教师经常性地参与幼儿园的教研活动、集体备课，能够比较深入地了解幼儿教师专业发展方面的现状，了解幼儿教师的实际需求，对开展教育研究、形成扎实的理论极为有利。

3. 直接移植他园经验

幼儿老师的许多经验是其到名园观摩时获得的。观摩者共享最多的经验有两类：班级环境创设的美观巧妙和教师教学设计的艺术性。

“她们的环境创设真是很巧妙！”“我真恨不得把人家的创意全都搬回到自己的班级！”“她们的课也上得很好。下次上公开课时，我可以用一用他们的方法。”移植他园经验是幼儿教师学以致用的表现，其好处是见效快，但只知其然，不知其所以然的简单模仿会使幼儿教师的行为改变难以持续。幼儿园园长要引导教师在共享他园经验时多思考其行为背后的理念，避免“一窝蜂模仿”的现象。

4. 在园本培训中学习

园本培训是幼儿教师群体实践经验获得的重要途径。它以“外烁式输入”的方式传递给教师相应的保教工作理念和具体的工作技能。比如，幼儿园的消防器械如何使用、幼儿常见的传染病的早期观察和预防、教师如何做好体弱幼儿的日常护理、教师如何与家长沟通等。

高水平幼儿园的园本培训有三个特点：第一，培训计划中会有对教师现实学习需要的情况分析；第二，每一次的培训内容针对性强，重点解决的问题与集中培训后的教研活动紧密结合；第三，集中培训与分散学习相结合，前者是后者的开启序幕，后者是前者的个体内化专题培训，与保教行为改进、课题研究相互关联，逐步深化，体现了顺承性和递进性。

驻园的高校教师在园本培训工作中承担着专业引领任务。这种引领不是简单的举办几个专题讲座，而是根据幼儿园的实际需要，从园本培训计划的拟定到培训过程中的主讲，再到培训后的教研活动全程跟进。

值得注意的是，教师群体共享的实践智慧并不能自然转化为教师自身的能力。一个人要学得更好，不是被告知，而是通过自己动手来实现。群体经验要变成教师自身的实践智慧唯有行动一条路，即当教师个体遇到类似情境后，回忆他人经验，继而大胆尝试，直到找到自己实践的窍门。同样，优秀教师的个体实践经验经过多次实践，也可提炼并转化为教师的群体智慧。

第二节　实践困境的体验者

没有与幼儿园建立U-K互助关系之前，高校教师多数是以检查者、观摩者的身份进入幼儿园。其所见所闻，都是幼儿园方愿意让他人看到的，而这些“可以看的”教育活动实际上都是提前安排、提前准备，甚至是刻意“研究”过的内容。观摩者看到了先进的教育理念，看到了教师精彩的集体教学、多样的户外活动、丰富的室内活动区和孩子们精美的作品。其实，人们在观摩中看到的只是幼儿园日常工作的冰山一角。那些大量的、不为人知的“难念的经”究竟是什么？为什么难念？很少有人去探究。高校教师在幼儿园建立个人研究工作室以后（虽然出入幼儿园的时间也是有规律的），幼儿园里的工作人员渐渐地不再把高校教师当外人，有许多平时困扰他们的事情也能与其倾诉，使之能够走近幼儿教师的日常工作，关注其困境及其体验。

一、教师日常工作困境

1.“计划外”的任务多

幼儿教师除了负责自己的班级外，有时候会突然接到计划外的任务。比如，突然接到上级来检查的信息后，教师会马上停止正在进行的活动，突击整理教室、打扫公共卫生；在户外活动中，手里没有玩具的孩子也会因此临时有了多样的小型户外器械……再比如，上级领导说，需要在幼儿园借多功能厅举行片区的教研或者展示活动。幼儿园就明白了：需要提前做好场地布置（从库房拿出折叠桌椅）、音像设备安放调试、会议签到表、茶水、桌牌、会议会标等一整套会前准备工作；照相录像、倒水服务、临时情况处理等会中服务工作。各地的实验幼儿园，因为这种上级安排的同行观摩、领导视察任务比较多，会特别增设一个“办公室主任”岗位，以应对宣传、接待、报表等任务。普通幼儿园因接待任务不重，这些事情都是管理干部兼任，即便是一次普通的借场地研讨活动，前后准备及整理工作也需要大约 1 小时的时间。

各种报表（包括全园幼儿的年度报表 / 教师的年度报表），各种学习会议（上级安排的新教师培训、骨干教师培训、片区观摩活动、片区研讨活动）的计划 / 记录 / 总结，外出参观学习，接收新信息，观摩他园经验，是幼儿园跟上“形势”的重要方式，幼儿园的管理人员每周至少要拿出两个半天安排外出参加各种会议。

2. 接待家长咨询、解释工作

最近 10 年，“入园难”问题并未缓解，有的小班人数已突破 40 人，且年年递增。每年的 5～8 月，是公办幼儿园园长最头疼的时间，接待家长电话咨询、解释入园相关政策是园长的重要工作，稍有不慎，就会形成所谓的“群体事件”，惹来媒体曝光、教育局领导问责。民办幼儿园则要拿出专人，接待那些公办园进不去，又在民办园中“挑三拣四”的家长，全年招生，随时试园，使得带班教师、管理干部的工作量很大。

3. 教师之间微妙的关系

不和谐的晨间小结

早上看了CC老师组织的晨间小结，心里有些堵。

我进门的时候，CC已经在弹琴。一首曲子还没结束，就听她大声地说：“我看还有谁没有坐好！”她起身，离开琴凳，过去推搡着一个孩子，给他找地方坐。

我悄悄对她说：“要正面讲，表扬坐好的。”她黑着脸，回了我一句：“你在班上待上一天就知道了。”

是的。我看到的是，班上确实有小孩在找座位的，有不慌不忙地拖椅子的，有在空余场地溜达的，全然没有将琴声作为信号。而这时，教室门口有三位老师，都站在那里，没有一个人插手去管理幼儿。

CC组织孩子们按半圆形坐下，开始启动晨间小结。

CC：今天××玩娃娃家和××在建构区为什么收拾得那么慢？都弹了多少遍琴了（斥责的语气）！

说着说着，CC发现左边的一个小孩闵某不听她讲话，就说，“我要批评闵某，在那里乱动！”

闵某：不要批评，不要批评！

CC：你能不能坐好？坐好我就不批评！

闵某服软，说：我坐好。

这时，右边又有骚动，CC又开始批评右边的孩子……

我关注的问题是：为什么CC会用生气、斥责的口吻进行晨间活动总结？为什么教室里其他的老师没有帮忙组织孩子？CC呈现的负面情绪是不是对袖手旁观的其他老师表示不满呢？看来，班级教师之间的个人关系影响教师的工作情绪，而教师的情绪会影响师幼互动的质量。

（驻园手记，2015-11）

有时候，“外人”进入班级看到的多数是师生外显的行为表现，是一个瞬间，而不是整个环节。仅仅依据一些表面现象就给某位老师下定论是很不公正的。固然，CC 老师可以用更积极的方式去与幼儿沟通，但为什么她今天这样说话？为什么其他三个人站在教室里没有做事？ CC 只是在假借批评孩子发泄自己的不满罢了。当然，教师之间的关系维系是双向经营的结果，非常微妙且难以明说。新幼儿园、新人、新组合，干群之间、同事之间短时间内出现摩擦也很正常，要建立和谐的人际关系需要有一个了解、磨合的过程。

4.“特殊孩子”难以管教

特殊儿童（exceptional child）是指与正常儿童在各方面有显著差异的各类儿童。这些差异可表现在智力、感官、情绪、肢体、行为或言语等方面，既包括低于正常发展的儿童，也包括高于正常发展的儿童及有轻微违法犯罪的儿童[①]。

理想的教育状态是，无论是基于家庭伦理还是社会伦理，对特殊人群包括特殊儿童，教师应该给予与正常孩子一样（甚至是更多一点）的关爱。但现实的教育状态是，对特殊人群的关怀条件和接纳条件远远没有达到应有的水平，绝大多数被教师判断为“特殊儿童”的（指因家庭养育模式导致的孩子入园社会性适应差，无法适应集体活动的儿童，不是指一般心理学意义上的失能状况，也不是指自理能力差给老师额外添麻烦的孩子）很少能在普惠性幼儿园里成长，这不是因为教师缺少爱的情怀或者正确的教育观念，而是普惠性幼儿园多数为自收自支性质，孩子人数太多，教师无法关注特殊个体的特殊需要。一般来说，这类孩子会被公办幼儿园老师“劝退”到民办幼儿园。因为民办幼儿园班级的师幼比例较高，教师相对能关照这些所谓的“特殊孩子”。但是，这类孩子对教师工作时间和精力“霸占”的状态很难让外界知道。

有攻击性行为的刘某某

中午，刘某某的妈妈和姥姥来工作室找我咨询，一边说一边流泪。因为今天早上，刘某某又将一个小朋友的脸给抓伤了。被抓孩子的妈妈是幼儿园的保育员，虽能理性对待，但也控制不住哭泣——谁不心疼自己的孩子啊。“肇事”孩子的妈妈这次被幼儿园叫来，也很无助地流眼泪，让我

① https://baike.baidu.com/item/%E7%89%B9%E6%AE%8A%E5%84%BF%E7%AB%A5/6959619?fr=aladdin.

也很难受。

一般来说，孩子打人，多数是因为他人影响（冒犯）在先，孩子感觉吃亏或者不爽才会攻击（还击），但刘某某不是这样的。他常常是无端袭击他人，防不胜防。比如我眼睁睁地看到，别人在走平衡木，他在排队，会突然跑到平衡木的一端，掀掉平衡木，让正在上面走的小朋友突然失去重心而摔倒。排队时，会突然回过头去掐后面孩子的胳膊。也就是说，他想攻击谁，即便是该幼儿离他比较远，他也会趁老师不注意跑到那个孩子跟前，撩人—别人讨厌他—他实施攻击。

我观察了刘某某几次，也都是这个结果。刘妈妈从监控中也看到了若干次这样的场景，在我这里会说，“其他小朋友推我的孩子的力气也是很大的。”但没有反思这是多次攻击的必然结果，人家的父母也会教孩子自我防卫。

每一个问题孩子的背后都有一个问题家庭。怎样帮助这个家庭也是我下一步要关注的事情。

（驻园手记，2014-10）

XA幼儿园是一所以自然教育理念为文化基础的民办幼儿园，“学习、理解、尊重、包容”是每个幼儿教师入职时必须接纳的。在这种理念下，每个班都得接收“特殊孩子”。教师付出的额外精力难以用语言描述。这些所谓的“特殊孩子”并非医学意义上的失能儿童，多数是因为原生家庭教育模式有问题而形成了不良习惯。

“老师，现在我才觉得，如果你没有在幼儿园带过班，你都不知道这些特殊孩子究竟给正常的班级管理带来多大的麻烦！他们真的需要一对一的专项指导。”一个研究生说。“一般情况下，一个班有两个像刘某某这样的孩子，我们就没法干了。这可好！有四个！”一位小班的老师说。

在幼儿园里，每个特殊孩子都是带着原生家庭的各种问题入园的。即便学过心理咨询相关理论的本科生，也难以应对这些特殊孩子的特殊行为，只有与家长合作，用时间和耐心陪伴这些孩子慢慢改变。值得骄傲的是，在XA幼儿园，除了一个孩子因为无数次打人且父母不配合而惹怒家长们，在家长的群体压力下转园外，其他有各种特殊问题的孩子在毕业前都有很大进步，从幼儿园正常毕业了。

二、园长日常管理困境

1. 来自招生方面的压力

在公办幼儿园，尤其是在设施条件好、师资条件好的实验幼儿园，“入园难”问题一直没有解决，这是园长最头痛、最棘手的事情。从每年的 5 月开始到 8 月底，递条子的、托关系的不胜其烦。因为幼儿园在社会上一直都是弱势群体，需要社会各方面的支持照顾，唯一能为社会做的事情是在招生上给优惠名额，但这点自主权幼儿园也似乎没有了，焦虑的家长为了争夺优质学前教育资源也是竭尽所能，甚至不惜围堵园长。

在民办幼儿园，要生存就得有孩子。为了招生，幼儿园也是“八仙过海，各显神通”。凡能拉进来孩子的，有专门的奖励；有的幼儿园专设一个“课程顾问”岗位，做市场搞活动，薪酬按招生人数灵活提成；有的将招生名额分配给教师，让教师到小区里“拉孩子”……

2. 更多的“一把手工程”责任

即便是不足百人的小幼儿园，也是“麻雀虽小，五脏俱全”，管理方面的工作样样不能少，按照文件操作的工作件件得落实。为了加强对某些工作的监管，幼儿园要成立各种领导小组，园长是组长，是第一责任人。现在，许多地区还建立了片区管理制度，将一些管理工作下放给街道中心幼儿园，除了本园的工作，还得关照周围其他的小幼儿园（3 个班以下），去检查指导。园长们对外工作的责任增大了，相应的，对内管理的时间和精力就减少了。

3. 特殊事件中家长的不理智

对于幼儿园中的事情，有些家长并不能理性地对待。比如幼儿园的寒暑假问题。幼儿园的教育是非义务教育，有些有编制的公办幼儿园，寒暑假家长可以不交保教费，孩子不用来园，幼儿教师可以像中小学教师那样，有相对比较长的假期。但多数幼儿园属于自收自支性质，教师的工资要从保教费里面出，家长们交了保教费，就希望物有所值，保教质量不缩水。但幼儿园为了保障教师的权益（寒暑假的带薪休假）会安排合班管理孩子，这就势必产生矛盾。从教育主管部门看，它们一般不明确立场，而是含糊地表示：幼儿园可以放假，但放假的多少由幼儿园自行安排，不做统一规定。

“目前，幼儿园教师一直不能享受与中小学教师一样的寒暑假带薪休假制度。一放寒暑假，家长不乐意。家长反映，孩子在家没人照看，但不放假的话，教师又有意见。最近我们采取折中的办法，暑假照放，但时间缩短，孩子合班，教师轮休。”一位公办园园长无奈地说。“相对于公办园，我们民办幼儿园只有错位发展才能生存。对家长说是不放假，但还是得安排老师轮休，否则，就没有好老师愿意到民办幼儿园入职了。”

再比如，幼儿在园活动时碰伤擦伤后家长的过激反应。近些年中，社会上“碰瓷”现象增多，个人做好事的风险与成本增加；医院患者家属闹得凶，医院无过错赔钱就多；家长闹得凶，学校、幼儿园赔钱就多，这些既不合法、更不合理的社会问题让幼儿园办园成本增大，风险增多。

4. 幼儿园管理的“多难并存”

安全管理责任被放大。目前，各级部门从上到下非常重视幼儿园安全管理。一方面，组织“一把手”假日学习、开会，说明上级领导对师生安全问题的高度重视；另一方面，过细的安全档案资料准备、频繁的园际之间交叉安全检查、过多的演练组织及其宣传报道，不仅增加了幼儿园的管理内容，而且还让师生们感到正在丢失已有的安全感。

关于幼儿教师的离职。从目前看，在中国大部分地区的幼儿园，非事业编制的“80 后”到“90 后”的幼儿教师占绝大多数。因为是非编制的，工资偏低，离职成本也低。离职理由五花八门，甚至让人啼笑皆非，让园长们感到措手不及。从家长角度讲，离开了熟悉的教师，孩子刚建立起来的安全感会受影响，情绪也会不稳定。但现实就是这样，幼儿园多数是一个自负盈亏的单位，很难提前储备更多的人手减少这类事情的发生。

关于在岗师资的工作量。各地的实验幼儿园，师资是本地最强的，故承担着全区近乎一半的接待考察、观摩、争奖项的任务，加班加点属于正常现象。伴随“名园办分园”集团化办学模式的推进，教师梯队也存在青黄不接的现象，40～45 岁的教师已经算作幼儿园的“老人”了。这些有多年带班经验的教师，现在多数已经在二线上，承担着教研主任、保健员、出纳、图书 / 保管员、后勤服务等半管理工作。

“都是正式在编的教师，管理岗位就那么多，没有什么大的问题，走又走不了，提（干）也提不起来了，只能哄着他们干些杂活儿。”实验园园长也有自己的无奈。“为什么实验幼儿园就能先挑教师，挑剩下的就给我们普通幼儿园，资源（经费）也不平等。到年底还得全区量化排队。”普通幼儿园园长也有烦恼。“现在，幼儿园的主力都是年轻人，有的正可以赶上‘二胎’的末班车，需要照顾。有些年轻人没有编制，是合同工，都是独生子女，我们既要按照国家的文件要求他们，又不能太严格，否则就留不住。”几乎所有幼儿园园长在为人手不够发愁。“老师，我不想成为优秀教师了，就想有份养家糊口的工作而已。”这是一个学前专业本科生毕业五年后的感慨。“孩子这么多，我们连基本的带班都很困难，区里还让我们搞园本课程开发，力不从心就只能应付。”一位村办幼儿园园长说。

对于许多现实问题，教科书中没有现成的答案，上级教育管理部门也没有具体解决的办法，全凭幼儿园管理者在复杂的社会情境中创造性地工作。解决了某些具体问题，幼儿园就能向前发展一步，暂时解决不了的问题，就“扛着”。不过，最近这几年，各地相继出现了实验园办分园、走集团化办园道路的情况，一方面，满足了社会上家长让孩子上好幼儿园的心愿；另一方面，名园优质教育资源的“稀释”也给办园质量的提升提出了更大的挑战。

第三节　实践研究的参与者

教育是以培养人为目的的职业。从教育的社会功能看，不同时期有不同的培养目标；从教育的个体功能看，不同时代的人也有不同的发展需求。根据时代要求和个体需要研究培养人的活动，这是对每一位教师的基本要求。在实践中反思，在研究中改进，应该成为教师日常生活的一部分。但是，在学前教育实践中，幼儿教师作为研究主体的意识和条件并不具备，能在专业人员的引领下积极参与，能将研究出的结果应用于具体的教育实践，就很令人欣慰了。在幼儿园实践中，园本教研多以理论讲解、交流分享、观摩展示为主要形式。

一、幼儿教师参与实践研究的困境分析

（一）理论基础薄弱，理论学习的动力不足

我们曾经就 QD 市幼儿教师专业素养现状做过调查，内容包括对教育学理论的态度、价值取向和价值判断，以及相关的兴趣和需要的程度等。对这些方面的了解，有助于教育学研究者确定教师的起点状况。调查结果显示，当前，在职幼儿教师的主要缺项为：学习时间、学习习惯及思维方式等方面的缺失；不喜欢理论学习，也缺乏将理论知识转化为实践的意识和能力；缺乏观察了解幼儿发展的技能、指导幼儿活动的技能、评价幼儿发展水平的技能；缺乏通识性的学科本体性知识；缺乏进行园本课程编制、从事园本教研的能力。

目前，我国地方普通幼儿园在职教师中，初始学历水平以 3+2 高职高专为主体，后学历为本科（函授）的逐年提高。师范生中最不喜欢学习的科目就是教育理论课。“说忙也是给自己找借口，思想上是有惰性的，除非参加技能比赛或者考试什么的，临时突击，很少有人主动地学一些教育理论。”“理论知识学不进

去，在实践中也用不上。”为什么老师会有这样的说法？教师学习和运用教育学理论的盲点在哪里？有效的理论是何种学习的关键点？教师持续学习的困难是什么？这些问题都需要逐一探究，才能扫清在职学习的障碍。

从目前来看，在职教师理论学习动力不足有内外两种因素，外因是时间不足，内因是视野有限。无论是实践的创造，还是理论的学习，都需要有一种相对闲适的心境。文化传统（包括家长诉求和幼儿园管理理念与制度）是制约幼儿教师创造性工作的深层障碍。

在中国内陆地区，照顾好幼儿的生活，保证幼儿一日活动的安全是幼儿教师压倒一切的首要任务。另外，按照一日活动作息时间表，在规定的时间内做计划中的事是教师的职责。幼儿教师绝大部分时间会待在班级或者操场等固定的空间里，习惯了一日工作的常规性安排、程序化组织，逐渐地，思维的变通性受到禁锢。除非外界的新鲜事物能够刺激教师的心灵，使其觉得劳累减轻了或者精神更加愉悦，否则，自觉地学习理论不会成为教师的日常惯习。

（二）教师对实践研究的意义模糊

幼儿园实践研究主要是指幼儿园的教研活动，即基于工作的实际需要，以解决幼儿园中的实际问题为目的的研究活动。这些实际问题可能很大，一时得不到解决；也可能很小，只要付出一些努力就能改变工作的质量和工作中的心情。依靠教师个体用自身的经验，去解决哪怕小小的共性问题，都是困难的，而动用集体的力量——同伴互助，则有可能实现。

在笔者看来，能够经常性地组织幼儿教师对身边的案例进行讨论与辨析，对惯常的模式化、机械的保教行为提出质疑，在反思中生发新的改进策略继而让明天的工作变得更好，这才是幼儿园实践研究的价值所在。实践研究的魅力并不在于验证某种既定的理论，而是对教育现场的把握和判断，是对教育情境中的事件做出的分析，这样的研究也恰恰是专业研究者难以做到的。

（三）“教研问题”与“科研课题”定位不准

幼儿教师“怵研究”，与在幼儿园日常研究活动中将“教研问题”与“科研课题”的概念混淆现象有关。不知从何时起，凡是示范性幼儿园都需要有科研课题，否则就会被扣分。只要是立项课题，其开题报告的模板都是相同的，想不规范都不行：第一部分是课题研究意义；第二部分是文献罗列，先引用国外学者的成果，后分析国内学者的观点；第三部分是研究目标内容；第四部分是研究进程。似乎只有与国内外的精深理论携手，才能显现出幼儿园的科研是规范的，才能被有关部门批准立项。除此之外，研究上级公布的指南类课题而不是自己的问题，是目前幼儿园课题研究中最大的问题。

（四）研究主体让位于他人

在幼儿园实践中，专家、上级管理部门的工作人员都可以“指导”幼儿园工作。张三这样说，李四却那样说，一番指手画脚之后，园长、幼儿教师反而感觉很迷茫。

学者曲中林曾探讨过依附性教育实践问题。他说，所谓依附性教育实践，是指教师习惯于以非自主的方式工作，其职业意识和自我意识发育不良，消极应付和对待教育实践中的问题，表现为亦步亦趋、顺从附和。在幼儿园的教育实践中，也常常看到“顺从性多于批判性，克隆性多于原创性”的现象，这与幼儿园中存在依附性教育实践密切相关。

（五）研究条件有限

一般各地的实验幼儿园研究条件比较好，有的园长本身就是行业知名专家，实践经验丰富，园内有教科室，有专职教研人员，有较强的研究团队，而且还有经费支持，保证在需要的时候能够请到专家进行专业指导，而一般幼儿园，则没有这些条件。如果不是业内人士，难以想象幼儿教师日常工作的繁杂性，既有带娃玩耍、抬床、喂饭等体力活儿，也有在吃喝拉撒中看管幼儿安全、关照幼儿发展的重大责任，有时甚至连坐下来喝口水的功夫都没有……

无论多么忙，教师还得参与教研！幼儿园的教研活动大都是在幼儿午睡时间进行，看到教师在教研时两眼发直甚至直接趴在桌上的样子，没有亲身体验过幼儿园带班工作的人很难理解。另外，随着幼儿园的改扩建，大量有学历但非专业人士、毫无带孩子经验的新手教师补充到幼儿园，在基本工作还不适应的情况下，让其参与幼儿教育研究的确是勉为其难。

二、专业引领下以解决问题为导向的园本教研探索

（一）以问题解决为导向的园本教研特点

1. 关注实践性

教研问题来源于实践，是教师工作中普遍感到困惑和难以解决的问题，园本教研活动应以自己的问题为起点，以提高教师工作质量、获得工作效能感为旨归。园本教研关心的是，我们的研究结果在实际工作中是否能有用？是否让自己的工作更为方便？怎样做效果更好？找到了解决的方法，提高了工作质量，幼儿能获得更好地发展，教师专业能力能得到提升，就是实践价值最好的体现。

2. 鼓励共享性

幼儿园的“他人智慧”多数来自本园名师、教学案例、专业杂志等，多为资源共享、方法策略共享。在日常保教工作中，有许多问题教师个体难以解决，集体攻关则相对容易化解难题。园本教研中的共享也可以借助外力资源，如联合教研、名师工作室、专家介入等，共享优秀教师的好经验。通常，教师的个人经验是应用于具体教学情境、镶嵌在教师日常行为之中的，没有合适的情境激发难以外显。以解决问题为导向的园本教研，会将问题情境呈现出来，经历过类似情境的教师会将自己的经验分享给同伴，为当下问题的解决提供思路和借鉴。

3. 提倡反思性

主导教师教学行为的，不是既定的教育理论或技术，而是教师在每日教学过程中借助自身实践的反思而形成的个体实践智慧。反思是实践改进的前提，是支持实践改进的重要手段，更是实践智慧形成的关键。有了实践情境，教师不一定会反思，反思需要借助相应的理论概念、科研方法和他人经验进行有结构的分析、解释，以思辨为前提，才能达到领悟、运用、迁移、融合的境界。

4. 注重行动性

园本教研的终极目标是提高工作效能和质量。注重行动性是指研讨反思的结果（理念或者策略）能够在实际工作中得以呈现，可以被执行。以教学案例为载体、基于问题的“准备活动—观摩—集体面前说活动设计—集体分析活动效果”活动是最常见的园本教研活动。“只研不动”的教研在教育实践中比较少见。

U-K 互助活动中，高校教师要发挥专业引领作用，引导幼儿教师逐步成为反思性实践者，逐步增进个人的实践智慧。与其他幼儿园的教研活动相比，高校教师参与的园本教研活动，就有明显的反思特色，并且将教研与理论学习紧密结合起来了。

中班幼儿投掷能力观察的教研活动

观摩缘由：教研活动是体现园所文化的一个重要窗口。教师为谁教研？研究什么？怎样教研？教研中能否体现幼儿园“学习与理解，尊重与包容”的核心价值观？这些是我们此次实地考察的重点。

同时，我们也想进一步了解：教研活动中文化的影子是从哪些方面体现的？如何体现的？听说 XA 幼儿园教研形式是基于真实问题的小微项目，教师可以跨年级自由组合，也可以以班级为单位确定研究重点[①]。

（时间：13:00～14:00，地点：S 老师工作室，人物：S 老师、W 老师、Q 老师、D 老师）

S：上次你们测查孩子活动的结果统计出来了吗？

W：统计出来了。（插优盘）

S：有什么新发现？

Q：有的孩子，你平时觉得他挺调皮的，真正在测查时发现其运动能力并不是特别强。

D：有的孩子正相反，平时比较安静，但真测起来发现运动能力还可以，都达到了《指南》的要求。

W：我发现 ×× 单脚跳时为了抢第一而不遵守游戏规则。其实，他们是有能力单脚连续跳 4 米的。

S：看来，教师平时观察与真正测查还是不一样啊。你们在给孩子测查时，我也录了一点视频，给你们看看，说说有什么新发现。

（大家一起观看 S 教师拍的短视频。）

D：我发现很多孩子不会肩上投掷，多数孩子没有投过 4 米。

Q：我原来担心我班小朋友悬吊能力不行（幼儿园没有相关器械），测查后觉得只有个别孩子有问题，但孩子们的臂力还不行。

S：幼儿臂力不够，是什么原因呢？

W：现在孩子们在家也不做什么事情，不像我们小时候，还能帮家里拎水、搬白菜什么的。

Q：我们在幼儿园里也没有让他们做一些事情。

S：你们发现这些情况后准备怎么办呢？

W：我们可不可以调整一下体育课的内容？

S：你们说呢？

D：开学前定好的课程内容改动行吗？

---

① 笔者作为硕士生导师，会经常带研究生入园学习实践理论。这是教育管理专业硕士生在进行《学校文化建设》专题学习后，到 XA 幼儿园进行文化考察时的一项内容。这是一次幼儿园为满足高校师生需要，面向硕士生开放的教研活动。

W：根据孩子的实际情况改动是可以的吧。

Q：改是必须的。蒙台梭利说：追随儿童。咱们幼儿园不是提倡自然教育理念吗，就应该在课程实施中体现出来，只要是孩子们需要的，愿意学习的内容，教师就可以加入课程中，孩子们不喜欢的不感兴趣的，我们也可考虑删减。

S：你们有没有想过增加哪些内容？

Q：关于投掷是否可以分投远、投准、既远又准三步进行啊？

W：可设计专门的课教给孩子肩上掷物。

W：我从网上找找，看看有没有现成的教案可供大家借鉴。D老师，你可不可以找点相关的游戏？

Q：我们在班级的QQ群里和家长们说说，发动家长给大家再支援点沙包或者垒球什么的。

S：你们这些主意是不是叫“刻意训练”啊？如果是，它或许能提高孩子某项技能的水平，这是否与幼儿园自然教育的理念相冲突呢？

Q：也是啊，他们现在不会，说不定以后大一点就会了呢。

W：我觉得不会，因为孩子感觉某项技能不如人家会产生自卑心理，对孩子发展更没有好处。

D：自然教育不是机械地等孩子自然成熟吧，教育的作用是启发引导啊。

W：我们设计的课虽然有教技能的成分，但它是以游戏的形式进行的，与单纯的技能训练还是有区别的，孩子们应该会感兴趣。

S：刚才听了你们的讨论，觉得大家关注的焦点不是内容而是形式的问题，认为只要是游戏的方式，符合儿童兴趣就可以尝试，对不对？

（老师们表示认同。）

S：还有，你们认为只有增加体育活动的内容，就能提高孩子的臂力。有没有其他的方式？

（老师们一时想不出。）

S：提示一下，在日常生活中可不可安排这样的锻炼机会啊，就像你们小时候？

W：（拍了一下大腿）有了！冬天不是马上就要来了吗，可以让孩子们参与搬白菜啊！

D：还可以让小朋友两人一起抬床、抬桌子。

Q：家长看到了不好吧，说我们让孩子们干活儿！我们还是先在游戏中设计让幼儿拎水、走平衡木、给小园儿里的花儿浇水的情节比较好。

W：同时进行吧。我们可以提前在家长群里宣传，让家长也给孩子锻炼的机会。那些支持这些做法的家长，他们的孩子一定会先受益。

（2015 年 QD 大学研究生观摩教研活动记录）

在这一段记录中，专家发挥了开启话题、寻找原因、引发争鸣、总结提升的作用。幼儿教师承担了实地观察、积极参与研讨、提出解决方案、实施方案的工作。因为这是教师在实践情境中的具体问题，所以，能较快拿出办法。虽然他们尚未有意识地运用理论来佐证或者解释，但已经能从自身的实践经验中“悟”出自己下一步该如何行动了。这是基于儿童的发展需求，关注孩子成长的个别差异的有效研究活动。幼儿园采用专家引路、教师行动、共同反思、提炼经验的方式推进着日常研究的深化。

（二）专业引领下的园本教研思路

1. 描述现象，提出问题

有的教研问题来自群体中的困惑，有的来自理念与实践中的冲突，有的来自对所觉察到的现实与我们想达到的目标之间的差距分析。困难或不确定的情境能引发实践主体产生解决问题的真实需要。有时，问题并不总是在一开始就很清楚的，它需要问题提出者广泛地收集信息，分析具体情境中问题的表现，如问题的性质、目的、发生什么、教师做什么、结果是怎样的，然后再做出是否进行集体研究的决定。此时，高校教师要帮助问题提出者（常常是业务干部或者教研组长）多维度地描述这些现象（包括视频和声频记录的数据资料、文献资料、来自家长的反馈信息等），让幼儿教师自己发现问题，找到问题研究的必要性与可行性，再共同确定下一步计划。

2. 设计和重构

在这个阶段，高校教师要提供一种理论框架或者思路，帮助业务干部提炼出改进的具体步骤，在现实与理想、目的与行动、行动与结果的对接中，鼓励积极运用新的观念和策略进行行动研究。

3. 立刻行动

教师根据研讨中提出的行动步骤进行分工实践，有的是验证他人方法的可行性，有的是为自己的方法寻找依据，有的是根据理论（规则）指导幼儿进行应用性练习，记录结果。

4. 定期分享成功案例

分享实践故事的最终目的不在于展示谁的方法更好（因为每个教师所用的方法都是基于自己的现实情境和幼儿特点），而在于说明个体对所学理论的理解或者用实例说明行动方案的可行性。这样能够极大地增强教师参与研究的自信心，也能促动不太积极的幼儿教师参与探究与改进的行动。这些成功案例不但能提供进行改变的路线图，而且还能提供希望——改变是可能的。分享活动给了幼儿教师更多的“说出好做法”的机会。每当教师找到一个有效策略时，就会觉得离“成功”不远了。

5. 总结提炼，提供开放性反馈

教师教研的过程也是其个人专业发展的过程，是提高反思意识和保教能力的过程。开放性反馈让幼儿教师看到了自己的努力和团队集体的智慧。新的工作策略能让教师改进以后的工作，看到轻松工作的美景。这种发自内心的愉快感能够激发幼儿教师更加自愿地参加园本教研活动。

第四节 U-K 互助关系的共建者

“我们都是单翼天使，只有相互拥抱才能飞翔蓝天。”U-K 互助关系共建的最终目的是使高校与幼儿园的工作变得更好。幼儿教师在 U-K 互助关系中的作用主要体现在以下三个方面。

第一，给予“互惠式回报”。

所谓“互惠式回报”，主要是指为彼此的发展提供各自的资源或便利条件。U-K 互助关系的建立依靠彼此之间的信任，而这信任从来不是白得的，它是双方中的任何一方主动敞开心扉，并首先给予了互惠行为之后才能得到的。比如，高校老师会定期参与幼儿园的园本培训和园本教研，为参与公开课的教师出谋划策，而幼儿园教师则给予高校师范生以跟班观察的机会，给予教育实践的指导。大学生也有互惠的意识，比如，幼儿园要举行“庆六一亲子运动会”，为了保证安全需要更多的人手，高校老师把信息一说，那些在幼儿园得到过帮助的师范生就会主动请缨做志愿者。可以说，互惠式行为是协调人际关系重要的文化规范。要回报就得有付出、有投入、有贡献，它是一种非正式的监督和内在的文化约束。多年的 U-K 互助实践证明，信任与互惠能够有效促成互助行为的发生。时间久了，只要管理干部在群里说：下周有学生来观察半日活动或者有大学生要来试讲，教师们就都知道应该做什么了。

第二，做师范生的良师益友。

高校课堂上传授的多数为“是什么”的知识，即陈述性知识，主要是关于教育的各种思想流派及其社会贡献，也包括教育组织中的结构及其功能，但关于教育实践本身的知识，即智慧性知识却难以描述。按照这样的逻辑推论，只要能说话，似乎人人都可以当教师，只要把书本上的话转述给学生听就是了。至于这些所谓的“教育原理”在实践中是否可用，如何用，为什么要这样用，为什么没有这样用，对教育实践缺乏深度介入的高校教师也难以进一步解释。由这样的高校课堂培养出来的大学生，在幼儿园工作没几天，发现要做的是重复的日常工作，心里就不能接受，心理落差巨大，会用“学不到东西”来掩盖自己的无能。这一方面是其自身逃避社会责任感的表现；另一方面也是大学课程偏重教师理论讲授，忽视学生实践体验的结果。

当师范生带着对未来专业的美好憧憬和好奇心来到幼儿园，发现幼儿教育实践并非教师宣讲的那样时，对其专业自信心是有打击的，他们甚至会怀疑自己是否选对了专业。因此，为师范生精选教育见习单位，选择有正能量的、经验丰富的指导老师就显得尤为重要。建立 U-K 互助关系的幼儿教师会言传身教，用自己成长的经历化解师范生的困惑，使大学生觉得专业学习的必要性，为以后在教育实践中主动锻炼奠定重要的专业基础。

第三，提供具体的实践教育策略。

实践乃理论之源。学前教师教育的使命是为幼儿园培养合格教师。这些教师不仅需要教育理论，还需要教育专业技术。幼儿园名师在技术支持方面给予师范生和高校教师的更多。

哪种活动设计思路好

——以了解动物联络的三种主要方式（片段）为例

“动物之间怎么联络”是山东省编教师用书大班上学期第五个主题“什么联络你我他”中的一节科学活动。该活动利用图片、音频、视频等资源，为幼儿了解动物之间的联络方式，满足好奇心提供了一定的知识经验，还可让幼儿了解仿生学的粗浅知识。

“大胆假设，小心求证”是科学素养的核心。《幼儿园教育指导纲要（试行）》中指出，要尽量创造条件让幼儿自己参加探究活动，使他们感受科学探究的过程和方法，体验发现的乐趣。通过研读教材，我们认为，该活动的目的不应止于让幼儿了解动物的几种联络方式，还应该借此机会，培养幼儿联系已有经验、大胆猜想的能力，为今后系统地学习科学知识奠定兴趣和方法的基础。于是，我们对该主题进行了重新设计。

第一稿（由高校师生设计）

（1）靠声音联络。教师播放音频，向幼儿说明：小鸟是通过叫声来联络同伴的。还有哪种小动物也是通过声音联络呢？

幼儿可能的猜测：一些有翅膀的昆虫也可能通过声音联络，如知了、蟋蟀、蚊子、苍蝇等。教师播放视频，告诉幼儿海豚、蝙蝠是通过接收特殊“声音”进行联络的。

（2）靠动作联络。教师提问：有的动物是靠动作进行联络的，是哪些动物呢？

幼儿猜测：孔雀开屏、蜜蜂跳舞、蚂蚁搬家。（如果幼儿猜不出，教师指着孔雀，进行启发引导。）

（3）靠气味联络。教师出示狐狸的图片，提问：狐狸是通过什么方式联络的？

（4）幼儿根据以上三种方式，选择一种图片猜想动物的联络方式，与同伴交流并放在相应的分类展板上。

此环节的设计意图：通过教师的启发性提问、多媒体演示，让幼儿积极探究、猜测验证，了解动物联络的三种主要方式，完成教学目标。

第二稿（由幼儿园名师修改）

（1）教师播放音频，向幼儿说明：小鸟是通过叫声来联络同伴的。

（2）今天，我们班要搞个动物联络展览会，请小朋友自己去找找，看看你们小组桌子上图片中的小动物，猜猜它们是用什么方式与同伴联络的，和小伙伴说说你是从哪里知道的。老师为你们准备了许多工具书，可以从书上、电脑上及与同伴交流等寻找答案。

（3）当幼儿猜想自己手中的小动物是靠动作/声音/气味/联络的，就问：“你是从哪里知道的？”并引导说：“看来，爸爸妈妈也是我们的老师”“有的知识可以从书本上寻找到答案。”

（4）幼儿将自己猜想的联络方式放在相应的位置。

（5）对不太容易发现的用超声波联络的动物，如蝙蝠/海豚，教师播放视频。

（6）教师引导幼儿发现有的动物有多种联络方式（如狗、猫、狮子、大猩猩等）。

此环节的设计意图：通过创设问题情境，提供幼儿探究问题的环境，引发幼儿借助自身学习经验，寻找动物用何种方式联络的相关知识，教师起引发探究、整理经验、提供建议和资源的作用。

两稿的经验准备和物质准备相同，提供的小动物图片是幼儿日常能够观察到、易探究的。第一稿虽然也关注幼儿的猜测探究，但侧重于教师领着走，孩子们须在教师的引导下，亦步亦趋。第二稿与第一稿的不同点有二：第一，教师的“放手”。直接让幼儿进行自主探究与猜想，教师将自身的支架作用“隐形”于平板电脑、图书、画册等外显的“资源包”中，且让幼儿容易找到，这是相信幼儿是有能力的学习者的体现。第二，关注了幼儿的学习品质。通过教师的评价提炼，让幼儿通过亲身体验知道：父母、教师、电脑及自己的观察都是很有用的学习途径，这些为提高幼儿在正规学习中的自主性奠定了基础。

分析以上案例中两份不同的活动设计，显然第二稿更符合幼儿教育新理念。表面看是一个小环节中指导方式的改变，貌似是技术问题，深究起来，会发现其教育理念的先进性更为凸显——相信儿童是有能力的学习者，相信在教师搭建的隐形教学支架中，在教师有准备的引导中，幼儿可以得到更好的发展，探究性学习也得以实现。

那些听不见音乐的人，认为那些跳舞的人疯了。

——尼采

第六章 U-K 互助行动中的受益人

中国很早就有“知行相即”的认知模式。所谓“知”，是在践履中知，就是“行”着可以操作的“知”；而所谓的“行”，是恪守德性之知并将其具体化的道德实践①。“知行相即”或者“知行合一”的目的是受教育者在日常人伦生活中达到“道”的境域，而“道”作为本体，仅凭知识无法达到，最终须用“体知”或者“悟知”的方式。所谓“体知”，是指从个体经验做直观外推的思维方式，要求人们在切身体验中读书求知。宋朝著名思想家、教育家朱熹曾说：“读书穷理，当体之于身。”“读书，须要切己体验，不可只作文字看，又不可助长。②”

在笔者看来，没有实践的基础和过程，无论是德行增长还是能力获得，都是难以为继的。所谓“纸上得来终觉浅，绝知此事要躬行”。

教师的教学工作与医生行医相似。无论自身理论知识多么丰富，医生都需要面对不同的病人个体，即便是普通的感冒，也需要综合辨识是何种原因引起、目前病症程度和个体体质状况如何，才能做出较为准确的诊断，提供合适的诊疗方案。一个医生看的病号越多，积累的实践经验就越丰富，就越能抓住核心病症做出准确的诊断。这个过程并不是一次性的，特别是疑难杂症，需要医生在为患者治疗的过程中，不断调试药品的种类和剂量，以便做出对病人康复最有利的决定。在这里，医生对治病过程的亲身体验无法替代。

当前，我们已处于“大数据”时代。“大数据”除了量大、处理速度快、结构种类多以外，通过对数据的精准分析提出其潜在的价值，才是其最厉害的功能。为什么许多经验丰富的名医能够轻松应对日常病症，许多名师可以轻松驾驭课堂？关键在于他们的阅人无数——他们的大脑中也有“大数据”，这些“大数

① 丁刚，2009．文化的传递与嬗变：中国文化与教育［M］．桂林：广西师范大学出版社：16.

② 丁刚，2009．文化的传递与嬗变：中国文化与教育［M］．桂林：广西师范大学出版社：17.

据”来自其日积月累的实践体验。

伽达默尔认为体验有两个方面的意义：一方面是直接性，这种直接性先于所有接受、处理或传达而存在，并且只为解释提供线索、为创作提供素材；另一方面是从直接性中获得的收获，即直接性留存下来的结果①。也就是说，体验需要主体的直接经历，同时，体验也有相应的结果。主体与对象建立了一种直接的关系，这种直接关系是人在与对象物交往过程中获得的，具有不可替代性，有时也不可重复，具有独特性。这种独特的体验不同于科学的经验。科学的经验一般是指对人之外的客观事物的经验，可间接获得，具有可重复性和可证实性。

人的活动是复杂的，决定人与人之间的交往、人与世界交往的动机不是由先验的意识决定的。高校教师向师范生传递社会价值或者某种观念，并不能改变学生的思想，使其形成良好的行为。学生必须通过自身的活动，主动地建构与外部世界之间的关系，才能在改造外部世界中形成自己的主观认识。

高校教师、师范生、在职幼儿教师、儿童，这四类发展主体在 PDS 平台上，通过人与人的直接接触，相互学习，彼此成为 U-K 互助行动中的共同受益者。

第一节　高校专业课教师

幼儿教师日常经历的教育实践是什么样的？体验到的情感又是什么样的？幼儿学习过程中那关键时刻的“喔”状态是如何发生的？

高校师生到幼儿园进行教育实践的意义，可以概括为五个方面：获得直接经验，理解间接经验，了解实践智慧，获得发现的快乐，发现自己的局限。

罗素将人的活动动机分为两类：冲动和愿望。他认为②：

愿望所起的作用比较容易认识。但是愿望只能控制人类活动的一部分，是比较自觉、明显和文明的部分而已。影响人活动更主要的因素是冲动，这种冲动一个是本能的喜爱，另一个是共同的目标。“我们自己的性格和我们相识者的性格是受周围事物的很大影响的”，这是维持个体之间良好关系的主要因素。当一种冲动受到压抑时，人的活动就受影响，甚至使人感到剧烈的痛苦。

冲动是我们行动的基础，它的范围大大超过愿望。但是，冲动往往是自发的，有时也可能有巨大的破坏性。因此，罗素要求人的动力来自愿望。他说：“在世界上有重大影响的人，大概受三种重要的愿望所支配，他们首先希望有一种活动可以充分运用他们自以为特有的专长，其次是希望胜利地克服阻力，再次

① 汉斯·格奥尔格·伽达默尔，2004. 真理与方法（上卷）[M]. 洪汉鼎，译，上海：上海译文出版社：79

② 舒志定，2012. 教师教育哲学［M］. 北京：北京大学出版社：40.

是希望他人尊重他们的成功。”

扎根幼儿园，进行基于PDS平台上的U-K互助活动，与其说是一种愿望，不如说是在冲动支配下的一种理性选择。要想做一个称职的、不误人子弟的高校教师，只有终身学习一条路可走，既要博览群书，又要躬身实践，向幼儿园园长学管理、向幼儿教师学带班，这是高校教书育人工作的需要。驻园实践既可让高校教师学到很多在书本上学不到的知识，也可让其在实践经历中得到很多启发。可以说，是幼儿教育的实践“逼迫”其读更多的书，更深入地思考；是幼儿教师教会了他们更加仁爱，理解差异；是共建的U-K互助关系让高校教师更清楚自己是谁，从哪里来，到哪里去。

一、能持续了解特殊孩子的行为，增强对教育复杂性的认识

优秀的教师教育工作者应该是阅人无数的，但就高校教师个人而言，无论是对师范生还是幼儿，其实并不真正了解。驻园工作的特殊条件为高校教师提供了绝佳的研究儿童的工作现场。

阅读链接

今天与喜某某的父母进行了认真的约谈，询问了家庭结构、夫妻关系、亲子教育模式。初步得出的结论如下。

典型的“四二一”家庭结构。夫妻都是独生子，学习好，都是硕士毕业、公务员身份。老辈人非常疼爱孩子，喜某某在家里非常受宠，以自我为中心，在其有抓人行为时，全家人未引起注意，不仅认为这是小孩的一种正常表达方式，有时还觉得这是小孩长本事了，一笑了之。有一次，孩子将其父亲的胳膊抓出很多痕迹，父母都忍了，没有及时处理。这是造成这个孩子主动伤人而不知错的重要家庭原因。

喜某某嘴巴很巧，观察力很强，一旦他做错事情（比如用攻击性行为抢夺其他小朋友的物品）知道大人要批评了，就会马上说自己不敢了，下次再也不这样了，便宜是自己得到了，说两句好话就没事了，这是其屡屡得手而不受惩罚的主要原因，因为犯错的成本低。

父母虽然是受过高等教育的人，但缺乏基本的教育管理孩子的方法，这是现在许多孩子有攻击性行为的重要原因。

喜某某主动攻击的心理动机是什么？为什么他看到别人受伤会产生一种快感，脸上有得意的神情？这需要进一步观察。

（驻园手记，2016-6-27）

昨天，有老师外出学习回来分享自己的感受：幼儿园给幼儿创设的游戏都是“假游戏”，是“游戏儿童”，应该让幼儿自己想象、创造，教师不要干涉。

许卓娅老师对此很担忧：玩是没错的，但也要看孩子生活在什么样的家庭、什么样的社区，父母都有什么样的政治、经济、文化背景和资源！最后还要看在哪儿玩，和谁玩，玩什么，怎么玩，弄不好就会玩疯、玩傻。

是啊，我们应对幼儿的学习进行重新认识，对幼儿园只让幼儿玩高兴就行的游戏进行深度思考。

（驻园手记，2017-5-25）

在幼儿园静下心来观察之后，高校教师就能发现教育实践中的复杂性。比如，教师培训中，各种教育理论流派的相互矛盾；上级不同行政部门对幼儿园要求不一致背后的理念分歧；一次偶然的公开课机遇，似乎提前结束了某位青年教师的入职适应期，使他一下子成了骨干；明明可以作为优点表扬的教研经验被某些上级检查人员当作“今后努力的方向”写到检查反馈意见中，等等。

理解教育实践中的复杂性，需要教育工作者有把握事物整体性、转换性和自身调整性的能力。这种能力只能通过长期的、真实的教育实践慢慢获得。所有的专家、高手都是首先“在游泳中学会了游泳”，然后才逐渐成为“教练”的。

二、了解幼儿园管理的真实困境，增强解决实际问题的能力

作为一名承担“幼儿园管理”和“幼儿园班级管理”课程的高校专业课教师，因为有 U-K 合作的经历，因此，在课堂上能借助丰富的实践案例作支撑，教学效果不错。而且，许多案例都是真实的亲历，非杜撰也非转述，在表达过程中不自觉地卷入了情感，带着情感描述的事实会让人产生即视感，再加上理论分析与基于情境的解释，对师范生及在职教师的帮助比所谓的“价值中立”的描述更有意义。五年中，笔者收集了若干真实体现教育困境的实例。

在紧急救助中看日常演练必要

今天中午遇到一件紧张而危险的事情：当我们正在吃午饭时（12:40），忽然听到有人大声叫宋老师，在午睡的时间这种带焦灼的声音就是出事的信号！我和D园长马上跑上楼，发现苏老师抱着一个孩子从楼上下来。大家一看，是小班的吕某某，抽风，当时已经不省人事了。L老师赶紧接过来，大家一面打“120”，一面通知其母亲，一面采取措施进行简单急救。让孩子右侧卧，压住他的舌头避免咬碎，没有合适的东西，L老师就用自己的手指垫在孩子的嘴里，孩子抽风时牙闭得很紧，把L老师的手咬得非常疼，但她全然不顾。

我帮不上什么忙，只好录下这些瞬间，一方面给幼儿园存下资料证据，另一方面自己也存些资料。我看到了老师们的紧急处理，也看到了苏老师特别的恐惧，她真的担心：万一孩子有个好歹，自己怎么办。

我一边录像一边问她三个问题：

我：孩子什么时候上的床？

苏：大约12点。

我：上床之前是否有散步？

苏：有。溜达了十几分钟。她12点15分还去解了一次小便。

我：什么时候发现问题的？

苏：我听见“哦”的一声，赶紧跑过去，一看，吕某某嘴角流出一些饭汤，我把她抱起，问她怎么了，她不说话，而且眼睛直直的，往上翻。我吓坏了，抱起她就出来了，边走边喊人。

我：好，你做得很好，该做的都做了。交给医生，我们都尽责了。

把孩子送进医院后，我再返回小班看苏老师时，见她身体缩成一团，眼角发红、声音打颤。几个老师都围着她安慰，但也明显透着不安和紧张。我很心疼，拉着她的手，拍她的肩膀，试图帮助她缓和紧张的状态。接到保健员从医院打来的电话，说没事了，这一颗悬着的心才放下。

我现在想的问题是：为什么老师会如此恐惧？谁来保护我们的老师？我们的教育法律中没有免责的相关规定，老师会放大这种恐惧。每个经历过这种事情的人都会这样想，这是多么无奈的事情啊！

万幸的是，吕某某的妈妈是个通情达理的医生。她坦言孩子以前就有抽风的现象，过度劳累时，就容易抽风。而这次就是发生在周一，之前父母带孩子出去旅游，可能是累到了。

我想，幼儿园是不是应对这件事进行后续的跟进。

第一，表扬相关的人：苏老师的恪尽职守、L 老师的急救得当、团队的协调配合（分头行动，沉着冷静）等。

第二，在家园谅解备忘录上增加一条，家长要坦诚告知孩子的过往病史，以便遇到意外情况（不希望发生不一定不发生），这样进行责任认定时有据可查。

第三，大型活动前对家长进行告知：你愿意这样活动吗？你的孩子有没有需要特别照顾的？如果家长不愿意，我们就进行一般性的活动，如果愿意，请家长签订教师免责保证书。

第四，保教人员在急救演练时，要保证所有教师都已经掌握了幼儿抽风应对的技巧和流程。

另外，我想，是否应该将这一类事件纳入“幼儿园应急事件处理案例”？可惜，幼儿园太忙了，是没有时间整理收集这些典型案例的，那我是不是可以做这些事情？

（驻园手记，2015-5-21）

如果不是亲历，坐在书斋里的高校教师是想不出这些管理问题的。联想到那些看似体系化、实则空洞的高校教材，尽管也有些案例支撑，但它们对教育实践的指导作用的确有限。以前，有学生吐槽专业杂志，高校教师会认为这是学生浅尝辄止、不愿阅读的借口，并没有认真反思教育理论及高校课堂的问题。驻园以后，高校教师的想法改变了，知道幼儿园最缺的是什么，高校教师、教育专职研究人员应该做什么。

于无声处有默契

今天早上，到小班教室去转转，看见孩子们正在吃早饭，一个小男孩手里捏着鸡蛋黄，一会儿看看老师，一会儿看看鸡蛋。经验告诉我，这孩子不想吃鸡蛋了，但这个小孩还未想好如何处理这个鸡蛋。只见带班的老师朝那孩子做了一个往嘴里填的动作，并夸张地表示很好吃的样子。那小孩显然领会了老师的行为，竟然把整个鸡蛋黄放进了嘴里……

教室里没有老师高声的讲话声，那夸张的、具有带动性的动作，配上愉快的眼神，教师用近乎潜移默化的、最微妙的方式，让我看到教育是什么——引导而不是支配。

（驻园手记，2017-4-12）

三、了解在职幼儿教师的现有水平，为后续的培养、培训提供基础

我国教师教育的理想目标是从“训练教书匠”走向“培育教育家”。是否能成为教育家，那是教师个人的专业追求；而成为反思性实践者，既是社会的要求，也是每位教师的自觉要求。

对在职教师的继续教育，比如骨干培训，许多高校的课程设计者仍然沿用专题讲座的方式，走“理论实践化”的老路。一方面是习惯了理论取向的教学模式，另一方面也是默认了高校教师不能短时间克服的局限——只能讲理论。对幼儿教师来说，最有用的理论却是来自“使用中的理论”而非“名义上的理论”。他们最喜欢理论与实践相结合的学习，最喜欢在参观幼儿园或者观摩教学活动后的互动研讨、专家评析，他们也需要在情境中学习。如果高校教师能够结合幼儿教师所面临的情境性问题，提出反思的路径或者揭示这一类问题背后的原理，幼儿教师就能学到有意识地运用理论来思考和解决问题的方法，就有可能从自身的实践经验中悟出自己的“行动理论”，用自己研究出来的方法改进自己的工作，“在哪里用，就在哪里学”。

四、了解师范生实践学习的特点，为有针对性地授课提供依据

当代，基础教育改革要求中小学教师的课堂重心从“教知识”向“教学生会学知识”转变，而在大学的课堂中，高校教师却依然使用以讲授为主的教学模式，按照既定的教材内容将预设的知识技能教给学生。经过U-K驻园实践的高校教师，则会有意识地改变传统教学模式，以问题为导向，创设与实践相适合的教学情境，激发学习兴趣，促使学生主动学习并提供恰当的帮助。

两种教学方法，两种效果①

驻园实践研究为高校教师开发新的课程资源、创造新的授课方法提供了便利条件。比如，以前在讲授“幼儿园园班级管理”这门课程时，教师采取的是先讲理论原则再用实践实例佐证原则的方式，因为是教师自己讲授，事先也不要求学生做什么课前准备，但现在我采取的是以下方法。

（1）案例导入，聚焦技能。在知识体系的建构中以促进儿童发展为出发点，选择典型案例，说明班级管理的八项常规工作，使学习者能直接感受此课程的“有用和实用”，调动学习与练习的主动性和积极性。

（2）原理引领，分解技能。要想把班级管理的学科本体知识（pedagogical content knowledge，简称 PCK）转化为专业技能，必须精准呈现相关原理。我以“问题导向式教学（problem-based learning，简称 PBL）”方式呈现教材内容，理论知识以“够用”为基准，适当增加中西方幼儿园班级管理典型实例的数量，与案例解读相结合，以帮助那些缺乏幼儿园感性经验和班级管理实践经验的学习者尽快了解岗位工作要求。

（3）前人经验，模板参考。以“相关案例”的方式呈现，既能将优秀教师班级管理的好经验、小妙招、金点子等概括说明，也可给新教师提供具体的模板，让他们先模仿，在具体实践中移植改造，逐步形成自己的班级管理风格。

（4）任务驱动，练习技能。在弄懂基本原理之后，我会顺应青年人比较喜欢“做任务”的心理，进入“理论应用”板块，将前面所学的理论要点设计为若干有一定情境的练习内容，完成本章“学习任务”。

（5）举一反三，迁移技能。我要求以“活动方案设计”的方式呈现，目的是让读者根据所学理论，运用本章的知识技能设计班级活动方案，实现专业技能的自我练习与提升。

五、体验教育实践中的挫折，在依赖他人中懂得感恩

笔者是一个有 30 年教龄的老教师，熟悉学前教育基本理论，自认为教学经验比较丰富，一般日常教学工作可以得心应手，但在幼儿园的班级管理中，却未

① 孙玉洁．2017．幼儿园班级管理［M］．北京：教育科学出版社

必比幼儿教师做得好。

一对三，满头汗

托班新进的孩子中，有三个“熊孩子”：博文（化名）、烨烨（化名）乐乐（化名），非常让老师们头疼，尤其是博文，不听老师的要求，像小野马一样自由自在地满教室乱跑，需要一个专人跟在后面看护。

上午9:00多，我到托班，试着将三个孩子单独组成小组，一则尝试一下“化整为零”式小组指导方法的可行性，二则也替老师分担一下，让她们稍微歇歇。

我和孩子们看了一本关于小松鼠的书。听我读了两遍后，博文能按照我的提问进行指认，能理解故事意思，会回答简单的问题，博文的确喜欢听故事。

洗完手后加餐：他们能按我的指示用夹子夹苹果和香蕉，而且知道每种只取一块。乐乐还想要，我说，“还有小朋友没有吃呢，剩下的话再分。”他就很乖，没有闹。

吃完水果，擦手后，三个孩子直奔建构区。我发现孩子进区域后就不听我的指令了，我让每个孩子玩一种玩具，没有人听。乐乐直接进去抢另一个孩子手里的玩具，那个孩子大哭。我就教（实际是强逼）乐乐道歉，说对不起，否则不准他玩（反思后觉得这是使用了威胁）。这时又进来两个孩子，其中一个对烨烨说：“我和你一起玩吧！”烨烨不回应。我就教他说：“好啊，进来吧，坐下吧。”他也会这样说了。

博文进去不到5分钟就站起来要跑出去，我就将他拉住（实际是摁下），让他穿小动物的木珠。（他竟然能穿15个！值得夸奖。）我用游戏的方式陪他玩，他坐不了5分钟，又要跑出去，我说：“可以出去玩，将玩具送回家。”博文不听。

乐乐、烨烨能听指令收拾玩具，但需要一对一地指导。

由此，我想，对于刚进托班的小孩，玩具不宜多。要将玩具暂时收起来，只留一种，等孩子玩够了，会收了，再拿出另一种，依次递增，逐步体现选择性。

三个孩子都不会穿鞋，而且懒得学，乐乐、烨烨伸着小脚丫，等我给他穿，没等给乐乐穿完鞋，博文直接光着脚，从教室跑到大厅。等我拎着乐乐的另一只鞋，把博文“抓”回来，抱回教室的时候，乐乐光着一只脚在地上撒欢儿地叫着，烨烨则压在他的身上抢乐乐手里的小汽车。待我把两个小家伙“掰扯”开，小博文赤着脚又跑出了建构区。我把他抱回来，他很开心，小家伙的体能很好，像头小牛犊，满头大汗也不停歇，觉得我和他是做游戏，而我有点吃不消了，拖了一把小椅子就坐下了。

吃饭的时间到了，博文仍没有玩够。洗手吃饭的指示对他来说就是耳旁风。我强行给他穿上鞋，拉他的手，让他起来，他就“洒汤儿”赖在垫子上，又笑又叫，让你拖不起他。

感受：一上午，我只带了三个调皮的“熊孩子”，感觉累得不行，中午饭也不想吃了。因为不停地在说，在指导孩子做。托班老师平时要带 15 个孩子。他们每天都在和这些孩子们“战斗”，既得拼耐心还得拼体力。

（驻园手记，2014-4-12）

在大学的课堂中，我们经常将“以儿童为本”作为重要的教育理念挂在嘴上，将“发展儿童的主体性、自主性”作为幼儿教育的基本要求时时向师范生“兜售”。在大学的课堂上，“自主性”常常被解释为按自身的意愿指引的行为，因为自我安排的活动会让人产生满足感。但亲历上述教育实践后，高校教师知道：有必要对以前深信不疑的教育理论进行重新认识与修正，有必要对相关概念的使用边界、应用情境进行重新界定。比如，关于自主性。如果孩子们都按照自己的想法行动，而不是听从他人的指挥（具有服从性），麻烦就大了。对 3～6 岁幼儿来说，自主活动常常是一时之念的随意选择，这种随意选择带给孩子的，有可能是巨大的危险。笔者曾亲见过一个 3 岁的托班小朋友，在教师没有注意的时候离开班级，自己从开着的幼儿园侧门（没有上锁）溜到了园外。

幼儿自主性的表现要在一定的空间范围内，符合教育要求。在不恰当的时机，比如在集体上课时，只要一个孩子有自主性的表现，比如突然跑出去了，或者将旁边的小朋友推倒了，那就影响了整个教学计划的推进。一旦出现安全事故，小则家长“不依不饶讨说法”，大则“媒体舆论来放大”，幼儿教师个人承受很大压力不说，幼儿园正常的工作也会受影响。因此，一旦遇到幼儿不符合场合的自主表现，幼儿教师会解读为随随便便的行为，都会毫不犹豫予以遏制。

阅读链接

通过驻园活动，我还发现了自己的某些“偏见”：比如，认为幼儿教师天生地就是愿意盲从权威，没有独立个性。但通过与他们相处，我发现这是他们的一种生存智慧。

如今的我会经常向幼儿教师请教，问他们对某件事情的处理方式。当我提出某种建议，他们说我很“可爱”时，我也懂了他们话里的意思：其实是说我“兜售的理论”在真实的教育情境中行不通。

这促使我思考。我感觉理性的我与世俗的我可以相互关照了，它们不断修正彼此的仪表和姿态，力求达到内外统一。在U-K互助活动中，我是受益者而不是单纯的施予者。我写下了与幼儿教师、学生们相关文字的同时，也越来越理解他们、感激他们。他们工作的不易激励着我对学前教育事业投入更多的热情。

（驻园手记，2015-4-15）

第二节　职前师范生

师范生以理论知识学习为主是毋庸置疑的，但知识学习不能替代对教育实践的直接体验。日常的教育活动是多样而复杂的，怎样使理论知识与体验性教育实践有机结合？前人研究的共同经验是：只有把知识经验还原到具体的、生成的、多样的教育实践之中，让学生获得关于教育实践真实的感知和体验（而非想象），他们对复杂的工作情境才能有接受力；只有让学生与教育实践有着不间断的连接，他们对教育实践的认知才能变得更为丰富，与教育实践中的人（幼儿和家长）所建立的情感关系才能变得深厚。师范生在入职前能获得来自未来岗位的信息越全面，工作选择的理性就越强。

2006年，笔者在两所小学建立了教师专业发展学校，带领首批小教专业的师范生进行了4年不间断的教育实践活动，学生每月一次到基地学校待半日，每次返校，自主学习的干劲就会更大。毕业时，100%的学生选择了教师岗位[①]。

在为学前教育专业的学生上课时，笔者发现，因为实习之前缺少教育实践，师范生很难理解 3～6 岁儿童发展的特点，所做的教育活动设计常常是无的放矢的，是想当然的“纸上谈兵”。因为没有足够的实践机会，到了大四实习时，才发现现实的工作与期望的岗位相去甚远，岗位适应需要很长一段时间。2013 年，笔者与 XA 幼儿园共建 PDS，成为当地首位在幼儿园开个人工作室的高校教师，出发点就是要为学生建立一个较为稳定的实践基地[②]。在这个非官方的实践基地中，曾安排过五类实践活动，为有强烈专业意向的师范生的亲历和体验提供了平台。

一、教学计划中的课程见习

课程见习是指在教学计划中规定的，以促进学生更好地学习课程知识为主要目的的见习活动。我国学前教育师资培养从中专到博士，课程内容差异很大，即便是本科院校，各培养单位课程见习时间要求也不统一；一般在课程进行之中安排 1～2 次，每次半日。

课程见习的指向性非常明确，就是展示书本中的某些理论知识（比如教学原则等）是如何用在教育实践中的。学生通过观摩，能够发现原理性知识在实践中是有用和有效的，对其更好地学习教育理论知识能起到促进作用。

一般课程见习的程序是：在教学计划中安排具体时间—填写调课申请—安排见习内容—组织见习活动—写见习小结（报告）。

在有些高校，课程见习并不是非做不可的“规定动作”。有的教师怕给见习单位添麻烦，有的教师觉得学校内调课也麻烦，干脆不做了，找几个视频给学生看看，就算作见习了。但有实践取向的高校教师就不这样想，他们有自己的 PDS 平台。虽然，安排见习内容、设计见习活动流程等需要与幼儿园协商，还要提前给组织观摩活动的教师组织研讨乃至试讲，但幼儿园老师认为，为师范生组织观摩活动也是自身专业提高、体现专业能力的机会，重要的是，还有专家指导点

① 2017 年 6 月，笔者加入了 QD 大学首届小教专业 2006 级毕业生的微信群。他们毕业 7 年了，30 人中，有 23 人仍在教书育人的岗位上，多数同学已经成为学校的教学科研骨干，有的能面向国家级会议，出了公开研究课，他们“上手快，发展后劲足”的成长特点让笔者很欣慰。

② 2013 年，笔者成为 13 级学前 2 班的班主任，与幼儿园合作建立 PDS 后，学生就可以 4 年不间断地到幼儿园进行教育实践活动了。

评，因此，他们会积极配合的。

XA幼儿园社会教育半日活动观摩记录

时间	内容	社会教育契机（学生观察后填写）
8:00～8:20	入园、晨间活动	晨检时孩子们会主动向老师好。进班后在老师的提醒下，孩子们也向我们问好，邀请我们参加他们的区域活动，突然觉得我们也成了该班社会教育的资源了
8:20～9:00 幼儿园大操场	早操活动	孩子们比较积极地投入早操的练习中，有两个孩子在打闹，配班老师马上过去制止。主班老师带操很有力，也有激情，自身的语言提示和示范作用有利于幼儿的集体意识的形成
9:00～9:30 各班活动室	区域活动	在区域活动中，孩子们能互相邀请一起玩，活动结束后也能主动收拾玩具，没有看到孩子们争执的情况，可能觉得来了许多哥哥、姐姐吧，有一个孩子玩的时候不停地炫耀自己的“作品”，但老师似乎习以为常
9:30～10:00 10:05～10:30 多功能厅	1．大班活动“做错事不找理由” 2．小班活动“我叫轻轻” 3．大班活动“和好朋友打电话”	这个内容来自孩子的日常生活，这是最好的教育资源；孩子们讨论得很热烈，还能“对号入座”，可惜最需要“教育”的那个孩子今天没有来，但至少其他孩子知道了什么是正确的做法
10:30～11:10 幼儿园操场	户外活动	户外活动不仅能锻炼幼儿的体能，而且对孩子的规则意识、集体意识、自理能力、合作意识都能培养，我们都看到了。孩子们自己收拾器械，一个很重的梯子开始时是两个小朋友抬，我想去帮忙，被老师拦下，马上就看到第三个孩子过来帮忙，很自然，好有爱
11:10～11:30 各班活动室	幼儿园午餐	老师会让小朋友洗手后排队，排队时与小朋友猜测中午吃什么，闻闻楼下飘过的香味，既避免了枯燥的等待，又发展了幼儿的感受性和语言交流能力。下楼到餐厅进餐，他们是自主取餐，保育员给他们分菜，他们自己用镊子夹肉

11:30～12:00（多功能厅）全班集体研讨

（1）在半日活动中你看到了幼儿园社会教育的哪些特点？

日常生活是社会教育的主要途径。我们看到了在半日活动中，每个环节其实都渗透着“教育”，关键是老师是否有这个意识，不仅是社会教育，其他教育比如语言能力、艺术等也可以渗透。

（2）教师组织的集体社会教育活动用了哪些方法？请对教育目标达成情况给予分析。

今天示范课教师组织社会教育的主要方法是情境体验法（表演法）、讨论法、角色扮演法。

我们班孙苗航同学也上了一节“下水课”，他与孩子们交流时很轻松，孩子们会礼貌地说清楚给不同的人打电话的方式，体现了将社会认知和中国传统文化相结合的尝试。我认为其中有的目标没有达到，许多孩子还没有来得及表达，老师就匆匆收场了。

课程见习后集体教育的“概念”立体化

从幼儿园观摩了“社会领域教育的方法与途径”半日活动。在回学校的路上，我与几个师范（A、B、C）生坐同一辆公交车，就今天的观摩即兴聊天。

师：你们觉得这次见习有什么收获？

A：之前，“幼儿”在我头脑中是抽象的。你不知道他在具体活动中是如何表现的。今天，我们看到，每个孩子在游戏中都不一样。（概念的具体化）

B：我觉得老师很辛苦，一句话说下去，总有孩子听不见，老师得重复很多次。（强化很重要）

C：我觉得让孩子遵守常规是集体活动中必须的，如果认为孩子自由发展就是按照自己的想法做的话，那就没法组织集体活动了。（重新认识“自由”这个概念）

师：在幼儿园里，集体活动都有哪些？单是指上课么？

A：以前认为，集体教育活动就是指上课。今天看，老师带孩子到户外去，需要组织他们提前喝水、上厕所，检查穿戴、排队，这些都是集体活动。（重新认识“集体活动”这个概念）

C：加餐取水果，也得老师看着，提醒幼儿排队，不拥挤，上下楼都得老师领着。

师：嗯，这些都需要教师组织孩子们排队，是为了让幼儿形成规则意识，有序活动。教师在组织这些活动时的方法都一样吗？

B：不一样，排队时，我看到的那个班是找一个“小班长”喊口令，另一个班是老师站队首给孩子们喊口令。

师：还可以怎样做？

A、B、C 面面相觑。

师：还可以用儿歌、猜谜、小游戏（如木头人）、手指操、数数等方式进行啊。（相机建议）

学生恍然大悟：对，即便是组织排队，也可以渗透其他领域的知识，既能吸引孩子的注意力，也使排队不那么枯燥，而变得有趣了。

师：我们在课堂上曾经讲过，对幼儿进行社会教育可以有哪些途径？

A、B、C 齐说：在生活中，与其他领域活动有机渗透。

（驻园手记，2017-5-3）

如果没有这样的课程见习，短时间内学生也不会损失什么。但如果每门课程的高校教师都认真组织这样的课程见习活动，学生的收获一定是深刻而丰富的：学生们对课程的理解、对现实中幼儿的了解就会更为立体而饱满；而且更多深刻的想法凝聚起来，就会成为学生深入探究“儿童发展密码”的内在动力；更多的知识扩展开来，就会使学生获得对学前教育专业更多的认同感，在薪资相同的情况下，强大的专业情意乃是教师持续走专业道路的内在支持力量。

二、学生发起的“创新创业项目”

在高校中，为了激励大学生的创新创业意识，学校每年都有为大学生特设“创新研究性学习项目”“大学生创业项目”等有学分的小组活动。学前专业学生的兴趣很广泛，有愿意做小课题研究的，有愿意做特色课程活动设计的。在笔者看来，凡是与学前教育有关的，能锻炼学生实践能力的，我们都应该积极支持。于是就把它们列在U-K合作项目里，积极联系儿园，给大学生提供实践锻炼的机会。同时，也将他们的“产品”——活动设计再加工，有的就转化为幼儿园的课程内容，对大学生而言，他们也有成就感。

美食创意DIY＋美食课程开发

YY小组的同学发现，美食制作在生活教育中具有独特价值。它不仅能提高幼儿的动手操作能力，而且还能帮助幼儿了解自然食材，增加对食物的感情，珍惜粮食，体验劳动的不易，是幼儿社会教育的重要载体。但在幼儿园中，幼儿的手工制作多限于使用纸张、橡皮泥的活动，让幼儿使用真正的食材进行美食制作并且品尝美食的活动并不多，能把美食制作活动纳入园本课程的就更少了。为此，他们决定开发一些美食课程。

当学生将这个想法告诉我后，我联系了XA幼儿园，说服领导允许他们在园内进行尝试。为了鼓励大学生的创新精神，XA园的D园长还投资装修了一间幼儿园的“迷你DIY小厨房”，配备了烤箱、儿童制作台、搅拌器、儿童糕点模具、儿童反穿衣，所有的原材料购置，都从幼儿园的行政经费中出。

别看这些大学生们读书写字还可以，真正做起食物来可是“零起点”。不过，他们热情很高，不会没有关系，他们自己主动上网查资料，看视频中的步骤，不怕失败，×× 同学还积极争取了父母的支持，买了原材料和烤箱等工具，双休日在家反复练习。

当他们自己根据步骤做出比较满意的美食后，最主要的问题就是要教会小朋友们做。大学生们决定利用课余时间，到幼儿园里教小朋友做美食，做完后作为下午的点心。

设想挺好的，但真正实施起来却是五味杂陈。第一次活动“做比萨”结束后，我把学生叫进工作室，趁热打铁地组织反思。

S1：小孩很不听话，只对工具感兴趣，拿着擀面杖乱敲。

S2：怪不得我妈从来不我让上厨房，小孩到了新鲜地方什么都想动一动，真是添乱！

S3：是我们没有提前和孩子们说清楚，小孩就是很好奇的。

S4：教幼儿做事看似很简单，但也得备课，对幼儿喜欢干什么，让他们什么时候干，怎么样干都得心中有数，这样才能不慌乱。

S5：下次做的时候，一个人负责在教室里先讲规则和要求，其他人在下面（负一层的儿童餐厅）做准备。

S1：嗯，得一半一半地，先让一半孩子下去，这样我们一个人指导四个孩子，就能照顾过来了……

中国传统美食——饺子

饺子是中国的传统美食，深受人们喜爱，也是北方民间的主食和地方小吃，而且物美价廉，营养丰富，是过春节时的必备美食。饺子形如元宝，有“招财进宝”之意，寓意着喜庆团圆和吉祥如意。人们把各种吉祥喜庆的东西包到饺子里，以寄托对新年的美好愿望。

制作步骤

1. 将饺子皮放在手上摊平。
2. 放入皮儿的一半大小的馅料。
3. 将两边捏好。
4. 将饺子两边弯曲后，向中间靠拢。
5. 捏紧。

从开始的“抓狂”、挫败到反思、寻找办法，大学生们开始了“在游泳中学习游泳”的体验。

在一个学期的活动中，YY 小组带孩子们做过比萨、姜饼、月饼等，体验了组织幼儿制作美食时，自己应把握的指导要点。而另一个小组——节日美食制作课程研发小组则发现不同年龄班幼儿的发展水平不同，即便是同样的内容，指导幼儿操作的步骤也是不同的。

以下是美食研发小组制作的节日美食制作活动展板及课程教案。

节日美食制作活动教案

活动名称	传统节日之 DIY 美食活动课程——包饺子		
活动主题	饺子是中国的传统美食，深受人们喜爱，也是北方民间的主食和地方小吃，而且物美价廉，营养丰富，是过春节时的必备美食。饺子形如元宝，有“招财进宝”之意，寓意是喜庆团圆和吉祥如意。人们把各种吉祥喜庆的东西包到馅里，以寄托对新年的美好愿望。通过包饺子及品尝饺子的活动，幼儿可以知道饺子的来历、寓意，了解中国传统历史文化		
活动目标	小班	中班	大班
	1．了解饺子的大小和形状，通过捏面团感受面的软硬程度，通过揉面团知道面团的形状可以改变，通过闻、品尝感知不同馅料的不同气味和口味 2．学会运用简单对折的方法包固体馅饺子，锻炼手指的灵活性 3．获得制作完整饺子的快乐	1．了解饺子的来历，知道在全家团圆的时候应该吃饺子，知道饺子有不同种类 2．在饺子制作完成后与同伴进行分享和交流，能分辨出不同种类的饺子	1．在制作饺子之前自主进行探索，发现制作不同类型饺子的方法 2．尝试擀面皮儿 3．在饺子制作完成后进行售卖活动，提高语言表达能力和人际交往能力

活动准备	经验准备	平时吃饺子时幼儿已经了解过饺子的外形，在区角活动中也探索过用橡皮泥包饺子的方法	平时在家里已经参与过包饺子的过程，例如摁面饼，在区角活动中已经探索过用橡皮泥包饺子的方法	平时在区角活动中已经用橡皮泥进行探索，对包饺子有一定的兴趣基础
	物质准备	知识准备：与制作饺子流程有关的展板、PPT 材料准备：面粉、饺子馅 工具准备：擀面杖、面板、小勺、厨师帽、围裙、套袖		
活动流程		1．教师展示饺子的图片，让幼儿观察饺子的大小和形状，引起幼儿包饺子的兴趣 2．结合展示的图片询问幼儿吃过什么馅的饺子，饺子由哪儿部分组成 3．教师先组织幼儿戴上围裙、套袖和厨师帽，洗手 4．将准备好的面团分发给幼儿，让幼儿捏一捏、揉一揉、闻一闻，感受面团的软硬、形状的变化及面团的香气，比较与之前用其他材料制作饺子的不同 5．教师帮助幼儿擀出面皮，之后讲授包饺子的步骤 （1）饺子皮摊平放在桌上； （2）将固体馅料（大枣、板栗、糖果等）放入 （3）将两边的饺子皮从中间捏紧 （4）两边再捏好即可，蘸点干面粉摆好。 6．教师播放欢快喜庆的音乐，幼儿进行饺子制作，教师在旁指导，例如提醒幼儿对折面皮时要对齐，皮要捏紧，摆放整齐 7．制作完成后，一个教师带领幼儿放好“装备”到座位等待，另一老师进厨房煮饺子 8．品尝饺子	1．教师展示 PPT，让幼儿知道饺子的来历，激发幼儿兴趣 2．结合展示的 PPT，询问幼儿是否在家参与过包饺子的过程，是否会摁面饼、擀面皮（如有会的小朋友可以请他上来示范） 3．教师先组织幼儿戴上围裙、套袖和厨师帽，洗手 4．分发饺子皮给幼儿，此时教师提问幼儿是否会包饺子，幼儿回答之后教师进行补充包饺子的步骤 （1）将饺子皮摊平放在手上托住 （2）在面皮中央放入肉丸馅料，馅料的大小为面皮的一半 （3）将饺子两边对折，捏好 （4）用刮板将饺子压出波纹  5．教师播放欢快喜庆的音乐，幼儿进行饺子制作，教师在旁指导，例如提醒幼儿面皮要捏紧，不要让馅漏出来，蘸点干面摆放整齐	1．教师展示 PPT，让幼儿知道饺子的寓意，了解中国历史传统文化 2．结合展示的 PPT，询问幼儿吃过哪儿种馅儿的饺子，自己包过哪儿种样式的饺子 3．幼儿自行戴好围裙、套袖和厨师帽，洗手 4．教师示范如何擀饺子皮，幼儿进行学习并练习，上台展示自己擀的面皮 5．教师向幼儿讲述包元宝饺子的步骤 （1）将饺子皮摊平，放入馅料 （2）将两边捏好 （3）将饺子两边弯曲后，向中间靠拢 （4）再捏紧即可  6．教师播放欢快喜庆的音乐，幼儿进行饺子制作，教师在旁指导，例如提醒幼儿对折面皮时要对齐，皮要捏紧，摆放整齐 7．制作完成后一个教师带领幼儿收拾剩余材料及周围环境卫生，另一老师负

活动流程		6. 制作完成后一个教师带领幼儿收拾剩余材料及周围环境卫生，另一老师负责煮饺子，在饺子出锅前，可让幼儿表演节目，如唱与饺子有关的儿歌 7. 品尝饺子，与同伴分享自己的劳动成果	责煮饺子，在饺子出锅前，可让幼儿表演节目，如唱歌 8. 品尝饺子，并将多余的水饺送到中小班去开展“售卖”活动
注意事项	1. 教师煮饺子时远离幼儿，注意避免让幼儿碰到开水，吃的时候要按小组顺序进行 2. 在活动开展中应看管好幼儿，不让他们乱跑、大声喧哗 3. 活动中注意环境卫生，整理好工具和“装备”等		

在此基础上，幼儿园结合自然教育课程，又结合中西文化特点和节日美食，开发了其他美食制作系列课程（包括元宵、粽子、月饼、腊八粥、花卷、二月二棋子、梦幻长寿面、枣饽饽、重阳糕等）。

（驻园手记，2015-10-27）

实践活动不同于课程见习，它突出了学生的亲力亲为，是一种有明确实践目的且带有反思性的实践活动。在与幼儿互动的过程中，认知上的困境使准教师们不得不进行思考，这种思考更多的是基于对现实中的幼儿及其教育情境的反思，而不仅仅是基于对所学的知识要点的反思。

日本教育学家佐藤学教授认为，教师工作的特殊之处在于它是一种反思性实践。他认为，教师应该具备反思性实践家所独有的实践性知识（practical knowledge）。这种知识不同于理论知识，其特质主要表现为：其一，“实践性知识”是依存于有限语境的经验性知识，虽然缺乏严密性，但却是丰富而灵动的功能性知识；其二，教师的“实践性知识”是特定的教师在特定的课堂，以特定的教材、特定的儿童为对象形成的知识，并以“案例知识”的形式加以累积；其三，教师的“实践性知识”具有综合性，它有意识地整合了各个学科和门类的知识；其四，教师的“实践性知识”是在无意识中发挥作用的“默会知识”；其五，教师的“实践性知识”具有个人性质，是基于每个教师的个性经验与反思而形成的，这种经验的传承也是以接受者的实践经验的丰富为基础的①。

① 佐藤学，2003．课程与教师［M］．钟启泉，译．北京：教育科学出版社：370.

大学生美食制作课程的开发过程就是其反思性实践知识的习得过程，这种基于个人经验的学习不是课堂中系统的理论知识所能给予的，而是需要在真实的实践体验中获得的。这也是 U-K 形成合作学习共同体的重要目的。

三、教师发起的研修小组

曾经有学生写过这样一首小诗：

我是一粒渴望成长的种子，
在寒冷的泥土中静静等待，等待春天的来临。
虽然，别人不知道我的存在和梦想。
但我知道，我有发芽的需求和能量，
只要给我阳光！阳光！阳光！
我相信，阳光进来的那一刻，头上的坚冰就能化为春水，
我相信，只要我能破土而出，我将还世界更多的芬芳！

无论是中小学教师，还是高校老师，都应该是一个能发现那颗有生命成长愿望种子的人。在每一届学生当中，都有对学前专业有浓厚兴趣的人，如果给予恰当的专业引领，这些学生就会因为有学习的主动性而得到更多的锻炼机会，也就更容易在同学中脱颖而出。她们像一颗颗有待萌发的种子，在合适的土壤中会开花结果。我将这类学生称为“种子学员”。另外，学前教育专业的研究生也很需要在教育实践中习得经验，完成论文资料的收集工作。将“种子学员”的培养工作与研究生的培养工作合二为一，组成共研小组，就能使其相互促进，共同成长。“种子学员与戏剧游戏研究”项目就是为她们量身定做的（见第四章）。这种研修小组人数不多，但历时长（一学期），每周一次，一次半日，每月进行一次三园互动式交流，体验了真实的教育研究过程。

教育研究过程具有不可复演性，看似日复一日的幼儿园的日常工作，既有周期性也有非周期性的特点，每一个周期中儿童的活动都不是低水平重复的。在每月的分享交流中，大家会清楚地看到在教育过程中涌动出的新变化，看到自己在参与研究活动中的新收获。

“种子学员与戏剧研究”项目中，由“种子学员”播放在幼儿园进行“戏剧游戏”活动的跟进视频或者照片，分享其中的学习故事，由驻园专家进行点评指导。每一次的交流中，高校教师都会为学生准备的认真程度、观察的仔细程度、分析的深刻程度而惊叹，也会为幼儿园在戏剧游戏中的全力支持而感动，没有这样的合作幼儿园，高校师生是无法完成这样的准实验研究任务的。当然，在高校师生的全力参与下，幼儿园的孩子们在戏剧游戏活动中的发展让家长们感到吃惊。在观看孩子们表演“绿野仙踪”时，我们亲眼看到了家长流下的欣喜的眼

泪，听到他们止不住的夸赞时，也为自己的努力而欣慰。

四、为有需要的学生安排的假期实践活动

有些大学生，他们不满足于学校安排的课程见习和毕业前统一的教育实习，希望自己能多接触教育实践，为后续的教师考录和深造提供经验。他们有自己的学业规划，认为大四的教育实习与考研相冲突，更愿利用大二、大三寒暑假期间，早一些接触实践。面对学生这些自发的实践热情，学校领导内心是支持的，但考虑到安全、管理等因素，在行为上并不支持。

阅读链接

当学生找到我时，一方面，我为这些学生的热情而感动；另一方面，也担心自己是否能承担起学生实践中的安全责任。在犹豫不决时，学生起草了“教育实践安全责任书”，将父母和自己的名字签上，最大限度地降低老师及园方承担的风险。青莲联系了XA幼儿园，因为除了上课，青莲老师的其他时间就待在XA幼儿园，那里有她的个人工作室。学生在那里观察班级教师工作，观察儿童行为，我也可以观察她们，顺便了解学生对幼儿园实际工作的看法，对丰富我的课程教学也很有益处。最重要的是，因为是在假期，学生需要离开学校宿舍，吃住在幼儿园里，她觉得自己有责任，让学生感到在幼儿园里实践时，自己是安全的。非常好的是，参与幼儿园班级管理观察的学生收获是满满的。2014年寒假小组的10个学生将5天的观察记录及分析和我对观察记录分析的点评整理成册，取名为“初雪”（也是“初学”的谐音，更是纪念那段初冬的美好日子。当时，园外，初冬的雪静静地下，悄然滋润着大地；园内，不求名利的师生怀揣着幼教之梦，心无旁骛地在研究孩子，研究班级管理问题）。

学生观察分析记录

2014年1月20日（星期一）

案例描述

小朋友如以往一样由家长送到幼儿园。可能是因为周末刚结束，小朋友还没有调整好自己的状态，有的孩子表现得情绪低落。其中有一个叫小

安的托班小朋友，貌似这种不安焦虑的情绪表现得比其他孩子更为明显：从上午 8:00 左右入园到午睡起床，他的哭泣就没有停止过。在断断续续持续的 4 个半小时里，小安边哭边在嘴里嘟囔着："我要把衣服给爸爸。"而老师在旁边一直说："爸爸上班了，等下午来接你的时候我们再把衣服给他，好吗？"可是他完全不理会老师的安慰，最后为了其他小朋友能正常开始一日活动，老师把他安排在进门的沙发上坐着，并由门卫看护他，他由号啕大哭变为低声抽泣，这种状况直到午睡起床后才有轻微好转。值得注意的一点是，小安在午休时段，尽管已经入睡，但是梦中依旧有抽泣声发出，而且小手紧攥被角，给人感觉是慌张、不安。

案例分析

在进行案例分析之前先对与小安有关的基本信息进行简单的介绍。

据本园老师介绍，托班幼儿小安是一个极度缺乏安全感的孩子。因为他爸爸妈妈平时工作很忙，特别是他妈妈，与孩子在一起的时间很少。每天都是下午 6:00 以后才会有人来接他，他是幼儿园大晚班的"坚守者"。虽然他每天基本上都是最后一个离开，但每当他在教室里一边玩玩具一边等爸爸妈妈的时候，是他一天中最开心的。

除了上述信息外，我通过在幼儿园连续 5 天的观察发现，小安还是一个有些偏执的孩子。

以上是我所掌握的关于小安的一些简单信息。以下我将从上述案例出发，结合 5 天的观察记录和其他老师提供的有关信息对案例进行分析。分析的重点是幼儿的安全感缺乏和性格偏执。

通过与老师们的沟通，我得知小安的爸爸妈妈是高级知识分子，平时工作都非常忙，与孩子在一起的时间少之又少。这对一个还未完全对社会建立安全感的托班幼儿来说是很痛苦的；同时，他的父母也认为这是对孩子精神上的亏欠。虽然他们也尽可能多地陪伴孩子，但是相互信赖的亲子关系的建立需要足够的时间，需要家长在与孩子的长时间的互动中悄然无声地进行。既然精神上的亏欠既无奈又无法立即解决，所以父母只能在物质上尽量满足他。我想，这样的家庭背景是造成小安缺乏安全感的重要原因，而长时间安全感的缺乏，以及家长所能做到的补救措施——物质满足，让他养成了有求必应的习惯，一旦愿望不能满足，就会用哭闹来要挟成人，所以小安性格中表现出的偏执就不难解释了。

个人认为，在当下社会中，父母为了谋生、养老、育子承担的社会责任越来越重，事业是家庭收入的来源，为了家人的生活能更好，他们没时间陪孩子也是情有可原的。但是从另一个角度来说，孩子是耽误不起的，他们在幼年的时候如果不能首先建立对父母的安全感，那么以后就很难建立对整个社会的信任。试想，一个对一切都持怀疑态度、无法信赖他人的个体怎么能融入集体？再者，只要不能给孩子足够的爱，家长就用物质去填补爱的空缺，孩子也会习惯这种补偿方式。他会认为哭闹会赢得父母的同情，会帮助他拿到他想要的一切，以此类推，他人也会和他父母一样。在幼儿园里，一旦他的要求得不到满足，就会哭闹不止，完全不听任何人的劝解。因为他知道大人是不会看着自己这样的，最终一定会满足他的要求。幼儿抓住了成人的心理，而且每次哭闹都达到了他的目的，才让幼儿出现了性格偏执。

一般来说，缺乏安全感与性格偏执看似没有直接关系，但实际上要帮助孩子祛除性格中过多的偏执，依然要从建立亲子间的安全感出发。而亲子关系的改善只能依靠父母与孩子的共同努力，特别是家长，必须多陪孩子、多与他交流，慢慢改善才行。

孙老师的补充分析：在中国的现实条件下，让父母为了孩子而放弃工作是很难的。父母要尽可能满足孩子的精神和心理需求，而不是用物质满足来替代。这样会不经意地让孩子用安全感不足来绑架父母的理性。解决这类问题也不是没有办法，找个喜欢孩子的退休老人，能替代父母早一点来接孩子，使孩子有更多的时间与家人在一起，这样他的感受会好很多，父母也不会因自己陪伴时间的不足而感受到爱的亏欠，亲子关系也会在一个良性互动过程中健康发展。

（孙虹钰，摘自“初雪”——2014年寒假实践小组）

从上述案例中，我们可以看到师范生对幼儿情绪问题的关注。这个案例不仅分析了儿童的焦虑情绪的表现特点，而且还深入剖析了作为高级知识分子的父母因为缺少相关儿童教育知识所造成的困境及其原因。学生的观察分析言之有理，是基于细致观察之后的思考，而不是泛泛而谈的理论照搬。

学生的收获（节选）

◎这次的实习我主要有两方面的收获：一是对孩子的认识及对待方式方面；二是课程准备方面。首先是对孩子的认识。在我以前的认识当中，孩子是单一的，他们没有自己的特征，没有自己的个性，甚至都没有自己的样子，他们只有一个统一的定义——孩子。虽然以前也有跟老师到幼儿园见习，但时间大都是很短暂的，我所能看到的也只是一种状态的孩子，是群体而不是个体，更何况我们只是在走马观花呢。这次的实习，虽然只有5天，但是这5天已足够让我对孩子的认识从群体转到了个体，我发现原来孩子不是千篇一律的，他们有自己的样子、自己的名字、自己的性格、自己的小缺点，因此他们更应该有适合他们自己的对待方式。

——孙丽君

◎短短的一周时间却让这个平凡的假期变得如此耐人寻味。在经历过真实的教育体验后，我想了很多以前没有想过的东西，慢慢地尝试将理想与实际联系、课本与实践结合，而我认为这种思考最有价值的部分就是让我意识到教育应该在实践中找到方向，之后便是脚踏实地地探索。随着实践活动的开展，我也在不断地思考。虽然我比较缺乏实战经验和人生阅历，思想比较浅显，很多时候都没有办法通过表象看到本质，但是回想思考过的东西都无一逃离“孩子与教育”这一主题。

自从上大学以来，这是我第一次到幼儿园见习，也是第一次接触课本以外真实的学前教育。在这里我深深体会着孩子是一切的核心，老师对孩子心理的把握直接决定了他对孩子的包容度。没来实习的时候，我对孩子的印象是很抽象的：我想象不到该如何面对孩子们的奇思妙想；想不出如何安慰一个大哭不止的孩子。而在幼儿园的日子里，每天也会有各种问题困扰我：听不懂孩子说的话；面对一个顽皮的孩子，我束手无策；每每给他们设计活动时，我预想不到孩子们会有怎样的反应……当我把这些困扰告诉有经验的老师时，他们会说：“你们还是不了解孩子。”就这简简单单的一句“不了解”其中包含的东西却是孩子的整个世界。

——孙虹钰

◎ 在这短暂的5天实践中，我真真切切地认识到，我们对幼儿园孩子教育不应只是通过教师专门组织的教育活动，更多的还是要从一日活动中对孩子进行潜移默化的影响，不管是在去小便、上下楼，还是在吃饭、户外游戏的过程中，我们应时刻绷紧教育的弦，抓准教育契机，对幼儿进行适时、适当的引导与鼓励。

——牛苗苗

◎ 五天的实习也让我懂得，理论是一定要结合实践的。我们是已经学习学前教育的相关理论近三年，然而初入幼儿园，仍然手足无措。一个教师的成长，等于经验加反思。只有满腹的之乎者也，完全不了解儿童，如何能够做好老师。或许会有人抱怨在幼儿园的日子待得有些辛苦，对我而言，完全没有辛苦可言。孩子们天真烂漫，老师们非常的亲切，幼儿园的饭即营养又好吃。周五要离开的时候，想想自己以后再也看不到这些可爱的脸庞，无限伤感。

——高燕

◎ 面对当前的幼儿园教育，首先，我们应该认识到中国传统的教育理念存在一定的弊端，教师应该少替孩子做决定。全美最佳教师雷夫认为，“要给孩子更多的说话的机会，教育孩子为自己学，为自己的成长负责”。过去的教育者替孩子做了太多的决定，对孩子来说，事无巨细所有的事都有人给安排。这样的教育在一定程度上导致孩子在没人管他的时候，不会安排自己的时间，甚至已经上大学的我们也不能合理地安排自己的时间，这就是缺乏自主性的表现。其次，我们所推崇的民主管理模式并不意味着一味地迁就孩子、不批评孩子，完全地放任自由，而是一种制度下的民主，它应该建立在一定的秩序之下。教育是门大学问，就我们而言可能连菜鸟都算不上，这次难得的实习机会让我们看清楚自己离教师差距的有多远。

——徐玉婷

观察记录锻炼了学生的反思能力、思辨能力和写作能力，也记录了师范生对学前专业认同度的提高。

五、学校安排的教育实习

PDS是高校与中小学合作培养师范生的重要途径。2014年，XA幼儿园被QD大学确定为教育实习基地。相比其他实习点，XA幼儿园是与高校老师进行长期U-K合作的单位，因为不是“热点”幼儿园，没有很多的对外观摩、开放的任务，管理干部在实习指导上的安排会格外用心和周到。

XA 幼儿园学前教育专业学生综合实习具体安排

本次综合实习为一学期。假期前（2014 年 8 月 31 日）集中接受岗前教育，学习相关文件。9～12 月为全程实习阶段。最后一个月（元月）为总结阶段。因为本组实习生已经在 2014 年元月寒假期间进行过为期一周的教育实践活动，故本次实习会将实习与毕业论文结合起来进行。

1．实习生欢迎会

时间：2014 年 9 月 1 日上午 8:30～9:00。

负责人：LJ 老师。

参加人：实习生、带队教师、幼儿园指导老师代表。

2．进行岗前教育

（1）介绍并带领实习生学习 XA 幼儿园的文化理念，以及日常工作规则、制度。

（2）介绍分班情况、班级指导老师工作特点等。

（3）征求学生实习班级意向。

建议实习以轮班的形式进行，其中，托班 2 周，大班 1 个月，小班 1 个月，中班 2 个月。小班的实习任务可参考下表。

在小班实习的主要任务

周次	实习重点	主要任务	需要提交的书面材料
第 1 周	关照新生入园适应	1．学习安抚新生的方法 2．与新生建立信任和依恋关系	1．新生入园适应情况观察分析表 2 份 2．周小结 1 份
第 2 周	班级常规工作程序	1．熟悉幼儿姓名 2．本班幼儿的早操 3．了解一日活动指导要领 4．观摩教师在教育活动、户外活动和游戏活动的规则要求 5．了解本班特殊儿童的护理与指导方法等	1．本班教育活动的准备常规 2．本班生活活动的常规要求 3．游戏活动的常规要求（包括自由自选和户外活动） 4．个别儿童特殊护理与指导记录（1 份） 5．周小结 1 份

周次	实习重点	主要任务	需要提交的书面材料
第 3 周	一日活动的组织	1. 参与班级周计划的讨论 2. 收集教学资料、参与区域活动环境材料填充 3. 观摩本班本周教育教学内容 4. 在承担力所能及的班务管理（包括与个别儿童的家长沟通）工作的基础上完成两个集体教育活动设计的备课（说课） 尝试利用接送孩子契机与家长进行简短交流	1. 自己参与制订的周计划 1 份 2. 区域活动观察记录 1 份 3. 个别幼儿连续观察记录表（不限） 4. 教育活动设计 2 份 5. 说课稿以及指导教师对自己说课的评定意见（2 份） 6. 周工作小结 1 份
第 4 周	区域活动与教育活动的组织与指导	1. 尝试组织两类规则性游戏 2. 参与区域活动或者创造性游戏的观察评估 3. 辅助组织幼儿早操 4. 完成 5 份说课稿 5. 试教 2 个教案	1. 规则性游戏的组织预案、组织后的反思及指导教师的评价意见各 1 份 2. 观摩同伴的游戏指导活动的评价表 1 份 3. 参与幼儿园教研活动记录 1 份 4. 两个领域活动教案及其说课稿 5. 周小结 1 份

（XA 幼儿园 U-K 合作项目档案资料）

从这份安排详细的实习指导计划中可见，幼儿园对实习生指导任务分解得比较细致，对指导教师有明确的工作安排，对实习生有具体的任务要求。这就避免了实习工作的随意性。

以上五类活动的共同特点都是在高校专业课老师指导下师范生的教育实践活动。虽然时间的长短不同，实践任务各异，但通过在校期间参与的教育实践活动，师范生获得了“我是谁”的自我认同。

“认同”（identity）一词指的是一个人对他是谁，以及自己作为人的本质特征的理解[①]。这个认同包括对个体生物特性的认识及文化养成的自我认可。在此基础上，个体完成自己作为社会一分子主体意识的培育与主体能力的塑造。这个过程无法在课堂上经由教师的语言传递，需要到社会实践中亲历。通过与幼儿园教师群体的交往，师范生对自我会有一个比较正确的看法。

自我认同是在真实的社会交往中实现的，也是在与某一参照系的比对中完成的。“一个人只有在其他自我中才是自我，在不参照他周围的那些人的情况下，

① 查尔斯·泰勒．承认的征兆［A］．董之林，陈燕谷，译．// 汪辉，陈燕谷，1998．文化与公共性［C］．北京：生活·读书·新知三联书店：290.

自我是无法得到描述的。[1]”个人是社会中的一员，这是个体的群体性存在特征。提前介入教育实践，不仅能够帮助师范生形成自我认同，还能初步形成专业认同，包括对所学专业的正确认知及对履行教师责任的意识，遵守组织（幼儿园工作）规范，处理个人与他人（所在班级师生）的关系。

这些师范生是幸运的，能够在非实习阶段获得更多的教育实践机会，他们不仅学到了关于儿童特点、班级管理流程等的具体实践知识，而且改善了自己的心智，提升了为师的境界，感悟到了人之在世的意义。教育实践帮助师范生从被动学习、过度相信书本中解放出来，引导其向自我省思、不断改进的方向前进。

第三节　专业引领下的在职教师

任何合作都是双方共同利益达成的结果，不求回报且单方面付出的事情，既不公平也不合理，更不长远，U-K 合作也不例外。其中，高校教师愿意为幼儿园的发展付出大量的时间和精力，发挥其专业引领作用是重要条件。

影响教师群体专业发展重要因素有三个：个人反思、同伴互助和专业引领。在这三者中，有人认为个人反思比较重要，因为个人反思与内源性动机相联系，但在具体的教育实践过程中，真正对教师专业发展有益的活动是园本教研，而园本教研的有效模式是专业引领下的同伴互助。PDS 平台上的专家驻园活动，特别方便专家对青年教师的教育活动观察及日常教研活动的参与。现在的青年教师，专业发展需求比较高，希望通过与专家的对话，直接提高其班级管理和教学能力，尤其喜欢针对性强的、拿来就用的好方法。他们最大的问题是知行脱节。为此，以课例为载体的研讨活动，以教师自身工作视频为工具，对教育活动进行叙述、分析、反思，最终提出启示性强、操作性佳的方案是他们迫切需要的。参与者（包括一线教师和高校教师）是在解决问题的具体策略中，在对常见现象的理性思考中建构自己的实践理论的，即用实践中的理论引导实践。

一、以岗位适应为重点的园本新教师培训

入职初期是使一个人从大学生（包括非师范生）角色转换为合格教师，

---

① 查尔斯·泰勒，2001．自我的根源：现代认同的形成［M］．韩震，等译．南京：译林出版社：48.

进而逐步适应幼儿园保教工作的关键环节，期间需要经历入门见习、建构知识、专业调整等发展阶段。幼儿教师职前培养的主要任务是，为师范生胜任教师工作提供必要的教育理论基础和学科知识储备，使其习得初步的职业技能，拥有基本的从教素质。新教师培训的重点是，为适应岗位需求而强化的实践性知识和实践能力，培训方式是园本培训为主。为何这样定位？且看如下分析。

当前，学前教育的职后培训面临以下三大挑战。

第一，新进幼儿教师来源多样化但良莠不齐。大学生就业难的社会现实及教师待遇的逐步提高，使越来越多的青年人选择了收入比较稳定的教师职业。进入21世纪后，学前教育市场化的政策导向使大量的工厂幼儿园“关停并转”，民办幼儿园大量出现。“入园难”“入园贵”成了社会的重大民生问题。从2011年开始，国务院下发了学前教育“国十条”后，各地政府开始推进“学前教育三年行动计划”，新建、改扩建了许多有编制的幼儿园，吸引了一些有教师资格证的综合性大学的毕业生“慕编而来”，加盟到学前教育行列中。他们的文化知识相比中职中专的要好，但专业认同度不高，教育理论知识（条件性知识）和学前教育专业技能（实践性知识）的短板是其不能较快胜任幼儿教师工作的重要原因。

在我国大部分农村地区，幼儿园多数处于“有园舍无教师”的尴尬境地。幼儿教师缺口巨大，各地教育师资培养单位紧急“上马”的学前专业师资班增多。目前在我国的幼儿教师培养体系中，中职中专、高职高专、本科、研究生，四类并行。这种体系打破了师范院校在教师培养方面“一统天下”的格局，能激发非师范院校办教师教育的活力。但从另一方面看，因为培养单位的“师范性情结”淡漠，有的院校偏重艺体技能知识的训练，有的院校偏重教育专业理论知识的灌输，忽视专业情意的文化浸润和综合素质的自我习得。现在，有的地区在教师资格证的发放中，对学历有了新要求，教师资格证的起点是专科（那些在中职中专水平上的学校开始“寻租”高校，使其代发高校专科证书）。也就是说，即便是有教师资格证的大中专学生（包括某些本科学历的入职者），受其学校的学前教育师资、文化及个人意愿等因素的影响，入职前应具备的学前教育专业的本体性知识、条件性知识也是缺失的。

第二，社会（家长）对幼儿教师需求自我化但落差很大。在“85后”为主体的家长眼里，幼儿园教给孩子们的知识可以是浅显的，但把孩子看护好是要紧的。只要“我的孩子在幼儿园吃好、玩好”“教师对我的孩子好”，哪怕是经过短暂培训的人都是可以将就的（尤其是当教师缺口巨大，自己的本职工作与带孩子两者之间不能平衡时，这种需求更加明显）。然而，当下公办幼儿园的现状是，孩子多教师少，生师比居高不下（有的地区甚至是 1∶25），无法满足家长那种看护需求。因孩子之间争执、推搡而造成的小伤不断，期望与现实不符导致家园关系紧张。幼儿教师不仅要有广博的知识积累，还要有各种应对复杂现状的综合能力，如幼儿园课程开发能力、班级管理能力、指导家庭教育的能力等。

第三，教师薪金自筹与“一岗多责”。非义务教育的幼儿园办学性质决定了多数幼儿园靠自收自支的方式发放教师薪酬。“一个萝卜多个坑”“开源节流”是园长常用的管理策略。人手少、责任多的中国幼儿园班级管理特点使幼儿园教师很少能够外出学习，不得不以“园本培训”为主要模式。

总之，幼儿教师不仅需要补充文化科学基础知识（也叫背景性知识），而且要快速补充系统的本体性知识（subject-involved knowledge），即教师所具有的特定的学科知识，条件性知识（conditional knowledge），即教师具有的教育学与心理学知识，实践性知识（practical knowledge），即教师在面临实现有目的教学行为中所具有的课堂情境知识，实际上就是通常所说的教学实践经验、实践智慧。

新教师培训的内容主要包括师德培训、通识性教育理论培训、通用教学基本功培训和领域知识、园本课程培训等。毋庸置疑，从兼顾学术性和师范性的有机统一、满足幼儿园保教工作的实践需要来看，这些培训都是必需的。但在幼教新教师来源多元化（即非学前教育专业）的现实状况下，新教师培训的重点应该是，形成育人为本的“幼儿立场”，加强教育理念的实践性学习。

教师来源多元性增加了新教师培养的难度。“回炉式”学习已经不可能，“强化式”培训还是可行的。《幼儿园教育纲要》解读、《3—6 岁儿童学习与发展指南》的案例学习、《幼儿教师专业标准》的分解性目标等条件性知识和实践性知识应该在新教师培训内容中列为重点。

为幼儿园量身定做全员培训计划

借我一双慧眼——2013 年春季学期 XA 幼儿园培训计划

现状分析

经过一年的筹备和试运行，XA 幼儿园在重新装修的同时，也进行了一些园本文化的创建、新教师的招聘和初步的上岗培训工作。现在，教师队伍的年龄结构不尽合理，5 年以上教龄的老师不足 5 个，多数是 3 年以内的新教师。虽然她们在职前接受了一定的专业训练，自身有了一定的保育教育基本技能，但观察了解孩子的能力欠缺，针对儿童已有水平，创设促进儿童发展的环境和区域材料，设计促进发展的教育活动或者游戏活动的能力更是不足。因此，学习和掌握观察评价儿童的基本技术，是园本培训的基础内容，也是走向高品质幼儿园的必由之路。

培训目标

（1）了解所任班级儿童发展的一般要求，能根据《3—6岁儿童学习与发展指南》设计学期计划、月计划并分解到周计划中，能根据本班儿童孩子的具体水平提供促进儿童发展的主题环境材料。

（2）会用3种以上的形式观察和记录本班儿童不同方面的学习特点与发展状况，会写观察记录和观察分析。

（3）会针对个别孩子的发展情况设计个性化的指导方案。

（4）会设计本年龄段生活技能强化训练系列活动及观察评估细则。

培训时间

常规情况下间周一次，周五中午12:30～14:00。

培训内容和形式

时间	学习内容与要求	方式	学习的预期结果
3.15	1. 检查教师掌握《指南》中本年龄段五大领域儿童发展目标的情况。2月28日已通知，要求老师提前自学学习并熟记 2. 交流分析教师学期计划和月计划的适切性与可操作性。2月底需将教师的班务计划和3月计划收齐 3. 交流班级生活技能强化训练系列活动（需提前做好）	1. 闭卷理论考试（30分钟） 2. 案例分析，进一步理解指南中的核心经验	1. 教师考核必须在60分以上，不合格者4月份补考一次 2. 考试分数计入教师业绩考核中 3. 将班级幼儿生活技能强化训练系列活动放在班级环境中的显著地方，并让家长知晓和配合
3.29	观察儿童的方法与技术（1） 提前发放需要教师阅读的相关材料	1. 青大孙老师专题讲座（需要多媒体） 2. 实践操练	1. 会按照要求完成培训作业（1） 2. 自查班级三月主题下环境创设与儿童发展的匹配情况，写出简单的分析
4.12	1. 观察儿童的方法和技术（2） 2. 作业（1）反馈	1. 孙老师专题讲座 2. 实践操练	会按照要求完成培训作业（2）
4.26	1. 作业（2）反馈 2. 制定并讨论本班重点工作的观察及考核方式	专题讨论	1. 提交正式观察记录表格和内容 2. 自查班级4月主题下的环境创设与儿童发展的匹配情况，写出简单的分析

时间	学习内容与要求	方式	学习的预期结果
5.10	撰写规范的班级个性化指导方案（包括家庭指导方案和区域活动指导方案）	专业人员参与的班级交流	提交符合规范要求的个性化班级指导方案并按计划实施
5.24	班级生活技能强化训练的评估细则	交流与讨论	1. 按照细则班级自主进行预观察，发现不合理之处并提出修改意见 2. 自查班级 5 月主题下环境创设与儿童发展的匹配情况，写出简单的分析
6.7	配合幼儿园常规工作进行本学期儿童发展评估	自主学习	参与评估活动
6.21	配合幼儿园常规工作进行本学期儿童发展评估	自主学习	填写评估表格，准备材料归档
7 月	1. 交流各班多种形式儿童观察的方法和成果 2. 展示教师个性化的培训档案（文本的）	多媒体课件、视频、照片、文本资料等	1. 按照计划完成本学期培训任务 2. 提交培训小结

培训要求

（1）学习的目的是提升境界、提高效能，减少无用功。

（2）每个人建立一份个性化培训档案（电子档和文本档），包括本园的培训计划、个人的专业学习（读书）计划、以及在培训中的各项作业。七月份交流展示。

（3）半月一次的园本培训是教师本职工作的一部分，请提前安排好个人事宜，按时出勤。

（4）学习贵在应用，用得好，工作也能是快乐之事。

（XA 幼儿园档案）

这份培训计划是经过与高校教师（也称驻园专家）讨论后确定的，其特点是目标明确、内容清楚、结果可见、时间节点固定（半月一次）。培训意图中既有现状的分析，又有对本季培训重点的说明。在培训要求中，既有个人自学要求，又有集体交流要求，还有对培训后的“实践作业”要求和考核要求。对以新手教师为主体的 XA 幼儿园来说，针对性强，也有实效性。从 2013 年开始，驻园专家一直持续参与这样的园本培训，并在其中承担主讲教授的工作。因为彼此熟悉，各自不必“端着”，更能深入问题的本质。

二、以“磨课”为载体的园本常规教学实践

2000年前，国家新一轮课程改革启动不久，就有人叫停各种名目的优质课、公开课比赛，认为无论是出课教师还是幼儿，多数是在“走秀”。“表演性多于常态性”的课堂效果不仅减弱了效仿的价值，而且丧失了研究的意义。但十几年过去了，各地的优质课比赛仍在继续进行。这是因为，从中小学教师（包括幼儿园）发展的现实途径来看，“出过级别不同的公开课”[①]仍然是中国当下衡量一个教师专业水平的硬件指标之一，而且参与公开课的准备过程，能够得到更多的专业指导，这对渴望进步的青年教师而言，机会弥足珍贵。许多教学能手乃至特级教师的成长经历都可证明参加这类活动的现实必要性。各幼儿园都会积极准备，给青年教师创造机会。但在准备的过程中，有的幼儿园为了拿到好名次，会缩短探索过程，直接让有经验的教师设计活动，让新手教师“演”。这样功利心明显的争优活动并不能真正帮助新教师成长。驻园后，高校教师可采取如下做法。

1.“磨课”的导向以凸显教育理念为要旨

凡是参赛，都不是新教师一个人在“战斗”，而是一个群体在“磨课”中成长，是强大的专业指导队伍默默支持的结果。那些被公认的好课呈现了高超教学技巧的表面，背后却是教育观念的先进性。比赛常常体现幼儿园教研组甚至是一个区域在某一个领域的教研实力。那么，怎样的指导能使新教师摆脱依赖，在专业发展的道路上更快地成长呢？比如，几轮试讲结束后，可以有意无意地追问出课教师一些问题，了解他们的想法，并提供一些指导性建议。

案例 6－12

T1：我自己先写出教案后教研组开始听我试讲，而后教研组帮我改教案，试讲一次，改一次。

T2：我也是这样。

师：都改些什么？

T1：看看哪些环节生硬，过渡不顺畅，就改哪些环节。

T2：看看幼儿的反应，如果幼儿反应不过来，我们就找原因，改变提

---

① 在幼儿园的话语系统中，“课”意指五大领域中的教师预设的集体教育活动。为了分析方便，本章也沿用“上课”这一习惯说法。

问的策略，使幼儿容易理解我的意图。

师：一般要试讲多少次？

T1：不一定，有的人试讲的次数多一些，有的人几次就行了，关键看我们要的效果出来没有。

师：你们要的效果指的是什么？

T1：很顺利地达成教学目标。

T2：要让评委看到我的课有新意。

师：哪些算新意？

T1：比如游戏的方法、多媒体使用等。

T2：教师怎样能让幼儿能积极主动地学习。

从以上两位老师的回答可以看出，T2 所在的教研组把“磨课”的过程看成对教材的深入探究和对幼儿学习状态深入了解的必要途径，这样的“磨课”无疑是正确而且是符合“磨课”价值的，“磨课”的过程对新教师而言会受益终生。而 T1 所在的团队在“磨课”中可能过多地关注教师在课堂中的自我表现，忽略对课堂中动态生成因素的充分预设，加上新教师经验不足，一旦出现这样或者那样的非预设情况，新教师就无法应对了。

2. “磨课”环节的“推敲”要有鲜明的幼儿立场

一般来说，无论哪门学科哪个学段的课堂教学，恰当合适的教学目标、环环紧扣的教学结构、灵活多样的教学方法这三项指标都是基本要求。在此基础上，学前教育理念的落实、学前幼儿学习特点的把握、多领域价值的相互渗透是幼儿教师个人功夫的具体体现。教育理念的落实情况可通过课中的关键节点观察和课后的对话交流两种方式了解，从内化的教育意识和外显的教育行为两个维度加以考量。

案例 6－13

M：（笔者，下同）这个幼儿园的班级人数很多，可我看到你在上课挑了几个孩子，这是怎么回事？

T（出课教师）：因为她们老师说，这几个孩子不会跳绳，有的幼儿只会跳一种。

M：我欣赏你的坦率和诚实，其他的那些孩子怎么办？

T：以后可以再教一遍。

M：还用你这个教案上吗？

T：嗯。

M：会不会对他们来说比较难？

T：可能吧。

现在公开课多为借班上课，多数新教师对幼儿的认知特点、已有水平缺乏了解，课堂上难以关注新想法的生成，更缺乏因势利导的技巧，只能机械地按原教案“走规定路线”。他们说，最庆幸的是课堂环节能够按照课前预设顺利“走下来”，最沮丧的是幼儿不按老师的思路“出牌”，影响了教学推进的速度和效果。这反映了教师所在的团队对幼儿发展的认识存在的问题。真正的优质课，恰恰反映了新教师将教学的着眼点实实在在地放在为幼儿的发展服务上。

在“6的数数”一课中，老师发现几个幼儿一直没有举手，就采用试探的方式提问一个小朋友。

T：我看你一直没有举手，你能告诉我，这是几个吗？（教师指着课件中一组小猴子的个数）

S1：是5个。

T：你是怎样数的？上来数数看好么？

S1：幼儿指着课件数，没有数到被遮挡的部分。

T：他数得对吗？问题在哪儿？

S2：他没有数到后面的部分。

T：（对S1说）你看出来了吗？（对其他幼儿说）我们再给他一次机会好不好？（指着下一组的小兔子）你再来看看这组有几只小兔？

S1：是6个。

T：这次数对了。

在以上案例中，能够不受排列位置的影响，正确数出6个数（包括被遮挡部分）是本节课的一个难点。幼儿在数数的过程中有可能产生认识上的盲区，这是课前预设中能估计到的。但在公开课上，只要大多数幼儿思维没有障碍，多数教师喜欢顺势推进，不会关注个别不会的孩子。而案例中的教师，却没有放过任何一个幼儿在此环节中认知上的盲区，通过与个别幼儿的互动强化了全班幼儿对这个知识点的把握，这个环节很明显地反映了该教师的“以幼儿发展为本”的教育理念。

“美丽的夜景”美术课片段

教师在让幼儿欣赏完关于“夜景”的作品后，接下来的环节是让幼儿自己动手，以小组为单位，用彩色亮纸在黑纸板上表现出某一主体景观的“夜景”（本节课的重点）。

T：请孩子们小组讨论：想想你们可以做什么？

（幼儿七嘴八舌地说各自要做的东西，有的说自己要做一个月亮，有的说自己要做个星星，还有的说自己要做个灯……）

T：（讨论了一会儿）哪个小组说说你们想干什么？

一个组的代表把大家要做的东西重复了一遍。

T：你们其他组都想好了吗？想好了就做吧。

幼儿开始饶有兴趣地按照自己的想法做起来，老师说，想做什么就可以做什么，能做什么就做什么，做完了就贴在黑色纸板上。多数幼儿没有意识到小组成员需要先整体谋划一个熟悉的景观（如街道、小桥、广场、学校等，这该是本节课的难点），然后才是具体分工，用手中的“亮纸”完成作品。直到评价阶段，教师才发现幼儿作品中的问题，但为时已晚，只能就着孩子们的作品笼统地说些鼓励的话。

课后，笔者与该教师互动时，问其预设的教学目标是什么，教师说是让幼儿快乐。尽管教师个人素质不错，但对教学应促进幼儿发展等基本理论的学习明显欠缺。教学首先要搞清楚教的对象和教的目的，才能研究教什么和怎样教的问题。“幼儿立场”和“育人意识”是从幼儿教师入职开始到今后漫长的教学生涯中必须坚守的教育理念——我所做的一切工作都是为幼儿的发展服务的：无论何时何地，无论是公开课还是常态课，我的教学目标、每个教学环节的设计、我的指导语言乃至我的课件上字的大小等都应从幼儿的需求出发。表面的尊重、形式上的多样，都不是真正的“幼儿立场”。

俗话说，“一滴水可以见彩虹”。一个眼神、一个教学细节常常反映出教师的教育理念。有了鲜明的幼儿立场，教师就会全面关心幼儿，无论是自己班的幼儿还是“借班上课”的幼儿；有了鲜明的幼儿立场，教师课堂预设的着眼点就会放在促进发展上，即每一次的教学应该是使幼儿在知识技能、过程与方法、情感、态度价值观上有所得，让幼儿经历一个从不会到会、从会得较少到会得较多的过程。即便将要上的课“借班幼儿”已经学过了，有些知识还是掌握不好的，教师仍然有空间基于现实情况，设计出促进幼儿知识深化和拓展的教学活动。

3. “磨课”后的效果以实践能力增长为重点

著名教育心理学家奥苏贝尔曾说过一段非常著名的话：“如果让我把全部教育心理学仅仅归结为一条原理的话，那么，我将一言以蔽之，影响学习的唯一因素，就是学习者已经知道了什么。”反思自己对幼儿学习特点的了解是否到位，自己的教学设计是否基于幼儿已有的经验和兴趣点，总结自己教学的得与失，这是一名合格教师必须要做的事情。反思实践的意识需要从教学的第一天开始，直至成为一种习惯化了的专业生活方式。现在，许多地区教师公开课后，增加了执教教师与专家评委们面对面的互动环节。这个互动活动对新教师专业发展的促进意义大于对一节课的定性评价，目的在于结合教学现场的感受，帮助青年教师理解新理念的落脚点，帮助青年教师找到专业成长的“最近发展区”，也使某些青年教师的“师傅”们看到了指导过程中过度的支持带来的尴尬效果，反思在职初培养过程中的得失。

三、以提炼实践策略为要点的园本专题教研

园本教研问题多数来源于本单位保教工作中真实的困难。教研活动的本质是汇集教师解决实际问题的实践性知识。与理论性知识相比，实践性知识是一种以获得“怎么做”为目标的教学经验。它虽然不一定是理论认知，但无时不在引导教师个人的日常教学。

有些单位教研活动的重点在于引导教师模仿他人的实践，因为他人教学实践中的创新部分往往能触发本园教师的灵感，在新情境中发挥迁移作用。借鉴“模板”使得教师的教学更为直接、快速和高效。有些单位的教研活动，通常是以准备某个公开课为契机，通过对一个课例的反复研磨，最终呈现出一节比较理想化的课（或者活动）。研磨活动中，有时会出现研究思路窄化现象，即以经验为基础，以公开课呈现好的结果为导向。年轻的执教教师多半会成为被动的执行者。特别是在时间紧、任务重的情况下，只能全盘接受，走设计好的“规定路线”，保证公开课的亮点突出。比较高级的园本教研活动，采用专家介入或者名师引路的方式，体现了实践与理论相互关照的特征。这种园本教研突破了常规教研之窠臼，采用问题驱动式研究方式，注意收集具体活动中的视频案例，研讨时力图呈

现一种理论引导下的多主体参与、多资源利用的研究过程，教师能感受到在教研实践中自己的进步。

要想将上位的理念与具体的操作结合起来，推进园本教研向纵深发展，需要三个条件。第一，要选择一个带有上位教育理念的真实问题，最好是实践中的成功或失败的案例。第二，即时组织教师设计可改进的操作环节。如果没有这一环节，上位的理念就会被尘封在教师的记忆中，继续成为专家口中的名词和教师的精神包袱。第三，其他参与研究的教师要在理解的基础上设计类似情境并进行实践，“照葫芦画瓢”，将上位理念予以巩固。

“自然教育理念在集体教育活动中的体现”研究（节选）

主持人提出问题：

《教师教育课程标准》中提出，幼儿教师应“掌握观察、谈话、倾听、作品分析等基本方法，理解幼儿发展的需要”，会设计语言教育活动，能整合资源与其他活动相联系。

研读《幼儿教师专业标准》时我们发现，该标准仅对幼儿教师通识性的教育行为进行了一般性的规定，并未对幼儿教师自身的语言能力进行明确界定，而《学前语言教育》等高校教材，也没有专门内容对幼儿教师应具备的语言素养进行要求。这为我们进一步探究问题提供了空间。

S（孙老师）引导：

大家在学习幼儿教育基本理论的过程中，基本形成如下观念：语言是思维的工具，也是人们认识世界的重要载体。0～6 岁是人口头语言发展的关键期。儿童语言发展是需要条件的，即语言发展器官的成熟、自我成长的内在需要，周围环境的刺激。其中，成人的合理刺激对儿童的语言表达需要的产生至关重要。在家庭中，儿童的直接抚养人的语言发展水平和教育意识决定了 0～3 岁儿童的语言表达水平。在 3～6 岁时期，儿童的口语发展仍然处在迅速发展的阶段，教师的专业水平、语言意识和引导策略对幼儿语言的发展起到重要的作用。但是，在具体的语言教育活动中，我们老师又觉得困难不少。请大家谈谈，你都遇到过什么困难？曾经用过什么方式使其改变？

T：我觉得我提问后孩子们回答不到我需要的点儿上。

H：我觉得孩子们平时挺能说的，但一到上课就不怎么愿意回答问题。

K：我觉得提问的设计可能有问题，但不知问题在什么地方。

L：通过提问增加与个别孩子的互动频率还是比较有效的方法。

S：今天咱就重点聊聊提问的策略。如果我这样问：（出示PPT1）“今天的教案写完了吗？基本功比赛准备好了吗？能拿第一吗？”你们的感受如何？

H：感觉好有压力。

K：我可能不想说了或者想应付一下。

S：如果我这样问：（出示PPT2）“为什么你没有做完手工呢？你一定是没有记住老师的要求吧！”这种聊天就更有压迫感，我们称之为质问性聊天，以问句开始，以斥责结束。当然了，这样一来，对方在你面前肯定就是哑巴了。

H：那该怎么问？

S：你可以问：昨天晚上谁陪你玩了？你们干什么事情了？谁给你讲的睡前故事？故事里有谁？

H：嗯嗯，这样问比较具体，孩子能打开话匣子。说开了就好了。

S：这个提问策略就是“问小不问大”。还有一个小办法就是“从别人谈起”。比如父母想了解孩子在学校的表现及教师的行为。可以这样问：你们班上谁最调皮？他都做了什么事情？你老师是怎么做的？站了一节课，脚一定很痛吧？你挨罚了吗？什么事啊？

S：第三个策略是：不要否定，只要“同理”。比如：“嗯，你说得有道理，你当时的心情怎样？如果是我，也会那样想。”等等。

这些小方法在《中国教育报》上有，你们可以拷过去看看。下次，我们探讨的重点是，如何与不同性格的孩子聊天。

T、H：好！

（驻园手记，2014-6-18）

案例 6－17

2016年9月28日，崂山区新爱弥儿之家幼儿园面向崂山区中韩街道37家幼儿园进行教学研究的开放活动。青岛大学师范学院孙玉洁副教授以及中韩街道教育中心王主任莅临此次活动并给予指导。

本次教研活动主题是“自然教育理念在一日活动中的体现”，主要探讨自然教育理念在我园生活、教育、户外、区域活动中的体现，以及展现教师与幼儿在自然教育环境下轻松愉快的精神面貌。新爱弥儿之家的教育理念是“让每个人成为最好的自己”，因为我们始终相信：育人比育才更重要，独立比依赖更重要；顺应天性比强制服从更有效，合理满足比盲目给予更入心；体验优于倾听，经历胜于观看；在自然中学习比在教室学习更有价值；家园合作比家园单干更有益于儿童发展。每个班展示了早操和一个活动，呈现了在自然教育理念引领下，师生们在生活活动、集体教育活动、户外活动、区域活动中的精神面貌。研讨活动中，老师们分别从幼小衔接、戏剧表演、艺术领域的绘画、玩泥巴、剪纸等角度切入，分析探讨了各班的研究情况并提出新学期的教研重点。研讨最后分管教学的副园长刘洁针对上学期研究中出现的问题、教师的反映与观察，提出了本学期研究的重点“学习性区域材料的分层投放”，幼儿园驻园专家孙玉洁副教授针对本次教研开放进行了点评，肯定了幼儿园教研活动的“选题实、研究真，重行动改进，研讨中有表达、有争鸣”，是富有实效的研讨活动。街道教育中心王主任对本次教研开放活动给予了很高的评价，认为这种有专家引领的富有实效的教研活动不仅能提高本园教师的研究能力，推动园本教研向纵深发展，同时还能给其他幼儿园的教研工作提供很好的可借鉴的经验。

（XA 幼儿园微信公众号）

在参与园本教研的过程中，高校教师应引导大家以工作困境为中心，把某些幼儿教师遇到的具体问题及其责任暂时搁置，强调对问题的分析是基于共同体立场的，是为改进而描述与解释，为改进而提出方法与建议。这样，就容易打破幼儿教师在“外人”面前保持缄默的密约，反思性实践活动才有可能产生。

为了更有效地发挥在园本教研中的引领作用，在参与班级观察后，高校教师还要收集一些真实的情境，制成教育案例，在园本教研活动中，引发幼儿教师的讨论与评价、反思与追问。对自己实践问题的分析会给幼儿教师以直接的影响，对已有教育模式的鉴别会激发他们新的实践。

四、以提高保教质量为目的的课题研究

当前，幼儿园课题研究呈现出令人欢喜令人忧的现状。令人欢喜的是，课题立项数量激增，立项申请的格式统一规范，研究结果呈现的方式多样化。令人忧的是，课题雷同，重两头轻过程，课题研究的结果未能成为改善

教育质量的工具。在高校教师指导下，幼儿园课题研究可否成为教师专业发展、提高保教质量的有效途径呢？答案是肯定的，但要经历以下四个发展阶段。

（一）在梳理“真问题”的过程中产生研究意识

所谓“真问题”就是现实中存在但尚未解决的问题，它已经成为进一步发展的阻碍。幼儿园中的真问题很多，但未必都能成为课题（比如教师的同工同酬问题），这就需要幼儿园进行筛选。幼儿园课题研究要选择那些通过群体攻关和个体的反思性实践能够解决的“真问题”，通过改变教师自身的行为或者工作状态能促进幼儿更好发展的课题，这就需要研究者建立问题意识。

所谓“问题意识”，是指能敏锐发现一日活动设计或者组织中出现的，让人不舒服的“梗儿”，它可能会影响保教质量和师生的情绪情感，解决它，师生的教育生活才会向好的方向发展。“问题是我们的朋友。”问题意识可以帮助人们产生改变的动机。因此，幼儿园学习做研究应先从身边的问题入手，从借鉴同行中好的教育实践经验改善自己类似的问题开始。在没有借鉴或原型启发的状态下，独创新的方法、新的理论是不切实际的。

（二）学习并掌握一定的研究方法，让研究结果有说服力

许多幼儿园在立项申请中，也能说明自己要使用的研究方法，但关于为什么使用，在哪个阶段中使用，方法设计是模糊的。比如，许多课题在立项申请书上写着要做行动研究：计划—实施、反思、再计划再实施—再反思。这对于以改进现有工作现状为目的的课题来说，行动研究无疑是可行的。但行动研究是一种研究的范式，不是一个具体的方法。一个完整的教育研究过程，包括提出问题、形成与收集研究资料、分析研究资料、呈现研究结果四大环节，每一个环节所用的具体方法都不同。文献法、观察法、调查（问卷、访谈）法、准实验法、经验总结法等方法在幼儿园中都能用到，但需要教师有一定的教育科研方法等理论课程的学习基础。作为普通教师，通过参与研究来提高工作质量是每个人分内工作，但课题研究需要在学术规范的基础上创新，没有专门的专业学习与训练，困难很大。

（三）让研究结果能直接服务于工作改进

幼儿园适合做小微课题研究，实际上就是用科学研究的方法进行实践研究。例如，教师发现自己精心设计的晨间体育锻炼活动，有的活动参加的幼儿很多，有的活动却很少有幼儿参加，有的体育活动材料的利用率很高，而有的体育活动材料很少有幼儿使用。针对这些问题，教师进行了思考：怎样才能保证自己工作的有效性？提供的材料和设计的活动如何才能吸引幼儿，支持幼儿的学习与发

展？几位教师先用了大约一个月的时间，运用观察法做了一个“影响幼儿体育锻炼效果的因素研究”的小微课题研究。通过观察发现，教师指导的有意性、幼儿的自主性、器械的可变性、锻炼的时间等都是影响体育锻炼效果的因素，而教师的指导带动最为关键。之后，教师及时调整了晨间体育锻炼的时间、形式与内容，强化了教师之间的指导分工。这样，一个学期下来，不仅提高了全园体育锻炼的效能，而且对幼儿在体育活动中表现的状况有了更深入的了解，并提升了自身的专业水平。

（四）多样化呈现研究成果

目前，各级各类课题结题时基本上都要求提供研究报告和论文，但作为应用性的实践研究成果，可以通过多种形式呈现研究成果。通过视频、照片集、案例集、个案集等方式展现的课题成果更能为其他同行所借鉴。另外，结题时现场展示师生的发展面貌，也是重要的研究成果，既有利于课题价值的呈现，也有利于课题成果的推广。

总之，高校教师参与的幼儿园课题研究活动，提升课题的学术品味是重要的，但更重要的是提升幼儿教师的研究品格，即敏锐的问题意识、不懈的探究精神、不人云亦云的独立思考能力。“优秀”与“卓越”是有区别的：前者可能是在某一范围内比较出来的结果，是他人眼中可见的成就，而后者则是不停地自我超越、自觉地改进、在改进中享受“做更好的自己”的内心快乐。

第四节　U-K 项目中成长的孩子

在中国的大部分家长的眼里，幼儿园是玩耍的地方。孩子在幼儿园中只要健康快乐地成长，学不学知识、学多少知识并不是很重要，有没有做好进入下一个阶段学习能力的准备，也不是很重要，反正入小学后，才是真正的学习。但受社会高竞争压力的影响，一些家长开始焦虑：不能让孩子输在起跑线上！这起跑线被狭隘地理解成儿童的知识准备。

30 年前，在学前教育尚未普及的广大农村，一些小学利用富余的校舍办起了学前班，将散居的五六岁儿童组织起来，进行以入学准备为主的过渡性教育。但因这些学前班过于强调知识学习，且又是小学管理，不免出现对学前儿童进行小学化教育的倾向。1996 年后，各地相继停办了学前班。近些年，城市“幼小衔接班”开始成风。一些大班孩子的家长，甚至会让孩子退园进入这些培训班进行强化学习。虽然中国是最早提出胎教思想的国家，但从历史上看，却没有“以儿童为本”的传统。许多家长打着“爱孩子”的旗号让孩子上各种培训班，更多的是满足自己的虚荣心。学前儿童不断受到成人生活的侵蚀，其中，社会教育机构也在一定程度上成为“帮凶”。

在《童年的消逝》一书中，尼尔·波兹曼分析了“童年”的生物概念和社会（文化）概念。儿童作为生物学的存在，可以用年龄段来表征，但作为一种文化意义的存在，它可以在一定条件下产生，比如印刷术，把成人与孩子进行了区分，因为没有阅读能力，儿童远离了成人的生活，远离了成人的秘密。故，1850～1950年的百年间，儿童有了自己的世界：服装、图书和游戏，社会也从法律上保护儿童应有的权利。但20世纪中期，随着广播、电视等多媒体出现后，儿童开始“不像儿童”了，失去了本该属于孩子独有的天真。

许多坚持“不要让孩子输在起跑线上”的家长，以为把孩子交到了民办幼儿园，就能让他多学知识，提前“起跑”。一些民办幼儿园，为了自身的生存，也将满足“起跑”心愿的家长作为办园的宗旨，幼儿园各种名目的兴趣班、特长课琳琅满目，五花八门。

与高校进行U-K合作的XA幼儿园，是一所收费相对高于普惠性幼儿园的民办园，尽管园长接手该园时只有14个孩子，但幼儿园信念坚定，没有被个别家长的焦虑需求绑架，坚持正确的办园方向，努力办出特色，赢得家长信赖和好的发展机遇。在建园初期，该幼儿园就将“自然教育”作为课程的文化基础，将“学习与理解、尊重与包容”作为核心价值观，每班15～20个幼儿，在物质条件上，给孩子们提供一个更为宽松的环境，以满足幼儿自由发展需要，同时，也接纳了从公办园劝退过来的所谓“特殊儿童”。

有自闭症表现的洋洋

2013-9-27

今天我到班里进行随班观察，发现一个有特殊表现的孩子，叫李洋洋（化名）。在老师上课时他不听讲，与邻座的万某某（事后得知是班上一个特殊儿童）一起发出怪声，还打架，我将他们分开，将洋洋领到我的身边，坐下，示意他看黑板上的图片。他开始说：“不能打搅别人，这是不对的，老师要不高兴的。”我觉得这是明理的表现。但当他一再重复这句话（我没数，但至少有10遍），而且一边说，一边继续做打搅别人的事的时候，我不得不警觉，将注意力转移到他身上。他动动桌子，摸摸他人的衣服，推推前面小朋友的椅子，一刻也不停。我悄悄握住他的小手，想控制他扰人。他马上挣脱了我的手说："我要小便。"然后旁若无人地径直从课堂前面出教室了。过了一会儿回来后，他又继续之前的做法，既没有听课，也没有坐住，不到2分钟，又直接跑出去了。下课后，我看见洋洋从外面溜达回来，问："你是去小便了，还是不喜欢上课？"他半站半赖地拽着我的衣服，不回答。

2013-10-14

今天继续观察李洋洋。从全体幼儿坐下开始，洋洋几乎没有一分钟停下来。一会儿到钢琴旁摸索什么，一会儿出去小便，然后蹦蹦跳跳地进来。即便是坐下，也是手脚乱动，不出3分钟，准会再出去。可能他的这种不正常的行为已经让其他孩子习以为常了，其他孩子也没有受过多干扰，因为其他孩子也坐在那里玩自己的。

30分钟的课，洋洋出去了6次。每一次都特意跑到我的眼前瞪着眼晃一晃，笑嘻嘻地，让我注意他。我装作没有看见，他也就走开了。

我决定与他的父母约谈一次，老师联系后，洋洋妈妈下午就来了（14:50～15:30）。

M：孩子生下来10天我就不带他了，都是他奶奶带。1岁时会说"爸爸、妈妈"，但以后就不再说话，8个月时能爬，1岁4个月时开始走，2岁4个月后真正开口说话。

T：什么时候觉得孩子有特别行为的？

M：让我们觉得特别的事件是洋洋认生特别严重，而且不会用手指东西说话。2岁半时去医院看了，诊断为有点孤独症倾向。以后又去过儿童医院，诊断为发育迟缓伴有孤独行为。

T：有什么干预措施？

M：每周都参加儿童医院的感统训练，经过训练，大运动能力比较好，孩子很喜欢骑车，跑的时候有俯冲动作。

T：没有分析什么原因造成的？

M：孩子一直是婆婆带，他3岁前我和他爸爸做得很少。他奶奶很能干，经常自己干活，而孙子在一旁玩，觉得孩子小，不需要多做什么，但有段时间发现孩子摇摆沙发很长时间，就觉得奇怪。

T：多长时间？

M：差不多有40分钟。

T：噢，还有哪些特别的行为？

M：反复摆手，医生说是刻板动作。

T：从现在的情况看，这个孩子以后按正常情况上学是有困难的。你们打算怎么办？

M：我现在准备拿出时间陪他做康复。

T：如果你家经济情况可以的话，建议你以孩子为生活重心。在孩子小的时候进行康复训练，症状会减少，将来可能会自食其力，否则，将是家庭很重的负担。

M：我也知道。

T：这样的孩子只待在家里也不行，上午还是让他到幼儿园，参与一些集体活动。下午你将他领回去，从一对一的游戏开始训练吧。孩子的情况你和老师交流过吗？

M：没有细说，担心幼儿园不要他。

T：这个幼儿园倡导自然教育理念，对特殊孩子很包容，会帮助你的。

M：好，我和老师说。

2014-3-14

差不多一个学期了，洋洋这孩子仍然无法适应集体活动，但老师们对他真的很好。站队时，总有一个老师拉着他的手。他个子长高了，在走廊里蹦蹦跳跳地，很开心的样子。老师们却提心吊胆地，担心他控制不了自己的身体，会冲撞其他小朋友。

上课时，他还是老样子，不喜欢待在集体中，一不留神就出去了。但他画画明显好很多，难得的是他在画画时就能坐30分钟，而且是在集体中，这就是进步。

中午，我见到来接他回去的奶奶，他妈妈下午要带他去康复治疗。我特别表扬了洋洋的情况。奶奶也说在家里，洋洋玩“赛车突围”（一种游戏）能坐一个多小时。

看来，洋洋的情况在一天一天好转。

让老师“头疼”的张小雷

2013-11-15

一个满脸透着稚气和机灵劲儿的中班小男孩张小雷（化名，5岁）被老师“投诉”到我这里，说这个孩子淘得太厉害了，只要一管他，他就赖在地上不起来，而且有打人、咬人的现象。

下午放学时，与小雷妈妈进行简短的沟通，她说孩子是自己带到2岁时交给他奶奶带的。自己和爸爸在外地上班。虽然每天也能和孩子通电话，但有时孩子不理自己。因为自己会经常指出孩子的不是，孩子认为是批评他，不与自己亲近。奶奶说自己比较顺着孩子的性子来，不太会管孙子。小雷在家里玩具都是扔满地，有敲打玩具的现象，但认为是男孩子，这种行为很正常。作为媳妇，很体谅婆婆不易，也不好意思说婆婆教育方式有问题。为了孩子发展，她已经回到本地工作，希望修复亲子关系。

张妈妈说，自己孩子很顽皮，以前也上过幼儿园，但被劝退了。自己也曾带孩子到私人康复中心去看过，说孩子没有问题，只是行为习惯不好。自己也曾带孩子去学画画，但去过三次就不去了。因为老师说孩子没有进步。

初次观察：

利用户外活动期间，我将张小雷领进工作室，给他一块水果糖，开启互动之旅。

问：在家和奶奶住吗？

雷：（点头。）

问：听奶奶话吗？

雷：听。我还扫地。

问：玩具能自己收拾吗？

雷：能。

问：我听说你愿意画画，你画一张画给我吧。

雷：（点头。）

我给张小雷一张纸，让他画自己喜欢的画，告诉他最好能画出房子、树和人。

10:45～11:05，他一直在画。先画的房子，在纸的中央，然后画的是树，两棵苹果树，一大一小，树间有远处的山，而且画的小（他是知道近大远小的），他在树上画了叉号。我不解，问为何，他说，不让树倒了（或许他观察到好多树是用绳子捆住的）。而后，他又添画了太阳、云彩等。我提示他还没有画上人呢，他就画上两个小孩，说是摘苹果，而且有笑的脸。而后，他又添画了似乎是人的直线，在树冠上，我问其义。他说是水管子，给树浇水，又说是雨转化成水（将水的通道一一用箭头标示）。我说“你愿意涂点颜色吗？”他说“好”，我找来油画棒，他仅仅用了一点点（为什么不喜欢涂色呢？有待于进一步探究）。

画完画，他自己收拾笔并将所有的笔（三只）扣好笔帽放到我的笔筒里。

他又要看托马斯的书，我让他看，他翻得很快，会一页一页地翻，但没有看懂意思，三本小书看了没有5分钟。

我的初步判断：

（1）想象力丰富、思维跳跃；语言虽不够连贯但能清楚回应；有较好的收拾东西的习惯。

（2）不会独立看书。

（3）第一次与我见面，没有怕生的感觉。在画画时，能使用完红笔后接着将笔帽扣上，而且用完之后，将所有笔放到我的笔筒里，全然没有妈妈说的东西乱放的情况。

我初步的判断是：能与成人一对一交流，也能回应成人的话，没有什么不正常。但为什么这个孩子让老师“头疼”呢？

在集体教育环境中，工作一环扣一环，老师希望带能遵守规则的孩子，多几个都没有关系。但像小雷这样的，随心所欲、调皮甚至顽劣，各种“淘”：爬到桌子上、钻到桌子底，其他孩子也会学样儿，这样就很难组织班级活动。这样的孩子如果不放在集体中，对他单独进行训练指导，幼儿园又不具备这样的条件；放在集体中，又很难单独指导他。

班级教师几次开会研究张小雷的问题。策略有：表扬不离嘴。一旦发现他有遵守纪律的行为就表扬。一旦发现他坐不住要捣乱了，就赶紧给他派特殊“任务”。比如当小信使、帮忙搬午睡床、送物品等，在坏事未做之前就“转移”掉。张小雷对此并不知道，他只是很在乎老师的特别关注，认为这是“重用”他。

管不住自己的任小峰（化名）

2015-4-15

今早观察小班做操时，发现有一个幼儿不做操，老师提醒他，让他跟着做，说了两次后，这孩子突然往教室跑，我赶紧拉住他（因为教室里没有老师），问为什么，他边挣脱我边摇头说：“我要回去！我要回去！”我说：“教室里没有人，你不能回去。对了，你是不是因为不会做呀？”他愣了一下，马上点头。我说：“你可以看，不用做也行。”他就站在旁边看。快结束时，我邀请他，示意一起搭高手臂作“山洞”状，让小朋友们钻过去。他很快与我搭手，非常开心。

后来问了一下，这个长长的睫毛下一双水汪汪的大眼睛中透着惊恐的、瘦瘦的小男孩叫任小峰（化名），是个插班生，转过来已经快一个月了。

2015-10-9

任小峰不是个省心的孩子，小的时候一直是老人带，在老家里自由生长习惯了，根本坐不住，经常趁老师们不注意就“溜号”，急得老师满楼里找。他妈妈在幼儿园当保育员，听到老师抱怨后，心里就着急上火，大声吼孩子，孩子就老实一会儿，但马上又“管不住自己了”。今天，我从小班门口路过，看见他妈妈又在批评他，就走过去说：“来，小峰，到孙奶奶屋里坐坐。”

我找出从家里带的月饼包装盒（准备送给孩子们做玩具的），拆开摊平，让他按照折痕，重新变回一个“正方形”的月饼盒。结果，只示范了一次，其他拆开的五个小月饼盒都成功“复原”了。这说明，只要手里有操作材料，小峰还是能“坐得住”的。我将孩子送回班里的时候恰巧遇到他妈妈端着加餐上楼，就把小峰的表现大大夸赞了一番，看到小峰满脸高兴的样子，他妈妈长长地舒了一口气。

2015-10-16

一周过去了，小峰的妈妈和我说，小峰从我的工作室回去以后，每天都要找家里的月饼包装盒，拆了装，装了拆，说是孙奶奶让他这样做的。我听了哑然失笑——鼓励的作用真大！

2016-12-24

离园活动时间，我想了解一下大班每周绘本阅读的情况，随机抓了从厕所出来的两个小朋友——调皮大王任小峰和和小能人玉茜。

我先让任小峰讲了每周故事《爷爷一定有办法》。之所以让他讲，一是这个孩子虽然很调皮，但在集体面前表现得比较内向；二是6岁男孩的语言发展从整体上看，不如女孩有优势，他要是能讲下来这个故事，其他孩子就没有问题。

只见小任同学非常自信地讲起来，虽然个别地方有些换词儿，被玉茜一一订正（说明她的记忆更精准一些），但整个故事讲得很流畅。

说着说着，一个小班孩子来送为圣诞节做的三明治，我借花献佛，准备奖励给两个小孩子，可任小峰马上说：“这是垃圾食品，不要吃。”

玉茜反驳说，“这是小朋友自己做的，是送给孙奶奶的，不是垃圾食品！”小峰无话辩驳。但两个孩子坚决不要吃三明治，说：“我们老师会送小粘贴的（也是奖品）。”

刚把他们送回班级里，一回头看见任小峰在我的门口站着，他说：“三明治是送给孙奶奶的，我不能要。”

我明白了，他刚才说“垃圾食品”是什么意思了！心里一热，摸着他的头，由衷地感到这孩子的懂事，说：“小峰长大了，懂事了，你是舍不得，想让孙奶奶吃三明治，对不对？孙奶奶真高兴！”不一会儿，他又在外面轻轻地敲门，送给我一朵纸做的花儿，我高兴地收下了。

我把花儿插在笔筒里，脑海里突然想起一首歌：野百合也有春天！

民办幼儿园因收费比较高，班额控制相对比较好，能够为有特殊需要的孩子入园提供条件。但对未接受特殊教育训练的普通幼儿教师而言，是严峻的挑战：不仅给教师增加了有形的工作量，而且还要为特殊孩子背负更多解释、道歉的工作。像洋洋、张小雷这样被其他园拒收而在XA幼儿园中被留下的孩子，几乎每个班都有。之所以这样做，与该园教师坚持的自然教育理念——“学习与理解，尊重与包容”分不开，与幼儿园对儿童自由（在人数多的幼儿班级中，这是奢侈品）的深度理解分不开，她们坚信并坚持了如下教育原则。

一、基本满足幼儿自由发展的需要

儿童自由选择能力的获得是一个不断生成的过程，只有在不断选择的过程中，儿童的自由选择能力才能够得到发展和提高。约翰·密尔在《论自由》一书中指出：“人类的官能如知觉力、判断力、辨别力、智力活动，甚至道德取舍等，只有在进行选择时才会得到运用。[①]”

人既是分离的也是联合的。没有他人的存在，人的本质便不能显现。阿伦特指出：“人的多样性具有平等和差别双重属性，如果人不平等，那么，他们不仅不可能想到理解并了解其先辈，而且也不可能规划未来并预测后人的需要。如果人无差别——每个人都有别于其他一个现状、过去或将来的人——那么他们也就无法通过言语使自己被人理解，只需要用符号和声音来交流直接的、相同的需求

① 约翰·密尔，1959. 论自由［M］. 许宝骙，译. 北京：商务印书馆：68-69.

和欲望就足够了。[①]”一个突出约束性和强制性的教育不仅不能提供自由的机会，更不能使儿童获得选择的能力，因而是与儿童个性的发展有着内在冲突的。冲突的结果是个性的消失和集体的同质化出现。

许多学者批判当代教育，说它是标榜培养儿童的个性，实际上却是追求同一性的规训场所。教育对象的异质性与多样性并没有真正成为幼儿教育的出发点。这的确是看得见的事实。但是，如果这些学者走到那些普通的老城区幼儿园，看着挤得满满当当的孩子，看看连一张多余课桌也放不下的老城区小学，就不会再抱怨我们的教师，为什么会把追求同一性作为自己的实践逻辑了。

“理想很丰满，现实很骨感”。在教育实践中，既能求同也能存异，需要思想，也需要条件，提供基本条件是政府的事情，改变观念提高专业水平的工作可交由高校来做。当前幼儿园中的区域活动得到了空前的重视。这为幼儿的自由选择提供了可能性，在这里，自由以承认差异性和多样性为前提，以鼓励个性化的表达和创造为圭臬。

二、让幼儿在理解基本秩序后拥有自由

学者周国兴认为：“教育自由的合理性，不独在于它与平等、正义等有着不可分割的联系，更在于教育自由有助于培养儿童的责任意识和责任感，以及它对教育秩序的维护。[②]”从成人角度说，没有自由也就无法言及责任，但对3～6岁幼儿来说，一定限制条件下的自由才是合理的。

幼儿弄不懂秩序与自由的关系，以为只要强调秩序就没有自由了。教师要帮助幼儿了解二者的联系和区别。比如，每一种游戏都有规则，有了规则才好玩，这个规则就是内在秩序，只要不违反规则，幼儿可以有许多自己的决定。比如孩子们很喜欢玩“木头人”的游戏，明确的规则就是说完儿歌最后一句时全体都不能动，而这时你可以保持各种你喜欢的动作，这就是孩子们的自由。再比如，自由游戏中都有非正式的组织者和指挥者，这是幼儿自发形成的，它也起着建立和维持游戏秩序的作用，教育秩序在某种程度上能保障幼儿在安全的环境中享受自由的快乐。

教师要通过各种方式让幼儿懂得：第一，自由不是任性，而是在规定的时间和地方行动。比如，当警察的有指挥车辆的自由，但他不能随便到超市买东西。第二，遵守秩序就能保护自己。一旦幼儿明白了其中的道理，其自律性就会增强。第三，当幼儿的自由与某种规范发生冲突时，教师要利用权威加以协调，指导儿

---

① 汉娜·阿伦特，1999. 人的条件［M］. 竺乾威，等译. 上海：上海人民出版社：178.

② 周国兴，2012. 教育与强制［M］. 福州：福建教育出版社：119.

童在给定的秩序下自由活动。教育权威是教育对儿童发布有约束力的指示的能力。雅斯贝尔斯说过，“对权威的信仰首先是教育的唯一来源和教育的实质……没有权威的不断生成，即便是他已经掌握了渊博的知识，成为语言和思维的主人，他仍处在被弃置的空洞无一物的可能性空间”①。教师的权威不是没有限度的，它要基于道德的要求和以保障儿童的基本权利为前提。自由与权威相互依赖，无秩序是权威与自由关系失调的表征。

三、使用基于自由精神的教育强制

当教育权力施加于幼儿时，其自由度就会受不同程度的限制。当幼儿的自由超越了基本的规范要求时，需要教育强制来恢复基本的秩序状态。但要注意的是，过分的自由与过度的强制，都不利于儿童的自我发展，需要找到一个平衡点。放任儿童显然是一种错误的选择，它只会导致儿童朝向一个不利于自己的方向发展。过度的教育专制也不利于儿童的发展，它会导致儿童缺少个性和自我。比较合理的方法是“基于自由精神的教育强制”，它包含三个含义：第一，强制的目的在于使儿童的言行符合自由的道德要求，这是前提；第二，强制的手段必须是儿童所能接受的；第三，强制的结果与动机要一致。比如，让儿童学会通过别人的权利来认识自己行为的限制。

四、将宽容作为实施教育强制的前提条件

洛克指出：“儿童的意志用错了方向，如果无须改正，鞭笞是用不着的，至于其他一切过失，若是心理正常，并不反抗父亲或者导师的管束和威信，那便只是错误而已，通常是可以不必加以理会的。②”

何谓宽容？宽容是允许别人有判断和行动的自由、耐心、不带任何偏见地容忍那些有别于自己或者普遍接受的观点、行为的人（大不列颠百科全书）。宽容意味着对不同生活方式的认可，以及寻求在不同生活方式之间实现和平。幼儿教师要宽容孩子们做的错事，但要用正确的、坚定的信念和坚持，引导幼儿按集体的要求和规定做事，从小埋下遵守规则的种子。

学者张志勇在《中国教育何时不再“瘸腿”》一文中指出③：

教育要培养未来合格的公民，就要让儿童从小学习负责任、敢担当，而形成

① 雅斯贝尔斯，1991. 什么是教育［M］. 邹进，译. 北京：三联书店：80.

② 约翰·洛克，1985. 教育漫话［M］. 傅任敢，译. 北京：人民教育出版社：81.

③ 张志勇，2010. 中国教育何时不再“瘸腿”［J］. 决策，(5).

这些优良品质的过程很漫长，其中需要不停地探索、不断地犯错。幼儿教师要在安全可控的前提下，允许孩子们大胆尝试、不怕犯错。当孩子因“自我中心”而干扰或影响他人活动，甚至导致他人受伤时，教师也要理解此年龄段幼儿认知与行为的局限性，宽容对待孩子们做的错事，妥善处理后果，用正确而坚定的信念、温柔的坚持力，引导幼儿从错误中学习，学会按集体的要求和规定做事，从小埋下“人人为我，我为人人”的种子，做有知识、有理想、有道德的社会公民。

从宽容的学前教育开始吧。让孩子们成为身心健康、能为社会提供更多服务的人。

合作并不代表全无冲突，而是借此管理冲突。

——黛柏拉·泰南

第七章 U-K 互助过程中的文化博弈

文化“看不见，摸不着，逃不脱，缺不了”。可以说，文化是除了空间、时间之外的第三个维度，空间是技术，时间是历史，文化只是文化。技术创造的社会空间形成了人类历史，孕育了人类文化。博弈现象存在人类社会的各个领域，本质上是资源竞争的产物。也可以说，人类历史的发展是伴随文化博弈而发展的。

何谓文化博弈？有学者认为：文化博弈是博弈在文化领域中的一种体现。它描述文化活动中这样的一种状态：文化作为人类实践活动的产物一经形成，就伴随人们的相互交往活动而相互交流，在文化交流过程中，各种文化因其独特的生成和发展特性而具有不同的性质与特征，由此使文化的交往呈现出相互交流与碰撞、对话与交锋的共生样态①。

现代中国，既有意识形态之间的博弈，也有本土文化与外来文化的博弈；既有主导文化与非主导文化的博弈，也有传统文化与现代文化、后现代文化的博弈。进入 21 世纪，经济全球化使世界各地的文化博弈更加凸显了。辩证地看，经济全球化既有可能使民族、国家之间经济发展的差距变小，也有可能使已有的阶层之间的差距变大；既有可能使世界文化走向同质化，也有可能在文化博弈及利益多元化的推动下，使文化发展的多样化有更为牢固的基础。

有人将全球化视为一种文化逻辑，以全球共享的游戏规则为表征，以人类共同的价值追求和行为准则为内核。在此意义上，全球化过程外在表现为全球共享的游戏规则的形成、扩散、博弈，以及不断调整、修改、补充、完善的过程，其内在实质则是，人类不同的价值追求和行为准则在不断碰撞、冲突和融合中，在逐步承认和尊重差异的基础上达成共识的过程。这是“看上去很美”的乐观主义心态。事实上，世界各国文化发展都是以保护本民族利益为出发点的。人们看到

---

① 王奎清，2005．文化博弈与文化整合［J］．长白学刊，(9)．

军事冲突和竞争前所未有的频繁和激烈，其背后都是为捍卫文化权利和争夺文化利益而进行的较量。

当然，在不同文化相互交融的时代，传统意义上的文化边界都难以作为永恒的参数来界定我们的社会和文化身份，动态的跨文化认同悄然崛起，同时，文化多元化的潮流也带来了以人文精神为核心的关系取向。在当今时代，中国“仁爱”和“恕道”的文化价值观，对差异的敏感、包容、接纳、欣赏的态度具有普遍意义，它们必将在跨文化交往中发挥独特的作用。每种文化都有其历史局限性，每种文化形态都应当自觉地将自身文化与外来文化放在同等水平上进行比较，取人之长补己之短。

有人认为文化博弈的结果是征服，是一方获取另一方的认同并使之臣服的过程。但笔者认为，更多的时候，文化博弈的结果是求同存异。在 U-K 互动过程中，高校教师与幼儿教师，两个群体的文化博弈现象就是如此。

第一节　从碰撞到接受：U-K 互助中的文化博弈

高校教师介入中小学教育实践有课题挂帅的实验基地模式、专题讲座的理论培训模式、专业引领的校本研修模式、专业服务的校本研修模式、合作共同体的教师教育模式五种不同的方式①。除第一种方式外，其他四种形式笔者都做过。近十年，我们与小学、幼儿园探究了诸多合作的模式，主要有三类：第一类是以提供专题讲座为主的短期合作；第二类是以课题指导为主的间断性合作；第三类是以驻园专业指导为主的长期合作。前两类合作因介入实践的程度较浅，文化博弈的现象并不显现，而第三类介入实践程度较深，文化博弈现象比较明显。

一、幼儿教师抗拒与高校深度合作的因素分析

（一）需求不对称

从理论上来看，互补性的资源配置方式既能为师范生提供教育实践的真实场域，为高校教师提供鲜活的教育情境性知识，也能够帮助幼儿教师提高教育教学能力，促使其专业发展。在实际运行中，由于各自利益诉求的差异和对实践与理论关系认识方面的分歧，高校教师、师范生与幼儿教师的关系会处于疏

① 孙玉洁，2012. 在互动中促进专业觉醒——教师专业发展学校本土化实践研究［M］. 北京：人民出版社：215-216.

离状态。

有研究者认为，在现实合作中，大学教师被普遍认为是研究教育知识的“专业权威”，地方教育行政人员则被认为是制定、实施教育政策制度的“行政权威”，中小学教师在这两种“权威”面前扮演着身处权利最边缘位置的“服从者”角色，当其无法获得预期利益时，他们合作的积极性就会降低[①]。

高校教师能够与幼儿园达成深度合作意愿，一般是与幼儿园园长（而非教师）达成了共识。但园长与教师的立场不同，幼儿园教师对突然闯进来的“陌生人”感到不适应也是很正常的。

“听说咱园要来一位专家驻园，是不是来检查我们的？感觉很不好哈！”

“驻园是什么意思？不走了？还是定期来看看？有什么可看的啊！”

“经常来恐怕是肯定的了。不管她，我们该怎么干还怎么干呗。”

“绝不是针对谁，心理上就是本能地抗拒。”

“我们不希望已经形成的工作习惯被打破。”

……

这是一位幼儿园教师回忆驻园专家到幼儿园时她们的心理状态。

阅读链接

这学期来幼儿园感觉老师们的状态并不是很积极，很少有主动来问问题的，都是我在巡班时，看哪里有问题，即时与老师们交流。似乎我是在“找茬儿”，而老师们在应付。大概是碍于我的角色，不好意思不答应，至于什么时候改，改到什么程度，能否认为我对大家而言是个不可或缺的资源，对我说的话能举一反三……就不得而知了。

这是不能要求的。她们或许觉得我是园长的高参和耳目，如果我在，就会干更多，我不在她们更自在吧。

问教学助理××原因，她说，还是工资问题。老师们会认为目前的工资能干到这样已经挺尽力了。她也反映自己的工作推不动，要么自己下手，要么得好好哄着老师，才能动一动。

如何让老师有内在发展的自觉性和主动性？民办幼儿园可以给老师提供怎样的发展空间？这个空间对教师的吸引力如何？这些都是驻园后才生发出来的问题。

（驻园手记，2015-4-7）

---

① 朱桂琴，陈娜，2015. “U-G-S”教师教育合作共同体的建构：戴维·伯姆对话理论的视角［J］. 教育发展研究，（18）.

一些同行的研究认为，目前大学与幼儿园的合作关系在理论上具有多种可能性，但现实中由于文化的差异，大学和幼儿园难以实现真正的合作①。还有的研究认为，幼儿教师会对大学研究者的介入产生质疑，认为大学教师进入幼儿园听课，是想搜集一些研究的资料，而他们不愿意提供这样的资源。有的幼儿教师认为大学研究者的理论指导和自身实际的需要相脱节，因而不愿意浪费更多的精力来参与这样的研究。在合作过程中，有的幼儿教师对大学教师存在畏惧心理②。在幼儿园中，园长将大学教师视为专家、权威，致使幼儿教师在高校教师面前不敢表达自己的真实想法，不愿提供日常教育工作的真实信息。他们潜意识中认为自己是没有能力的，也不愿将自己不够尽心的日常表现让“外人”看到。还有个别年老的幼儿教师，她们对高校青年教师持有一定的偏见，认为高校老师没有幼儿园工作的实践经验，只有“嘴上的功夫”。“看他们说得天花乱坠的，什么以人为本，自己带班试一试！”“我们的问题他们不能帮我们解决，我们为什么要给她们提供素材！”

（二）管理中的过度控制

有的幼儿园园长相信高校教师的专业能力，对与高校合作的态度比较积极，但他们对合作的理解存在一定的功利色彩，园长对合作结果（能将课题立项、结题乃至发表）的关注远超过对教师专业成长关注；有园长假借专家的意见，将自己的决策强加给教师，课题研究不是自主自愿地参与而是行政命令；有的园长只关心上级领导对幼儿园的评价，对研究过程中存在的困难缺乏支持和理解，致使教师在研究过程中东拼西凑完成任务了事。以行政命令的方式强迫教师参加研究，表面上看，似乎教师是在参与的，但潜意识中是抗拒的。

（三）客观条件的限制

幼儿教师的工作受制于各种现实条件，从生态学的视角看，微观层面有班级的人员关系、师生比、家长的期待和孩子的个性需求；中观层面有幼儿园的文化氛围、管理制度、管理者的风格和社区文化；宏观层面有社会舆论、国家的教育制度和政策导向、人才市场的要求和职业的变化等。因此，教师的工作动力和能力必然受社会条件的限制，所处的场域规定了其行动的类型和范围。教师很难从具体的情境中抽身出来，进行系统的理论思考。

另外，与中小学教师相比，幼儿教师工作环境和对象有更多的不确定性：特殊性、复杂性和生成性。

---

① 徐宇，何明蓉，2010．冲突与协调：对大学与幼儿园合作关系的文化考察［J］．学前教育研究，（4）．

② 孟繁慧，2014．大学与幼儿园合作研究的潜在冲突及成因分析［J］．黑龙江省社会主义学院学报，（6）．

幼儿教师工作的特殊性是指保教结合。教师每天面对的是40多个性格各异、生龙活虎、正在发展的3～6岁幼儿，对吃、喝、拉、撒、睡的管理占据一日生活时间的一半。没有明确的课程标准，没有现成的教学大纲，即便是写了具体的备课教案，也会因为临时出现突发事故而搁浅，比如某个孩子突然尿裤子了，突然呕吐了，突然将另一个小朋友推倒了，这个课就没法上了。

幼儿教师工作的复杂性是指幼儿教师的工作内容多样而杂乱。她们不仅要负责本班日常的保育教育，与本班家长保持无障碍沟通（常规职责），还要参与幼儿园的课程编制、教科研活动、卫生包干区（幼儿园的活儿会分给老师们做）。各种事情互为因果，相互缠绕，无法被清晰地切分成碎片进行剖析和精确的计算。体力和脑力的双重透支是许多优秀幼儿教师身体生病、被迫离职的重要原因。“现在不敢熬夜，第二天精力不够用会出事故的。”到幼儿园实习两天，师范生就自行改掉熬夜追剧的习惯了。“白天带班已经很累了，晚上还要回家陪孩子写作业、洗衣服，很多写的工作只好白天抽空做。”一位老师如是说。

幼儿教师工作的生成性是指在一日活动的组织中，既有计划外的惊喜与创造，也有计划外的困难与麻烦。“小孩子是发展中的人，有特殊需要和个体差异，他们可不按常理出牌儿。”“小孩一会儿像天使关心你，让你感动得流泪，一会儿调皮捣蛋，气的你要发疯。”“小孩的脸六月的天，说变就变。”幼儿的行为真的难以按照我们所谓的理论知识来统一分析和预测，更难被某个固定的学术理论概念所解释。教师如果能从“在此情此景中，对幼儿最有利的是什么”出发，就能生发出教育机智——“见招拆招，化险为夷”，教师的个人实践智慧是在应对复杂问题中生成的。

（四）交流方式不对称

任何新质介入原有文化中，都存在不适应的现象。大学教师进行驻园活动，也是在幼儿园已有的文化中加入了新的元素，双方出现不适应现象很正常。

大学教师有一定的理论功底，常使用一些比较精确的概念和专业术语，在教育研究中会用“价值无涉”的客观主义立场看待教育事件。但他们对幼儿教师的教育教学并不是很了解，不熟悉他们的工作状态和日常工作语言，对幼儿教师“似是而非”“大且笼统”的表达，有时会不自觉地显示出不屑的神情。有时会使用一连串的反问，难免会带给他人咄咄逼人之感，让幼儿教师感到不舒服、有压迫感。许多幼儿教师认为，专家讲座中教育理念讲的多，但实施策略不讲，只能分析问题不能解决问题，对自己实际工作帮助不大。

幼儿教师长期面对的是性格迥异、活蹦乱跳的小孩子，从事的是规范性的、有强烈价值感的活动。在心底深处，都有一种“为了孩子好”的意识，并以自己认为良好的、恰当的方式从事工作。他们在讲孩子成长故事的时候，时而眼睛放光、喜笑颜开，时而气愤异常、浑身发抖。这种源于爱的情感投入，在高校教师看来，是非理性的、幼稚的表现。在幼儿教师眼里，个别高校教师是“爱自己胜过爱学生”“爱理论胜过爱教学”的。而缺乏教育爱的人，既没有办法解决自己作为教师的问题，也没有激情去帮助他人解决有关人的问题，对做人方面的不认可直接影响了对学术指导的接纳程度。

上述现象在教育实践中的确存在，许多高校教师不愿深度介入幼儿园实践，也是发现自己与幼儿教师的交流“不在一个频道上”，自己到了幼儿园里“不受待见”，纯属浪费时间。

二、高校教师不愿与幼儿园深度合作的因素分析

当高校教师以评估者、指导者身份偶尔进入幼儿园时，幼儿园的领导教师对待他们是非常客气与尊重的，高校教师也享受这种感觉。但高校教师在深度介入教育实践（指正式签订合作协议）后，并不总是一帆风顺的。深度介入幼儿园后，表面上的“客气”渐渐被“实在”所取代。“自家人不说两家话”的实在是人与人交往中需要的真诚坦荡状态，是好的，但“不分你我”的“太实在”也让高校教师受不了。

（一）高校教师不愿与幼儿园深度合作的原因

1. 园长支持但教师不配合

园长希望通过“专业援手”改变本园现状，但教师并不想改变这个现状，他们对幼儿园管理者的抵触会表现为对专家的消极应对的态度上。

阅读链接

在交流与幼儿园合作的信息时，一些年轻的高校教师向我诉苦：“我发现幼儿园中园长是很欢迎我去的，但老师却不是这样。她们低着头不和我交流，我感觉很不舒服，有的老师还睡着了，每次到幼儿园对我来说都是一种负担。”一位在另一所幼儿园“驻园”的高校教师说：“幼儿老师都是怎么毕业的，问什么都不知道！连《幼儿园工作规程》中基本的保教知识都不知道，幼儿园不组织学习吗？”

我却遇到相反的情况，为了面子，她们表面上是很积极的，我经常听到幼儿教师说：“以前自己似是而非的理解，现在终于懂了！”一开始听到这些话时感受到莫大的鼓舞，认为自己的指导是有效的。但从幼儿教师

工作的结果看，原来什么样现在还是什么样，没有什么明显的变化，我感到很不理解。

（驻园手记，2015-9）

2. 对专业引领过度依赖

幼儿园与高校教师合作，主要原因是本园人员的研究能力比较薄弱，希望通过高校教师的“加盟”充实专业能力。

“出于对专家的信任和尊重，幼儿园大大小小的事情，都要你拿主意，她们真是做到了‘每事问’，我却不能做到‘每事答’，我不可能每天在幼儿园工作现场，很难满足其需求。”一位与幼儿园签过合作协议的高校老师很困惑。“我们那个合作的幼儿园，把课题研究完全交给了我。开题立项时，我多做一点没有关系，但研究过程你们总得动起来吧，可是她们却不是这样。我不说她们是不做的。课题研究到底是谁做啊！”另一位高校教师如是说。

3. 付出－收益比不高

U-K合作需要时间和经费保障。在经费不高的现实情况下，大学老师有教学和科研的双重压力，时间和精力非常有限，高校教师的驻园时间都是提前计划的。如果幼儿园面临其他紧急任务，合作研讨就得被迫停止，高校教师计划中的时间就会浪费。

（二）高校老师与幼儿园无法深度合作的原因分析

1. 理念不同

对教育理论与教育实践价值的认识不同是文化冲突的重要原因。有的大学教师将自己定位于理论研究者，把幼儿教师定位于实践工作者。理论研究者更多地重视理论的正确与否，希望通过深度合作，用实践教学来验证自身研究理论的正确性。幼儿教师作为实践在一线的教学工作者，他们更关注能否让自己的教学更有效，是否对提高保教质量更有用，但对研究是否具有理论贡献并不热衷。大学教师认为理论可以指导实践，幼儿教师之所以在实践中出各种问题就是因为缺理论，故，认为教育理论的传播是最重要的；而幼儿教师则认为理论不是万能的，能解决实践问题的理论才是有用的理论。

2. 行为错位

行为错位是指因思路不同而表现的合作行为不合拍现象。在合作过程中，有的高校老师比较偏重于宏观的理论思考，会关注研究问题的新颖性、研究方法的科学性；而幼儿教师则更多地关注微观的行动策略，比如怎样提问更有效、怎样互动更有可操作性等。如果高校教师提不出具体策略，他们会认为这个专家“不接地气”而轻视其工作价值。

3. 转移负担

当我们的问题症状很严重并强烈要求得到重视时，就会发生转移负担的现象，用普通简单的应急措施可以暂时缓解症状，但会使问题症状越来越糟糕。U-K 合作双方都有转移负担的表现。比如，高校老师认为应该让幼儿园业务干部按照需求拟订培训计划，但发现业务干部做起来有困难，他就揽过来越俎代庖，导致管理干部失去更多撰写合格计划的必要经验。有的幼儿园为了体现与高校的合作，几年中，将指导师范生参加技能大赛的任务全部“承包”，并取得不错的成绩，但高校的教法老师却对幼儿园教改理念与策略缺乏系统的了解。

彼得·圣吉在《第五项修炼》一书中分析了转移负担的后果。他说：“把问题转移到其他解决方法上，这些方法意图良好，容易上手，看上去也非常高效。不幸的是，容易的解决方法只减轻了症状，却没有改变深层问题。而且由于它显然帮助消除了症状，反而使大家无法注意到深层问题正在变得越来越严重，整个系统也丧失了本来可能有的处理深层问题的能力。①”

4. 低水平重复

高校教师很希望自己深度介入幼儿园教育实践后，所指导的教师或者教科研工作能有持续提高。但实际上看，由于各种复杂的原因，这种持续提高并不明显，有时还有倒退现象。这会让高校教师觉得自己“无用”，缺乏价值感。

阅读链接

这两天恍恍惚惚地，觉得自己这棵所谓的“大树”不仅没有“枝繁叶茂”，而且有了摇摇欲坠之感，更没有了一年前“你若盛开，蝴蝶自来”的自信和悠然，感觉压力山大。我想起省里老教研员朱老师的困扰，她说，刚培养起一个人，说走就走了，民办园留不住人。我听了不服气，总

---

① 彼得·圣吉，200. 第五项修炼［M］. 北京：中信出版社：111.

觉得这是文化问题。现在看，这是有许多原因的，公办园教师的工资稳定不说，一旦考上了就不用特别辛苦，即使是偷懒也无关紧要，而民办园教师则需要每天“奔跑”，只有做出成绩才能得到相应的工资。这是最大的不同。

教师也是要为自己的最大利益而选择的。

（驻园手记，2015-8-24）

三、U-K 合作中的文化博弈现象分析

亚当·斯密在其著作《国富论》(*The Wealth of Nations*)，其中关于自私行为与市场运作的言论，是经济学上被引用得最多的名言[①]：

“很多时候，一个人会需要兄弟朋友的帮助，但假如他真的要依靠他们的仁慈之心，他将会失望。倘若在需求中他能引起对方的利己之心，从而证明帮助他人是对自己有益的事，那么这个人的成功机会较大。任何人向他人提出任何形式的交易建议，都是这样想：给我所需要的，我就会给你所需要的——这是每一个交易建议的含义；而我们从这种互利的办法中，所获的会比我们所需的更多。我们的晚餐不是得自屠夫、酿酒商人，或面包师傅的仁慈之心，而是因为他们对自己的利益特别关注。我们认为他们给我们供应，并非行善，而是为了他们的自利。”

这段话也可以用于我们对教育理论工作与教育实践工作文化博弈现象的理解和解释。博弈是参与者各方相互作用的过程。幼儿园和高校教师都会依据自己的成本受益采取行动，是以自己利益为导向的。高校教师希望获得关于幼儿发展教师发展特点的研究素材与资料，希望幼儿园给学生实践的机会，幼儿教师希望高校给予有效指导而获得更好的专业资源，以提高幼儿园的知名度和教师水平。

“囚徒困境”是博弈论中的经典对局，它给人以这样的启示：一个人自私地寻求最大效益并不意味着能得到最好的结果，也不意味着由此可以促进公共的善。相反，只有合作才能获得最好的结果。

“纳什均衡”解释了非合作性博弈，即博弈中这样的局面：对于每个参与者来说，只要其他人不改变策略，他就无法改善自己的状况。纳什证明了在每个参

① 亚当·斯密，1972．国民财富的性质和原因的研究［M］．郭大力，王亚南，译．北京：商务印书馆：26.

与者都只有有限种策略选择，并允许混合策略的前提下，纳什均衡一定存在。

有些 U-K 项目中途被迫停止，与双方中的一方只顾自己利益，合作中出现了“囚徒困境”有关。一般来说，签订 U-K 合作协议的多为单位领导，他们看到的是双方的长远利益，而具体执行者是各自单位教师。高校教师以科研为导向，科研以拿项目、发表论文为量化依据。日常的 U-K 合作内容多以师生行为改进观察为主，有草根研究特点，难以成为国家及省社科研究项目，而不被大学关注的工作，大学教师的积极性就会受挫。如果遭遇幼儿园教师的不配合，合作就会中止。

第二节　从接受到包容：U-K 互助中的文化理解

文化博弈会带来文化冲突。文化冲突的实质是不同文化在面临“异己”力量时，以强烈的方式否定“异己”文化，从而强化自己的存在，这是战争的文化根源，是强者征服弱者的野蛮人作为。正如亨廷顿所说：“每一个文明都把自己视为世界的中心，并把自己的历史当作人类历史主要的戏剧性场面来撰写。①”事实上，文化冲突并非只有文化征服，也有可能是文化整合，更有可能是文化理解。

一、何谓文化理解

学者何玲梅认为：“文化理解是理解主体对文化意义的内化，是以语言为载体的一种观念性、情感性和意愿性的实践活动。它在某种程度上克服了极端倾向，尽显人与人之间的平等关系，是一种自由的思想交流与沟通。从历史的角度看，在人类文明的源头，文化理解就是祖先们的生活方式，它将自由与秩序完美地结合在一起；文化理解是人类个体的心理始动力；另外，文化理解也是社会事件发生所必需的条件。文化理解的活力在于其能弃绝对立与隔绝紧张关系的源头，开辟一个多元并存、开放、互动的新局面。②”

文化理解是 21 世纪人类减少冲突、和平共处的思想基础，是处理国家关系、同事关系、师生关系、夫妻关系、亲子关系的伦理学基调。笔者对文化理解的观点是：面对有不同见解甚至是相异文化背景的主体时，个体能站在对方的角度考虑其利益需求，用平等的态度交流，在相互理解中求同存异。

---

① 王奎清，2005．文化博弈与文化整合［J］．长白学刊，(9)．

② 何玲梅，2014．面向文化理解的英语专业教育［D］．华东师范大学博士论文．

二、U-K 互动过程的文化理解

（一）从抗拒到接受

学者陈向明认为，教师的理论有两种：一种是“信奉的理论”，另一种是“使用的理论”。“信奉的理论”是指通常停留在教师的头脑里和口头上，教师根据外在标准认为“应该如此的理论”，它“外在于教师，类似于学术界的理论”。这种理论主要“通过阅读和听讲座获得，并能用语言明确地表达出来”。“使用的理论”是指教师在成长中、在具体做事的过程中形成的教师内心真正信奉的理论。它具体体现在教师的教育教学行动中，但通常不被教师自己所明确意识，更无法直接用语言表达出来[①]。信奉的理论是专家学者创造和发现的，是他人现成的理论。真正支配教师思想和行为的是使用的理论。

在日常工作中，许多教师是有教育理想的，也是现实的。在公开场合中，比如教研会上，他们能说出大家想听的“信奉的理论”，回到班级后，也会固执地坚持自己的惯习，那是一种让自己比较舒服的工作状态，尽管并非是“信奉的理论”所期望的。他们知道，在得不到更多报酬的情况下，按“信奉的理论”工作是不现实的。

当“不摸潮水”的高校教师“空降”到幼儿园，将“信奉的理论”硬塞给幼儿教师时，可能会遭到幼儿园教师的抵抗，比如他们会用看手机、做教具、打瞌睡等心不在焉的方式表达抗拒，有的还会当面质疑，甚至能说出“你们来带带班试一试”这样含有挑衅的言辞。

面对复杂的教育现实，高校教师不能只是传授知识，更不能站在道德的制高点上对幼儿教师指手画脚。比较理性的方式是，引导教师从文化多元中进行选择：一方面，高校教师要接受幼儿园教师的现状（包括观念不到位、教育行为不适当），不能采用强迫的手段强制他人接受自己的教育理论；另一方面，幼儿教师要学习接受新的理论和新的时代要求，接受社会现实对教师的高要求。

在 U-K 互助合作中，合作双方不仅文化程度、价值观不同，而且还有年龄的差异。接受差异，将差异视为资源，先不加评判地接受（对方）和不计报酬地付出，是开启合作的第一步。

（二）从接受到理解

理解是个体的主观经验，对理解的理解包括以下三方面。

第一，理解不可能做到完全客观化。一方面，被理解的对象本身所蕴含的信

---

① 何文鸣．教师的两种理论［OL］．http://blog.sina.com.cn/minnhe.

息是具体而丰富的。它所表现的并未穷尽其所包含的全部，但这全部却内含其中。理解本身不只是说明或者再现，它还需要发现、感悟，故理解者是主动积极的。另一方面，理解者在理解中不可能排除自己的前认识。在理解活动的一开始，就有一种对意义的预期引导着我们的理解努力。

第二，“一切理解都是自我理解……自我理解只有在对一种论题进行理解时才实现，它并不具有自由的自我实现的特性……只有当文本所说的东西在解释者自觉的语言中找到表达，才开始产生理解。①”

第三，理解的结果是新视界交融的形成。通过理解，最终达到不是一种视界代替另一种视界而是两种视界的交融。

从本质上说，人是一种关系性的存在。实践是联结主体形成关系并产生主体自觉的场域。“教育作为一种培养人的实践活动，它具有一种独特的功能，它要培养出能改变现实生活和社会的人，它面向未来，它对功能是超越的。②”

高校教师的驻园研究，除了自身要虚心向幼儿教师学习实践经验外，互助合作的角色还要求他应有战略的眼光，应发挥思想引领和专业引领的作用。

人与人之间认识问题的角度不同，既能发生摩擦，也能换得新知，关键是如何看待角度不同这个资源。只要有一方能认识到这一点并开展持续的沟通，就能得到好的结果。在 U-K 对话中，对概念的理解不同，是产生认识分歧、行为改变滞后的重要原因。高校教师因为比幼儿教师有更多的时间阅读，有更多的时间思考，他们的见解对幼儿教师解决现实中的问题是有帮助的。而幼儿教师，因为整天与天真的幼儿为伴，她们的见解也很独特。

比如，爱是什么？爱就是“我对你好”；爱就是奉献；爱就是培养孩子“你爱他，他就爱你”——这是最朴素的生活常识。岂止是对待孩子，你友善对待自己的宠物，你精心呵护自己养的“小肉肉”，你爱它们、接受它们，它们都能感知到，它们也就能用你对它的方式对待你。我们会看到：农民爱自己的庄稼，会蹲在地头和青苗说话，会和自己相依为命的耕牛谈心；汽车司机爱自己的“座驾”，给它配上好的装饰，精心擦拭零件……总之，你要得到好处，就得先与对方建立友好的关系。关于教师职业道德的报告，前辈们的教育故事个个精彩，也各有不同，但万变不离其宗的就是一个字“爱”：爱就是接受和付出，就是接受它的现在，付出你的心力。

再比如，纪律是什么？高校教师与幼儿教师的认识也有差异。幼儿老师认为遵守纪律就是按教师的要求做。胆小的幼儿只有服从，胆大的幼儿就敢反抗，反抗的方式就是捣乱，让教师更加生气，师生关系紧张而对立。有的教师认为纪律即约束。

① 伽达默尔，1987. 真理与方法［M］. 王才勇，译. 沈阳：辽宁人民出版社. 102.

② 鲁洁，1997. 通识教育与人格陶冶［J.］教育研究，(4).

不要乱跑，不该打人，不能睡觉说话。至于这些过多的“不能”会让幼儿产生逆反心理，产生厌烦情绪，教师不以为然。高校教师认为纪律就是规定。常规就是一种共同遵守的日常规则；遵守常规是建立规则意识、自控能力的基础，是个体与他人、与社会联系的桥梁，一个人越遵守规则就越自由，越自由就越快乐。

再比如，许多幼儿教师对“工作时间不准玩手机”这一纪律不以为然。笔者在阅读《看不见的大猩猩》这本书时，从对“驾驶员开车不能打手机”中得到了启发，就把这个心理学实验的结果讲给幼儿园教师听。当然，是否照着做则是她们自己的选择。

阅读链接

为什么汽车司机在转弯时看不到摩托车？合理的解释是：人脑机制中的错觉现象。汽车司机在开车时最需要注意的是迎面开来的汽车，而没有故意寻找周围可能的摩托车、自行车或者马车。更可怕的是，人们经常认为自己会注意视野范围内的一切事物，而事实是，那些意料之外的事物经常是看不见的。研究还发现，对于意料之外的事物，无论它的特点多么鲜明，还是容易被人们忽略而看不见。

怎么办：唯一的避免方法，就是让自己成为大多数——在预料的范围内尽可能多地考虑各种复杂的情况。也就是说，如果马路上到处是摩托车、自行车，汽车司机撞上他们的概率才会降低。

为什么驾车时不能接听电话？因为在开车时使用电话使司机对周围情况信息的掌握减少了，无论是对交通信号还是对其他意外情况的反应都会变慢。

在开车时使用电话是很危险的事情，它造成的事故的影响不亚于醉酒驾车。有人说，使用耳机就能解决这一问题。真的吗？研究结论是：也不行。使用耳机说话，也是在耗费大脑的认知资源。两个人在马路上并列走，边走边说话，但如一人看见一个小土坑，马上选择绕道走时，通常就不说话了，语言就被暂时挤出认知系统，以保证行走安全，而同伴因为看到你遇到障碍了，也会帮助你克服当下的困难，不和你聊天。坐在副驾上的人同样如此。但开车打电话的对方并未看到你的情况，他的“社交需求”会刺激你的注意力保持在他的身上，故坐在车里说话和打电话说话对驾车的影响是不同的。

注意的功能之一就是如何有效地分配这些资源。认知资源是人类各种的一个界限，一旦某种复杂的活动超过认知容量的最大限度，人们就无法完成原有的任务。行动的结果本质上取决于认知资源消耗的多少，耗费得越多，任务完成的质量就越差。所谓“心无旁骛地做一件事，其效果要好于一心多用的做几件事”。

也就是说，没有人对多重任务工作更在行，单任务工作才是最简单的。即便是训练人的注意能力，也不能提高看见预料之外事物的概率。

（克里斯托弗·查布利斯，2011．看不见的大猩猩：无处不在的 6 大错觉［M］．段然，译．北京：中国人民大学出版社．）

专业知识与技能确实能够在一定程度上帮助人们避免注意错觉，但前提是环境和专业相关。幼儿教师对高校教师的建议一般都能接受，但真正理解还需要时间和自己的体验。

（三）从理解到包容

包容（inclusion）指的是有意识地体验另一方处境的同时，也体验着自我对同一处境的情感。它是高于“同理心”的。

对高校教师来说，回到教育实践本身并非易事。我们的常识、先见、所熟悉的科学的话语体系，总是在尚未接近教育实践本身之前就让我们做出了判断，我们自以为是地认为知道得很多，这些先见性知识掩盖了纯粹的现象。为了直面事实本身，我们可尝试使用胡塞尔提出的“悬置”（epoche）的方法，即中止判断，把一切先入之见、一切既定的观念、理论或者假设前提全都“放入括号里”暂时搁置起来，“存而不论”，对一切判断持保留态度，不以任何假设为前提，对一切既定的知识都打上可疑的记号，从而进入一种无遮蔽的状态。在深度介入幼儿园实践时，高校教师需要自我提示，即悬置一切先入之见，揭示教师智慧性行动的内在秘密。

在驻园几年中，笔者与幼儿教师的关系融洽，能理解幼儿教师的不易，也能在幼儿教师需要的时候助之一臂之力，但完全融为“一家人”并不恰当。“既是一家人又不是一家人”“保持高校学者的独立性”才是 U-K 互助活动中高校教师应有的定位。

第三节　从包容到共建：U-K 互助中的文化建设

文化理解带给人们的是观念互认、相互尊重，但能够尊重、包容不一定就能在关键的时候“两肋插刀，同舟共济”。只有共同的价值观、共同的信念才能让人们做到在面对艰难处境时做出对双方有利的共同抉择。这就是文化的力量，也是文化建设的结果。

海明威在其名著《丧钟为谁而鸣》扉页诗句中点破了现代人最基本的处境：

没有谁能像一座孤岛/在大海里独踞/每个人都像一块小小的泥土/联结成整个陆地/如果有一块泥土被海水冲击/欧洲就会失去一角/这如同一座山岬，也如同你和你的朋友，无论是谁死了，/都是自己的一部分在死去/因为我包含了人类这个概念里/因此我从不问丧钟为谁而鸣/它为我也为你。

在学前教育实践层面，有时，具体工作中出现的问题看似是教师个人的问题，但实际上是教师群体有问题，也不仅仅就是某个具体单位的问题，或许更像是行业问题。偶然性中常常隐藏着必然性。当某一教师群体无法解决结构上的矛盾时，需要外力的帮助，包括行政上的政策导向、资金的注入和专业人员的加入，这是幼儿园发展的外部条件。

外部条件无法控制，但在幼儿园内部，文化建设大有可为。高校与幼儿园互助的原始潜能就是承认不完美，就是愿意在共同的活动中承担责任。从文化入手，构建学习共同体是教师专业发展的必然，也是重要途径。

鲁洁教授认为："人就其本质而言是一种关系性的存在。在人的诸种关系中最重要的是人与人的关系。[①]"她还说："不论个体生活于何种时空条件下，他绝非是孤立的、自我封闭的，而必定是与他人相互联系的，更突出地表现为人和人是一种共生性的存在。[②]"在共同体建设中，找到共同的目标，冲破心结，共同应对变革中的困难是非常重要的。

一、文化建设要以寻求"有边界"的共生为基调

学习型团队不一定由同一行政组织中的人组成。在互联网社会，地球俨然成为一个"村"，QQ、微信等即时通信工具让我们与大洋彼岸其他国家的同行有了即时通话、视频会议的可能。如今，跨界所创造的巨大生产力让世人瞩目，教师教育中跨专业、跨学科的研究团队也越来越多，在学前教育领域，园所之间、片区之间的合作比较普遍。但是，先进的技术取代不了文化的认同和理解。相反，网络可能让人与人之间建立无形的墙壁，增大了心与心之间的隔阂。因此，共建学习型团队、经常交流思想、明晰团队愿景是非常重要的。

高校教师与幼儿教师可以借助一些教研课题、教学问题而促成的定期会议、交流活动、阶段性探讨等形式加深情感联结。高校教师与幼儿教师的合作，很像

---

① 鲁洁，2002. 关系中的人：当代道德教育的一种人学探寻［J］. 教育研究，(1).

② 鲁洁，2000. 人对人的理解：道德教育的基础——道德教育当代转型的思考［J］. 教育研究，(7).

婚姻中的男女双方，初次交往时，彼此有好感，看到的都是对方的优点，时间久了，神秘感消失了，在“搭伙过日子”的近距离交往过程中，可能会因为发现对方也不过如此而失去对对方应有的礼貌和尊重。这种没有边界的亲密关系有时会影响产生建设性意见的质量。这个时候，高校教师要注意自己的角色，不要完全沉浸于幼儿园的具体事务，要有“随时跳出圈外”的意识，保持冷静的头脑，发挥自己应有的作用。

笔者七年的共同体建设实践表明，从时空上看，每周或者半月一次的研究活动比较适合；双方都能投入其中且不影响各自的工作；从研究长度看，经过三年以上的共同体建设，才能真正建立起合作的文化，学习型团队建设才能初见端倪。

二、改变心智模式是文化建设的难点

改变心智模式与建立共同愿景相比，前者困难更大。彼得·圣吉在《第五项修炼》一书中特别分析了现代人对付冲突的方式[①]。

实际上大部分人都有一个牢不可破的信念，认为我们没有能力实现自己想要的。这种限制创造力的负面力量与创造性张力之间的矛盾系统，称为“结构性冲突”(structural conflict)。

一般人对付“结构性冲突”力量常见的三种策略，每一种都有其缺失与限制。消极的让愿景被侵蚀。其次是“操纵冲突”(conflict manipulation)，利用害怕失败的情绪张力，结果是使人相信只有透过连续的焦虑与害怕状态才能使自己成功，即使达成目标也没有喜悦，因为他们马上开始烦恼已经得到的会失去。第三种常见的策略是“意志力”的运用，也就是全神贯注地去击败达成目标的过程中所有形式的抗拒力：愿意付出任何代价，以击败阻力，达成目的。但是意志力带来许多问题，首先可能它所造就的是一种没有效率的成功，达成目标耗费了巨大的心力与资源，成功时已精疲力竭，并怀疑这是否值得。坚信意志力的人甚至很可能自己找寻障碍或塑造敌人来显示神勇。此外，有些成功的人将这种使自己事业成功的意志力运用在家庭中破坏了婚姻及与子女的关系。最糟的是，意志力的运用并未改变背后的结构性冲突，特别是潜在的无力感并没有真正去除。许多成功的人仍然觉得生命中有一种没有说出来的、深深的无力感，譬如个人及家庭不和谐关系，或是心灵的不安宁。

① 彼得·圣吉，2009. 第五项修炼［M］. 郭进隆，译. 北京：中信出版社.

幼儿园教育实践的结构性冲突是什么？能够解决结构性冲突的杠杆点到底在哪里？如果结构性冲突起于内心深藏的信念，那么只有从改变信念开始。我们如何开始改变自己生命中较深层的结构呢？有太多关于改变的常识性观点：教师不愿意改变，有时还会阻止改变，教师们更习惯用老办法带班等。事实并非如此。如果能让幼儿教师更方便省事，更能减轻工作压力，多数教师是愿意改变的，但主动发起改变的人却很少。

幼儿教师的理性，特别是实践理性相对比较弱，需要团队不断地进行反思和分析，教师改变需要一张清晰的路线图，告诉他具体如何行动，而且越清晰越好。比如，站在教室门口等一等时，请一个小朋友在前面带领做个手指操等，孩子们上床睡觉前要至少溜达15分钟以上，这样会降低幼儿积食的发生。清晰的路线指南，会让教师看到好处并会瓦解一些冥顽不化的反抗。在幼儿园园本研究中实践、促成教师改变方面，《瞬变》这本书启示我们：第一步，寻找成功案例，勾勒关键步骤，给人的理性指出方向；第二步，引起共鸣，让人的感性动起来；第三步，简化操作过程，发动群众，构建一个改变的环境。

基于生态学视角的幼小衔接研究个案研究

一、研究起因

2016年3月，春季学期刚刚开始第一周，该园大班就有3个孩子退园了。两周后，又有5个家长询问，如果不教拼音和算数，也要退园，转到社会机构办的幼小衔接班去。怎么办？幼儿园召开园务会议讨论分析这件事情：一方面，教育局三令五申地提出要求，不能提前教小学的知识！因为，提前学习小学知识的诸多弊端很明显，幼儿园的自然教育理念也不提倡。另一方面，家长焦虑的心情和决绝的退园事实，也会让刚刚起步的幼儿园难以为继（这对于起步中的民办园是致命的）。大家回忆起2015年春季学期，大班流失到只剩15个孩子的情况，想想自己儿子刚上小学时的各种不适应，D园长决定深入做一下幼小衔接的研究。

该园的驻园专家S老师，是一个对小学和幼儿园两个学段教育教育内容比较熟悉的大学教师，对幼小衔接问题也很关注。决定根据当下的社会现实，在了解了小学教育要求的前提下，在幼儿园大班的春季学期进行一次“家园合作，科学衔接”的行动研究。

二、研究过程

1．召开大班家长会，将科学衔接的意义向家长进行宣讲

这次会议不同于以前的家长会，幼儿园要求必须父母亲自出席（以前有祖辈人代开家长会的现象），由 S 教授亲自给家长们介绍科学衔接的意义，分析提前学小学知识的利与弊，科学衔接的主要内容、父母应该做什么等等。S 教授将拍摄的大班幼儿生活习惯、学习习惯方面的问题也逐一呈现给家长。家长们开始反思自己孩子的问题并诚恳地表示，原来，该焦虑的人是自己不是孩子！因为在学前阶段的家庭责任缺位使孩子在学习习惯存在很多问题，只片面地提前学习小学知识，不了解小学教育的特点和要求，即便是“多了点自信”也不会长远。现在，家长们愿意支持配合幼儿园的幼小衔接工作。不仅不再着急退园，而且愿意按照老师的要求做个合格父母。

2．重新安排大班的作息时间表

以往大班的作息时间表，基本上与中小班差不多。这次的大班下学期作息表，与上学期作息表的安排有明显的不同。

大班上学期作息时间表

时间	活动
7:30～8:30	盥洗早餐、区角活动
8:30～8:45	早操
8:45～9:15	教育活动
9:15～10:10	加餐、区角活动
10:10～11:10	户外活动
11:10～11:45	午餐
11:45～12:00	散步
12:00～14:00	午睡
14:00～15:20	起床盥洗、加餐、区角活动
15:20～16:00	户外活动
16:00	离园活动

大班下学期作息时间表

时间	活动
7:30～8:20	入园签到、早餐、自由活动
8:20～8:35	早操
8:35～9:20	第一节活动（集体教学活动）
9:20～9:35	课间 10 分钟＋加餐
9:35～10:20	第二节活动（前书写活动）
10:20～10:30	课间 10 分钟
10:30～11:15	第三节活动（体育锻炼）
11:15～12:00	午餐、散步、自由活动
12:00～14:00	午休＋自主安静活动
14:00～14:30	自由活动
14:30～15:15	第四节活动（体育锻炼）
15:15～15:30	课间 10 分钟＋加餐
15:30～16:15	第五节活动（专注力游戏为主）
16:15	离园活动

下学期大班作息时间表参照了小学的作息制度，以 45 分钟为一个时间节点，增加了幼儿自由支配的时间——课间 10 分钟，减少了集体性游戏时间，增加了集体性活动时间，不出一个月，孩子们就能真切地体验到

一节课45分钟有多长，10分钟有多长，能根据需要自主安排10分钟内的活动。

3．分析本园幼儿入学准备的现有水平

（1）实地观察，准确找到大班幼儿在入学准备两大方面（社会适应和学习适应）的“最近发展区”。

a. 大班幼儿的独立性和自理能力较前有明显进步。能完成成人布置的短时性（10分钟内）任务，比如，给邻班老师送教具，值日生工作，以及在家庭中的擦桌扫地等。对需要独立完成的较长时任务（30分钟内）有困难，做事拖拉、磨蹭，易半途而废，完成任务的自我监控能力比较弱。

b. 大班幼儿与老师、同伴一对一的人际交流能力比较强，但与非本班老师交流时，容易表现出羞涩、胆怯和回避的状态。

c. 在同伴的监督下，大班幼儿对游戏中的规则有一定的执行能力，但在有竞赛性的体育游戏中常常违反规则；对集体学习中的规则比较忽视。比如，讲话前先举手，别人讲话时不插话、站队时不讲话等。

由此可见，社会适应的重点是规则意识、任务意识和沟通能力。

d. 大班幼儿已经有了初步的时间概念，会看整点和半点，也知道今天、明天和昨天的含义。但他们对一分钟有多长？10分钟有多长没有概念；他们的空间知觉有待发展，以自身为中心能分清左右，但在平面上找出精准位置的能力有待发展。

e. 大班幼儿的倾听能力与兴趣紧密相关，能专注倾听10分钟的幼儿常常不足班级人数的三分之一；特别不善于倾听同伴的发言。多数幼儿喜欢与老师交流，外倾型幼儿在集体面前更是抢着发言，但说得既连贯又清楚的幼儿常常不足班级的一半。

f. 大班幼儿对10以内数的加减运算掌握较好，能说口头应用题，会做简单的统计，对自然科学、现代科技成果的兴趣很高，探究的方法则是因人而异。

g. 大班幼儿的手腕灵活性差异很大。因手腕不灵活、握笔姿势不够正确而导致的手腕僵硬酸痛，是入学的小学生书写时感到疲劳、困难的主要原因。

因此，在学习适应方面，幼小衔接教育关注的重点应该是专注的倾听能力和前书写能力的练习。

（2）确定以八项能力为重点的幼小衔接发展目标和指导要点，如下所示。

<table>
<tr><th>能力维度</th><th>进阶式能力目标（可观察，须检测）</th><th>具体措施</th></tr>
<tr><td>时间观念</td><td>1. 8:10 前入园，不迟到
2. 在自己掌控的时间内合理安排活动，知道先干什么，后干什么
3. 为在规定的时间内完成规定任务而有信心</td><td>1. 使用签到表，减少迟到现象
2. 10 分钟课间活动中，按如厕、喝水、准备学具、玩的步骤计划
3. 使用计时器，提高做事效率</td></tr>
<tr><td>任务意识</td><td>1. 在提醒下能够独立完成自己的任务（3～4 月）
2. 每天检查自己完成的所有任务和活动（5～8 月）
3. 愿意给自己安排任务并在规定时间内完成</td><td>1. 运用多种鼓励形式，激发做任务的兴趣“做任务的小达人”“我的任务勋章”
2. 教给幼儿记任务方法，从口头重复到建记录本
3. 提高完成任务（如整理物品）的速度</td></tr>
<tr><td>规则意识</td><td>1. 按游戏规则进行
2. 能在竞赛性游戏中遵守规则
3. 能记住集体活动中的规则并能遵守</td><td rowspan="2">1. 增加棋类活动。从过去的 3 种到 6 种
2. 从自由拼图到按图示拼摆图形
3. 寻宝游戏（走迷宫）
4. 按数字连线、按序号涂色
5. 看图示折纸、剪纸、拼插模型
6. 游戏：赛车突围（闯关晋级）
7. 班级打击乐活动</td></tr>
<tr><td>专注力</td><td>1. 注意力不分散，坚持听讲 10～15 分钟
2. 能坐在椅子上完成规定绘画、手工制作（折纸、剪纸和拼插乐高等），坚持 30 分钟以上
3. 从事上述活动时少出错或者不出错</td></tr>
<tr><td>倾听能力</td><td>1. 能听懂并重复老师的要求
2. 能准确复述老师的 1～2 条指令，能复述简短的故事
3. 能听出他人表达中的错误</td><td rowspan="2">1. 对重要知识点要求幼儿集体重复，增加个别提问的次数
2. 让比较羞涩的幼儿到其他班级里，借或者送物品
3. 每周一个绘本故事，家长在群里天天打卡
4. 放学前或者餐前给小朋友讲绘本故事
5. 每天回家给爸妈讲一件“有趣的事”</td></tr>
<tr><td>表达能力</td><td>1. 非班级老师问话时能积极主动回应
2. 能够按次序、轮流讲话，不随意打断别人
3. 能连贯、有条理地讲清楚一件事</td></tr>
<tr><td>前书写能力</td><td>1. 在提醒下，坐姿和握笔姿势，正确用水彩笔流畅地描出简笔画中的形象
2. 有正确的握笔姿势，能手眼协调地按数字顺序连线
3. 能在大方格本上画几何图形
能用正确的握笔姿势，用铅笔在四线方格本上写 1～10 的数字</td><td>1. 指导幼儿使用粗水彩笔进行绘画，主要是掌握正确的握笔姿势，提高手腕的灵活性
2. 给幼儿提供小黑板，让幼儿在自由活动时间用粉笔在拼音线上画大小一致的符号
3. 指导幼儿使用有握笔器的专用铅笔
4. 指导幼儿不用或者少用橡皮，仔细观察起笔和收笔的位置</td></tr>
<tr><td>识字兴趣</td><td>1. 随意摆放，能找出班级中所有小朋友的名字
2. 能认幼儿园标志和功能教室的名称
3. 能结合上下文猜读小学数学书中的题目（假期）</td><td>1. 设计《朋友名字大搜索》游戏
2. 能在每周绘本阅读中听清并找出熟悉的字
3. 教师在小学一年级数学教材的题目中找出常用字，放入班级的字卡库里
4. 在家庭里建立个人字卡库</td></tr>
</table>

这些能力目标，从幼儿可以接受的规则游戏活动开始，逐步增加规则要求的难度，体现了进阶式学习的特点，因为每项活动的目标明确具体、可检测，故幼儿也能在家里操作，让家长参与并进行监督指导。

（3）减少纯娱乐性游戏，增加晋级性游戏。

孩子们喜欢娱乐性游戏，在你追我赶、打打闹闹中释放自己的精力，但这种以锻炼肌肉协调性为主的纯娱乐性的游戏需要有证明自己能力的活动来平衡，教师的责任是让幼儿逐步喜欢能胜任但也需有挑战性的智力活动和操作活动，即“把孩子引到正路上来”。在研究中，幼儿最喜欢“赛车突围”的智力游戏，它以“闯关”为晋级方式，需要幼儿有高度的专注力。

（4）离园前一个月做好班级环境的调整，使之与小学课堂相类似。

在许多地区，因为家长工作原因无法照顾孩子，有些大班孩子需要在幼儿园待到8月底，然后直接到小学去。假期是幼小衔接重要的时间段，有的小学会提前半个月，要求送新生入学，进行学校教育、班级常规训练。

为了配合小学的入学教育，幼儿园将大班的桌椅摆成“秧田式”，两人同桌，按小学的40分钟一个时间段（用铃声提示）安排各种活动，中间10分钟为“课间10分钟”，幼儿无须排队，小便—喝水—自由活动，养成自主安排课间10分钟的习惯。

（5）离园前1～2个月，同一社区的小学教师介入幼小衔接工作。

假期里，幼儿园聘请同一社区里有经验的小学教师到幼儿园参与幼小衔接活动，观察幼儿在集体学习活动中的表现，观察幼儿的自理能力和同伴关系等，也渗透小学的拼音学习和书写要求。孩子看到幼儿园来了真正的小学老师，也特别高兴，主动与小学老师互动，各项活动中的表现也积极了很多。

当幼儿入学两个月后，在原家长微信群中，对本班幼儿入学后的适应情况进行回访。结果是，相比其他幼儿园的儿童，该园幼儿表现是：①能快速适应小学课堂的作息时间调整，很少迟到；②课堂表现积极，能跟随老师的活动和指令；③自己能独立做作业，完成作业后主动让父母签字；④每天晚上自己提前整理自己的书包和要带的物品，也有的孩子比较拖拉，但提醒后能很快完成。

三、研究启示

1．幼小衔接工作需要同一生态系统内的多方合作

布朗芬布伦纳的人类发展生态学是从生态学视角研究个体发展问题的。他将对个体的行为与发展研究置于一个互为联系、互为影响以及互为作用的稳定的生态系统之中，探究生态环境中的各环境因素与个体的行为与发展的交互作用。根据人类发展生态学理论，处在幼小衔接中的儿童与其相关的环境因素相互交叠、相互作用，围绕“幼儿发展，科学衔接”这个核心，家庭、幼儿园与小学、社会媒体等多通道合作的产物。按照不同生态圈的功能不同，家庭侧重于督促监督幼儿建立自觉完成小任务（以后是家庭作业）的习惯；幼儿园是学习气氛的营造和集体学习意识的初步建立；小学是学习任务的质量要求与学习规则的明确遵守，社区教育机构是

为学生提供个性化学习、特长发展提供条件。

2．入学准备的关键要素是学习能力的准备而非知识准备

根据小学教师的反馈信息，提前学习小学知识（比如拼音和数学、书写）虽然能在短时间（刚上小学头两个月）内略显优势（孩子觉得学习很轻松，很快就会）但随之带来的问题却是比较严重，幼儿会觉得上学太轻松了，课堂上不会自我控制，不注意听老师讲解，更不愿听同学回答问题。而且，家长对教师反映的“一知半解”现象不以为然，学习能力不足恰恰是孩子“赢在起点，缺乏后劲”的根本原因。

其实，在小学教育体系中，教师的讲授和学生的倾听是主要学习方式，需要入学前强化此方面的意识和习惯。幼小衔接的主要任务就是要学习并适应小学的这种学习模式。

3．家长观念改变，积极支持与配合效果明显

家长在交流孩子入学起点时的“信息不对称性”，是引发部分家长产生“焦虑”心情的重要原因。如果幼儿园积极作为，将幼小衔接的目标尤其是小学入学要求（小学也反对提前的知识学习）进行宣讲后，多数家长会正确对待的。此时的家长参与度高，家庭教育执行力也比较高，尤其在看了自己孩子各种能力准备不够的现状后，积极参与配合幼小衔接工作的状态明显改善，而且，大班末期，家长与孩子一起学习所形成的家庭学习气氛，对建立小学生日常学习习惯起到了重要作用。

这是一项真实呈现了家长、幼儿教师与大学教师三方利益主体通过多方面的沟通、达成合作意向，继而在大学教师的理论指导下，幼儿教师进行教育实践、家长全力配合的行动研究，是形成共同价值观后采取的教育行动，从中也能看出文化理解与文化共建的表现。当然，不要期望所有人都会同步转变，只要有人动起来，转变开始了就是好的。

三、倡导“终身学习”是文化共建的必由之路

终身学习（Lifelong Learning）是指社会每个成员为适应社会发展和实现个体发展的需要，贯穿于人的一生的、持续的学习过程。如今，随着社会各行各业、家庭日常生活的急剧变化，人们只有更新知识观念，不断学习新的知识，才能适应不断变化的社会。在共同体建设中，大学与幼儿园各有不同的资源优势，利用网络可以及时分享学前教育信息、共享新知识、新技能，这应该也必须成为常态。这是一个有活力的学习共同体的明显标志。

如果你觉得没有希望了，那就确保不会有一丝转机了，如果你觉得还有自由，那就会有改变一切的机会，就会有能让这个世界变得更美好的可能。

——乔姆斯基

第八章 如何在U-K互助中生成专业自觉

教师专业发展需要外在力量的推动和教师本人的自觉努力，两种力量需要同时发挥作用。外在力量如全社会对教师权威的认可、对教师劳动方式的尊重等，促使教师努力工作，对得起“人民教师”这个称谓；而教师的个人信念、专业自觉性等，却能激发教师的个体潜能，使之具有较高自我效能感，这是许多名师从合格走向优秀，从优秀走向卓越的内在力量。

何谓自觉？佛有三觉：自觉、觉他、觉行圆满。“自觉”就是自己觉悟。“觉他”，就是能够让他人觉悟。“觉行圆满”就是所证的果位、所明的道理已经圆满。从哲学层面看，自觉是一种自我发现的内在意识，自我超越的外在状态，是人类在自然进化中，通过调整个体的内外矛盾关系而逐步发展的基本人格。

关于教师的专业自觉，许多学者有不同的表述。

舒志定教授认为，教师的专业自觉是个体对教育的自觉认同与反思，表现形式是个体化的[①]。专业自觉的老师有三个特征：第一，有提升专业水平的紧迫性，并为提升专业水平表现出极强的主动性、积极性。第二，能反思专业活动中存在的问题。第三，有丰富的精神世界。这种定义关注的是个体对教育的理解与专业认同，强调个人的反思。

曹长德教授提出，教师的专业自觉包括三个层次：自我反省、自我批判和自我超越[②]。

自我反省是自觉省察个人的言行举止是否符合专业规范，它有助于专业人员认清自己的工作性质和特点，能时时“对标”教育要求，体现为工作的主动性和

---

① 舒志定，2012．教师教育哲学［M］．北京：北京大学出版社：209.

② 曹长德，2009．论教师专业自觉［J］．安庆师范学院学报（社会科学版），（3）：27.

创造性，这是形成稳定的专业意识的重要素养；自我批判是“对标”后，对自己某些不符合标准或者理想境界的言行的否定性评价，一个有自我批判精神的人也是最有可能改进工作行为的人，是对自己专业要求精益求精的人。自我超越是指越过“专业自我”的层次，进入“专业无我”境界，他的追求不止于已获得的个体的专业名望与声誉，而是追求建立一种文化，恪守信念，用更多的包容与大爱，尊重差异，鼓励多元，带动行业发展。

舒先生强调专业自觉的个体性，曹先生关注专业自觉的层次性。两位学者的观点对笔者启发很大。与二者不同的是，笔者比较看重专业自觉的领域个性。

一般来说，专业自觉的人可表现为专业价值感的自我肯定、专业自主性的自我强调、专业创造性的自我追求。这可以视为有专业自觉人士的共性。这些专业人士即使没有外部力量的压力，也不影响其专业的自觉性。专业自觉是个体自愿呈现出“无须扬鞭自奋蹄”的生命样态，是“明天的我要比今天的我做得更好”的自我要求，是一种自律基础上的自我超越。研究教师专业自觉的共性有助于激发教师个体的专业觉醒，使其向专业自觉方向前进。

关注基于专业领域的专业自觉个性，有助于同行交往时的相互理解。古人云：“在其位谋其职。”把本职工作做好既是外在要求，也是自我要求。就学前教育专业而言，重点高校与地方高校，学术带头人和普通专业教师，因生态位不同，其本职工作不同，专业自觉更不相同。

地方高校学前教育的专业课教师，“教书育人＋教育研究”是基本职责。也就是说，除了备课上课，还要研究、引领并服务于地方学前教育实践。这既是社会赋予高校专业课教师的社会责任，也是高校教师自觉承担的义务。

既然是自我要求，笔者认为，地方高校学前专业课教师的专业自觉应至少表现为四个方面：自觉关注幼儿教师的实践理性；自觉认识学前教师教育的实践属性；自觉探讨实践取向的学前教师培养模式；自觉成为理论与实践关系的探寻者。这是笔者研究驻园培养模式并长期维系 U-K 互助关系的重要信念和内在动力。

第一节 自觉关注幼儿教师的实践理性

一、幼儿教师的实践理性

教师的专业发展与他的理性水平有直接关系。许多学者从哲学视角研究亚里士多德的实践理性观、康德的实践理性观对当代各领域活动的启发，也有学者对教师的教学实践理性是什么进行过哲学层面的描述。

王健认为：广义的教学实践理性是人类实践理性在教学领域的特殊表现，是主体对自身与教学世界的关系应如何和教学实践如何展开问题的观念掌握与解答；狭义的教学实践理性是指直接从事教学实践的主体对教学为了什么，以什么为中介以及应该如何展开的观念构想。教学实践理性包括教学价值理性、教学工具理性及教学交往理性①。理性强的教师群体能在变化的表面看到本质，在烦乱复杂的现象中探索规律，有超越昨天的勇气。

通过学习，笔者发现，大多数研究者都在关注实践理性的三个维度，即价值、工具和交往。也就是说，实践理性的价值维度是指实践行为目的的有益性，即何者为善，工具维度是指实践行为过程与结果的有效性，即如何达到善，交往维度是指实践行为方法的正当性，即怎样使善的追求合乎规范。但是，在不同领域中，教师实践理性的表现是不同的。

幼儿教师的实践理性是指为了促进幼儿的全面发展而采用一系列符合幼儿年龄特点和发展需要的教育方法策略，体现一日活动组织有效性的理性决定。幼儿教育是以组织幼儿的一日生活为主线，以开展各类游戏为过程，以满足身心发展需要为目标的实践活动。教师所安排的每一个活动是否基于善的出发点，使用的方法是否有效，与幼儿交往是否合乎正当性及规范性，既是检视一位幼儿教师个体专业水平高下的依据，也是关乎幼儿教师群体的专业水平是否得到社会公认的重要指标。因此，关注幼儿教师实践理性的现状，重视幼儿教师实践理性的提升，应成为学前教师教育的重要研究课题，因为它对提高学前教育质量具有重要作用。

二、幼儿教师实践理性的现状分析

（一）实践理性凸显的现实表现

幼儿教师的教育实践理性是在特定的历史传统中，在不断的专业学习中，在反复实践中逐渐生成、延续与拓展的。幼儿教师的实践理性具体表现在如下方面。

1. 在目标设定上有追求全面发展的价值性

幼儿教师是“善根”突出的群体之一。在大多数的活动中，教师凭良心，兢兢业业工作，为了给孩子们创设良好环境，许多教师都自觉地加班加点，不计报酬和时间。一些教师不仅自己有收集材料的习惯，还发动家人进行收集。有的教师为了节省时间和资源，还对可以二次利用的墙饰小心“伺候”。在一些有准备的开放观摩活动中，孩子们活泼可爱，在教师精心设计的活动中主动发展，在专

① 王健，2008. 教学实践理性及其合理化［D］. 南京师范大学博士论文.

业技巧和艺术才能背后，体现了教师高超的教育预见能力、设计能力和在具体情境下对幼儿的组织掌控能力。

2. 在教育过程中能关注教学方法的正当性

优秀的幼儿教师非常重视用不同的方法应对不同的孩子。比如孩子们面对同一个问题的答案时，有的孩子积极争抢，有的孩子沉默不语。教师会使用很多小技巧，如走到积极争抢回答的那个孩子面前，用耳语说："你就悄悄告诉我一个人，让他们猜一猜。"而对那个沉默不语的孩子说："你大点声告诉他们，他们还不知道呢。"再如，老师会让小朋友自主加餐，嘱咐吃饭不积极的孩子先少拿一点儿，多拿几次。这样，小孩子就觉得自己吃的比别人快，吃饭的积极性就高一些。

在各级优质课、研讨会的园所开放活动中，我们都能看到幼儿教师非常重视幼儿在活动过程中的主体参与、动手操作和亲身体验。除了用语言表达，孩子们还能用绘画表征、动作表现，还能小组讨论。活动组织的方法多样而奇妙。

3. 在教育结果上注重幼儿发展的差异性

为了满足幼儿的差异发展，教师会提出难易程度不同的问题，会设计不同难度的区域活动，让幼儿自主选择，给幼儿提供多样的空间，供幼儿展示作品。

从典型经验中可以看到，幼儿教师教学效果、一日活动组织的质量、幼儿的发展情况，与幼儿教师思考的深度和广度有直接相关，也是其实践理性强的表现。

（二）实践理性缺失的突出表现

当前，我国各地幼儿教育发展水平差异很大。就幼儿园整体发展水平看，幼儿教师的理论理性偏低，实践理性的整体水平也不高的现象是存在的。幼儿教育之所以出现千园一面、盲从跟风现象，除去投入不足、设施不到位及师生比不合理等硬件因素外，软实力不足即教师专业发展中实践理性缺失也是重要因素。其主要表现如下。

1. 在价值向度上重视公开场合的表现，忽视日常行为

许多幼儿教师在公开课、观摩活动中，能按教育的要求设计符合儿童需要的活动，组织活动过程中也有合适的方法，与幼儿的互动方式也恰当。但在日常工作中情况不是这样的。

2. 在工具向度上重视教学技能的艺术性，有违专业伦理

教师非常重视各种观摩活动中的精彩亮相，过分追求公开课过程的可控制性和高效率。为了能拿到好名次，教师不惜花时间，到周围几所幼儿园进行"试

教”，而本班幼儿则找其他人临时代为看管，有的教师为了上课取得好效果，故意不选那些调皮、自控力差的孩子，个别教师甚至不让那些小孩到园。

3. 在交往向度上“唯权至上”，主体性缺失或消隐

幼儿教师的主体性缺失表现在对待上级领导和高校专家的态度上，“领导怎么说就怎样做”“听专家的”是她们常用的表达方式。研讨过程中，只要专家在，幼儿教师有时就“集体失语”，将研讨互动的话语权让渡于专家，让专家“唱独角戏”。

三、高校教师为何要自觉关注幼儿教师的实践理性

理性（包括理论理性和实践理性）是支配一个人生存与发展的基本意识。日常生活情境越复杂，矛盾冲突越激烈，就越需要理性把关。一个人的思维方式、思维的广度与深度决定了其在面对实践复杂问题时的决策，而这个决策的价值是否正当、方法是否恰当、过程是否公平、结果是否有效，都需要实践理性的介入与检验。

《瞬变》一书中写道[①]：

在人类的大脑中，一直有两个彼此之间独立的系统在运行。首先就是我们称为情绪化的一面，这是人类本能的一部分，它能够感知痛苦与压力。其次就是理性化的一面，它被称为反思性系统或者自觉性系统。它是你用来考虑、分析并且展望未来的组成部分。

柏拉图说，在我们的头脑中，有一位理性的御者去控制一匹不受控制的马。“它勉强屈服于鞭打和棍棒的双重压力之下”。弗洛伊德区分了自私的“本我”和无私的“超我”（而自我则在它们之间进行着调停）。

弗吉尼亚大学心理学家乔纳森·海特在他的《象与骑象人》一书中将两者进行了类比。大象代表我们的本能，它们懒惰而且不沉稳，常常看到眼前的即刻获得的好处，而忽略了长远的好处，骑象人的力量则相反。

情感就像大象的力量——爱、怜悯、同情心及忠诚。正是这些强烈的本能让你不得不保护你的孩子免遭伤害。大象正是让事情最终得以实现的力量。朝着一个目标前进，不管这个目标是高尚还是低俗，都需要来自这只大象的活力和驱动力。而理性（骑象人）则趋于进行过度的分析而且对事物想得太多，将简单的事情搞得太复杂。

---

① 奇普·希思丹·希思，2010．瞬变［M］．焦健，译．北京：中信出版社：9-11．

幼儿教师实践理性发展不均衡，既有历史原因，也有文化因素，更有教师教育的责任。高校教师如果能深度介入幼儿园的教育实践，就容易了解幼儿教师的工作境遇、他们的言说方式、他们既有的理性特征和水平，就能找到发展实践理性的切入点。

四、U-K 互助活动何以促进教师的实践理性的生成

（一）有助于成就有反思能力的幼儿教师

实践理性是主导幼儿教师展开日常保教实践工作真实的、内隐的依据。按照唐纳德·舍恩的说法，它是“使用中的理论”支配下的行为表现。已有的教学实践理性自发存在形式与当前学前教育改革诉求的自觉存在构成了内在紧张关系。一般来说，幼儿教师的保教工作直接受到既有实践理性的特征和水平的限制，比较倾向于稳定和守成。从心理学角度看，工作常规习惯化后，人的精力消耗最少。但是，当代学前教育改革不允许你“走老路”了，时代精神、科技进步、家长诉求等倾向于幼儿园进行创新变革，教师必须跟上时代的节拍并做适应性调整。实践理性强的教师会选择积极主动适应，缺乏实践理性、不思改变的教师则会被社会淘汰。

在 U-K 互助活动中，高校教师会结合幼儿教师实践困境，运用其身边案例分析现实、解释现象，提高教师理论学习的效果，激发幼儿教师内在的崇尚反思、崇尚理性的能力，“用脑子伴成长”而非一直停留在“拼体力看孩子”的水平。

（二）有助于高校教师了解实践理性特点，提炼实践智慧

南桥在《知识不是力量》[①]一书中对知识进行了分析。

知识的英文为 knowledge。它的第一个音节是“know”，是“知道”，但 knowledge 这个词的末尾是“edge”，是“边缘、领先”。我们可以“知道”“回”字的四种写法，可是它并不能让我们处在“领先地位”（leading edge）。中文也是一样，“知识”中，只有“知”与“识”结合时，它才能产生“edge”，成为力量。狭义的 knowledge 本身是没有力量的。

知识的第一步是“知道”（know），最终的目标是产生“领先”（edge）。那么“know”和“edge”中间这个“l”是什么呢？它就是“热爱”（love），它就是“学习”（learn），它就是“生活”（live）。

---

① 南桥．知识不是力量［OL］．http://news.cjn.cn/cjsp/fb/200905/t923648.htm．

幼儿教师不喜欢阅读枯燥的理论书籍，也做不到用所知道的理论指导自己的实践。她们更愿意学习同行的实践性知识，愿意讲自己的故事（她们“说的”比“写的”好），在模仿中学习并在模仿中创造，她们最擅长的不是“古为今用”而是“他为我用”。教育学课本上的知识，有许多是名家的个人观点，虽有启发意义但不一定能打动幼儿教师的心。但幼儿教师会选择教育理论中的许多法则，因为这才是在实践中归纳出来的规律，对实践具有重要指导作用。

在驻园期间，笔者发现，在幼儿教师中，同时入职的学前教育本科生和幼师专科生还是有区别的：前者理性思维较好，对教育理论的理解能力比较强，而且愿意实践，研究能力也比较好；幼师毕业的老师形象思维较好，领悟力强，艺体表现能力突出。

U-K互助活动的诞生并非新事物，它是学界前辈的实践传统在新的历史时期的继承与延展。高校教师深入幼儿教育实践领域，能站在历史和哲学的角度，分析学前教育的实践困境，反思其背后的社会因素，帮助幼儿教师寻找自身价值，使其对自己的生存方式产生自觉省思、体悟，继而愿意为孩子的发展而改变。来自实践的知识也逐渐成了高校课堂中鲜活的知识补充，经过系统化思考与整理，就可能成为学前教育课程中的“新知”。

（三）有助于提高学前教育质量

教师拥有实践理性，就有主观能动性，就能体现教育的创造性。随着国家对学前教育投入的增加，各地学前教育的硬件已得到极大的改善。但教育是培养人的工作，需要幼儿教师在日常工作中满怀爱心、不忘初心、持久耐心，而非特定时间段的有爆发力的“表演”。外在的培训或许能解决某些技术上的问题，但不能保证教师的工作在常态下维持一个相对较高的水平。只有关心人在质量中的主观能动性，使教师在其实践理性支配下，与幼儿形成良好的互动，幼儿才能主动学习、主动发展。

第二节　自觉认识学前教师教育的实践属性

一、何谓教师教育的实践属性

教师教育是指以培养未来教师和促进在职教师的专业发展，并以改善他们的教育实践，提高教育质量为目标的专业教育。何谓教师教育的实践属性？学者苗学杰从教育哲学的角度进行了学理分析，他说：“基于专业实践作为致动因描绘教师教育的发生过程，为了专业实践作为目的因校检教师教育的合目的性与价值负载性，专业实践存在则通过由外至内自觉式返源显像教师教育专业实践的深层图式。[①]”笔者对此的理解是，教师教育是专业教育，专业教育是面向某一专门行业为其培养人才的，是面向实践的，故教师教育具有实践属性。换句话说，教师教育的实践属性是指为了教育实践、基于教育实践的专业教育。

国家需要人才，人才需要教师，教师需要培养。培养教师既有入职前的师范教育（准教师培养），也有入职后的继续教育（在职培训）。2001 年，《国务院关于基础教育改革与发展的决定》中正式启用了“教师教育”这个概念，在内涵上体现了职前职后的一体贯通的理念，在外延上构建了由封闭走向开放、由阶段性变为连续性的终身教育体系。

了解教师教育是干什么的、如何干，就必须了解专业教育的实践属性。这是为谁而教的逻辑起点，也是一个高校专业课教师撰写课程教学计划、选择恰当的方法、完成教学任务的重要依据。

30 年前，我国一些重点师范大学，如南京师范大学、北京师范大学及华东师范大学等的学前教育专业，都有大学新教师到幼儿园跟岗实践半年至一年的传统。这些直接体验为高校教师了解幼儿园工作、理解幼儿教育工作性质起到了重要作用。有幼儿园工作实践的高校教师，知道在职前师范教育阶段的教学重点在哪里，职后幼儿教师培训的重点在哪里。

对职前学生而言，不仅要掌握基础的学前教育理论知识和基本的保教技能、艺体素养，更要有“像教师一样思考”的思维能力。对职后教师而言，要有专业的理念和专业的判断，能根据具体问题情境处理事情，做出适合儿童当下需要的教育决定的能力，有把实践转变成智慧的行动。关注专业教育的实践属性是为了解决为谁而教、怎样教的问题。

二、重视学前教师教育的实践属性的意义

（一）专业教育是为了实践的教育

学前专业教育的目的是学前教育的实践。为了达到这个要求，在其培养过程中就必须基于实践。实践是学习的前提和基础，“基于实践的教育”是“为了实践的教育”的必要条件。与学术性专业教育相比，实践和体验在专业教育中应该占三分之一的比重才是合理的。但在具体的人才培养计划中，让学生实践和体验的时间远远不够，有的学院课程学习几近结束，才有机会了解真实的幼儿园教育实践（第七学期的两个月）。

---

① 苗学杰，2011．试论教师教育的实践属性［J］．教育理论与实践，（1）．

长期以来，许多师范院校学前专业的本科生培养，奉行的是“学院派”培养模式，将知识作为基础，希望学生学习掌握已有的理论知识后，将理论知识用于实践并能指导实践，理论与实践虽然在时间上相互继替，但在空间上彼此隔离。然而，经历过具体教师实践（见习或者实习）的学生发现，学前教育是不确定的、充满复杂情境的行业，许多对实际工作有用的知识在大学的课堂上是学不到的。幼儿园对这样的培养模式也很有意见，认为某些本科生还不如“3＋2”的专科生“上手快”。

“教育是一种社会交往形式，这与那些自然领域中的交往形式存在着本质性的差异。教育过程不是一个强制性的双向推拉过程，它是一个意义生成与阐释的过程，是一个典型的象征性互动过程。[①]”某些高校的人才培养目标、课程教学计划与《幼儿教师专业标准》《教师教育课程标准》相脱节，与幼儿园的教师需求不一致，这与高校管理层对幼儿教师教育的实践属性缺乏认识有直接关系。

（二）专业教育是基于实践的教育

基于实践就是“在实践中”。苗学杰将人的实践活动分为两种：职业性实践（occupational practice）和专业性实践（professional practice）[①]。

职业性实践的重心在于技术性技能（technical skills）和市场畅销性（market ability）。职业教育的教育学体系也是围绕问题解决等实践方式组织的。学生通过操作和实际体验意义上的“实践”，磨炼职业技能、掌握职业技术，通过提高实践的频率造就了更加熟练的实践。职业性实践具有封闭性特点。

专业性实践需要应对非连续性的和碎片性的不稳定复杂状态。专业实践中，明智的专业判断和专业决断建立在专业人员所展现的情境性理解的能力上；聪慧的专业实践含有实践智慧的运用，也就是面对充满不确定和怀疑情境的时候能够洞悉出恰切的反映；实践者在实践情景中系统的反思在改善专业判断和决定方面发挥着重要作用。

职业性实践与专业性实践是同一性质的不同层次水平的实践而非并行的两种类型的实践。许多行业高手一生追求自我超越，不仅有达到艺术境界的高超技能，而且有其自己的哲学思想。日本有一个纪录片叫《寿司之神》，讲的是一位在日本非常著名的寿司大师小野二郎。他说：“你必须要爱你的工作，你必须要和你的工作坠入爱河……即使到了我这个年纪，工作也还没有达到完美的程度……我会继续攀爬，试图爬到顶峰，但没人知道顶峰在哪里。”敬业、严格、追求卓越的精神，成就了一代大师。

① 苗学杰，2013．再论教师教育的实践属性——基于科际比较的视野［J］．教育理论与实践，（18）．

《摩托车修理店的未来工作哲学》一书的作者马修·克劳福德提出了“让工匠精神回归”的思想。他说：“在这个世界上，想对一切事物正确地做出回应，就必须清晰明了地看穿它，而实现这点的前提就是达到无我的境界。”“美德就是努力揭开自我的面纱，真正融入世界中。[①]”

关于情境的知识，它存在教师的头脑、行动、关系及周围的一切事物中。学会与不同特质的孩子相处是教师一生追求的专业品质，也是教育学的真谛。幼儿教师在带班过程中，是在行动中思考并直接决定，有时就是一瞬间的应急反应。要求每个教育情境都含有教育性，每一个眼神都含关注，每一个微笑都含善意，所有孩子的提问都能被聆听，所有问题的处理都合理，在当下的教育实践中做不到，这只是某些教育研究者的美好想象。同样，悬置专业判断，直到理解情景后再做出决定，抑或是按照观察情景—收集证据—分析证据—形成判断—采取决定的步骤来进行，这也是旁观者—研究人员的视角和思路，在教育实践中行不通，因为孩子们可不会按你的套路“出牌”。

高校学前专业教师，承担着地区学前教师教育工作，如果缺乏对幼儿教师实践的了解，我们对师范生进行的教育如何谈得上是专业教育？又怎能发挥好对在职教师的专业引领作用呢？

三、高校教师如何维护学前教师教育的实践属性

（一）了解学前教育专业的培养目标

所谓专业，从社会功能上看，它是一种结构性、职业性和制度性安排。从职能上看，是在系统科学知识基础上提供的一组服务，用来应对风险及社会现代生活的不确定性；从过程上看，专业是须在入行前进行较长时间（3年以上）的系统化学习，从事的是未经专门学习者无法插手的事情。

与以高深知识追求作为专业理想的学术专业和以培养某一专门领域的专家为学科发展目标的学科专业教育不同，学前教育专业以培养幼儿园教师为重点，培养符合公众期望的，能够胜任保教工作任务并履行教师职责的、具备资格的专业人员。他们要能做出对幼儿有利的判断，化解非专业人员解决不了的危机。

高校学前专业课教师的学术背景多样，所学专业各不相同，教授科目也不尽相同，但有一点是相同的，即培养对象是幼儿教师。高校教师不能按自身的专业兴趣培养学生，更不能以自身专业学习的方式和经验培养幼儿教师。比如，对幼儿教师而言，唱歌、跳舞不是她们的专业，只是她们从事专业所必备的艺术素养，

---

① 马修·克劳福德，2014．摩托车修理店的未来工作哲学［M］．粟之敦，译．杭州：浙江人民出版社：92-93.

故，不能将培养能参加地区艺术体操大赛的学生视为专业水平高，也不能将能演话剧、能参加绘画作品展作为衡量师范生专业水平高低的依据。对高校教师而言，其主要职责是培养能适应幼儿园岗位需要的、像老师那样思考和工作的学生，是否能成为一名合格的幼儿园教师，只能由真实的幼儿教育实践说了算。

（二）发挥基于实践立场的专业引领

衡量高校教师专业引领的价值，要看它所传递的思想观念在多大程度上影响了教师的实践：要么提出了实践者可接受的信条，影响其价值取向、思维方式和行为模式，要么总结了教师的工作智慧并成为更多人的日常保教行为的新依据，提高了工作效能，要么解释了长期困扰其工作的原因，使教师缓解了精神紧张，获得了心理上的安宁……

许多高校教师也有为幼儿园服务的热情，但担心自己能力不够或者与幼儿园的关系处理不好。这种担心还是基于他们对幼儿园实践的不了解，不了解当地幼儿教师整体专业情况：他们有什么？缺什么？最大的困难和障碍是什么？唯一的路径是：走进幼儿园，走近幼儿教师和孩子们！有了基于实践的立场，再加上真诚的付出与交往，U-K 合作不是困难的事情。

（三）成为解决学前教育实践问题的高手

能理解学前教师教育实践属性的价值并经过几年驻园实践的“浸泡”，许多高校教师会逐渐成为地区学前教育的“行家里手”。他们被广泛邀请参与幼儿园的教育质量评估、教育科研指导、优秀教师专业水平认定等活动。高校教师专业能力中最重要的表现就是有解决专业领域中复杂问题的能力。高校教师有丰富的学养，有能力解释复杂的学前教育现象，从而可以帮助幼儿园判断并确定疑难问题的边界，在专业实践中表现出的强有力的决断力也会让非专业的人士望尘莫及。

第三节　自觉探讨实践取向的学前教师培养模式

2011 年，教育部发布了《教师教育课程标准（试行）》（以下简称《标准》）。《标准》指出：教师是反思性实践者，在研究自身经验和改进教育教学行为的过程中实现专业发展。《标准》明确把实践取向作为今后教师教育课程改革的基本理念，要求教师教育机构尤其是各级各类师范院校不断优化实践课程结构、强化实践环节、开展教育实践研究。

实践取向的教师培养模式，一方面强调在培养目标上重视培养师范生的教学实践能力；另一方面强调在培养模式上要创新，要改革原有的理论取向的教师培养模式。实践取向的教师培养模式不仅重视学生在实践中生成感悟，形成个体实践知识，而且强调高校教师利用各种平台，设计多种实践性活动并进行专业指导。这些活动要具有任务性、真实性和参与性等特征。实践取向的教师教育的教学模式还要体现课堂教学的变化，要把刚性的、静态的封闭型教学模式转变为弹性、动态的开放型教学模式。基于实践性学习的教师教育的实践路径包括“临床式”实习、反思内化和生成创新。

一、实践取向学前教师培养模式的三个基本判断

《标准》强调教师教育课程“应重视实践性学习，引导教师立足真实的教学情境，主动建构教育知识，发展创新意识和实践能力”。

学前专业的教育类课程旨在培养师范生的现代教育意识和教育观念，并在此基础上掌握教育教学实践能力的核心课程。然而，长期以来，高校教育类课程取向是学术理性主义，大多采用传统的“传授—接受”的教学模式授课，注重理论传授，导致了学生教育实践能力低下、入职适应期延长等问题。

探究实践取向的幼儿教师培养模式需要高校专业院系的支持，没有实践取向的专业培养方案，没有实践课程内容，没有灵活的基于实践教学的课程调整制度，单凭教师的一己之力难以做到。作为普通的学前专业课教师，在以上基本条件具备的情况下，就可以在自己的研究领域、课堂上进行实践取向培养模式的研究。

笔者认为，实践取向的学前教师培养模式，不是写在文件上的工作方案，而是有高校教师参与的教学实践改革行动，有以下三个基本判断依据。

（一）要有“基于实践”需要的课堂理论学习

“基于实践”的学习（learning through practice）强调的是为了实践而理论学习在先。这种学习，需要有特定的问题情境的案例支持，不仅要培养学习者对教育情境进行判断的能力和解决问题的能力，更要通过集体的讨论协商，对问题情境背后的教育环境、社会结构，以及运作于其中的规范与价值进行反思，积淀实践的伦理价值与道德根基。这种基于实践其实也包含道德实践的专业实践，是在专业引领下的理论与实践相结合的产物。案例分析与临床实践研究在课程中占据核心地位，应把它们有计划地整合在专业教育课程的内容之中。

（二）要有“在实践中”的观察学习活动

“在实践中”的学习（learning from practice）强调的是为了理解而实践学习在先。课程见习、教育见习、教育实习等实践环节安排，不只是通过实践验证理论，而且是为了理解实践而到实践中观察，为后续的理论学习提供个体亲历的经

验。师范生通过在幼儿园中观察、模仿幼儿教师的工作，并通过持续性重复练习的方式获得学习经验，比如学习如何组织集体教学活动，这种学习的结果是掌握并再现见证与经历过的实践活动，对后续的有目标的相关课程的学习奠定基础。

（三）可尝试基于临床经验的案例教学

在案例中进行概括通常在医学和心理学中被称为临床推断。教学案例是按一定的结构展现的对教学事件的记录，包括时间、地点、人物、情境及其冲突等，将教师在教育实践中的困难，以及做出决策所依赖的情境、事实、认识和偏见等蕴含其中。向学生或者在职教师呈现这些案例，能促使他们对问题进行基于情境的讨论，从而提升理性思维能力。

案例教学使用效果最好的场合是在职教师的园本教研活动，因为在职教师很容易与自己相似的体验结合起来，这是提高在职教师反思实践能力的重要方法。近些年，笔者在专业硕士学位课程中也开始尝试此教学方法。没有实践案例，要培养研究生的反思能力比较困难。

在案例教学中，有三个环节比较关键，也是后续研究中需要着重突破的难题。

1. 建案例库

案例是基于实践的理论学习的重要载体，这是向大学生传递知识，还原真实的教育实践情境的基础。近些年，除了在专业阅读中注意搜集书面案例以外，更多的案例是笔者在观察幼儿教师的工作中捕捉到的，有些是在自己驻园实践中亲历的、真实的情境，无助的困境，即便过去很久了，回忆时也能记忆犹新。但教育实例不等于教学案例，还需要进行学理上的加工，使其有现实代表性和典型性，需要拿出专门的时间去做，这是有意义的工作。

2. 使学生的认知结构化

要想改变课堂中重理论讲授、轻研讨实践的现象，需要课堂教学模式上做出改变：课前，组织学生预习与实践体验（铺垫练习）；课中，教师应精讲重点，必要环节中，师生可角色调换，或结合内容进行绘本剧表演或者对教学案例进行解释评价（新知加工）；课后，布置以宿舍为团队的实践性作业，加大过程性评价的分值等（课后巩固）。灵活多样的“双主体”活动，不仅可以激发学前专业学生参与理论学习的积极性，而且能帮助师范生建构实践知识，将新知纳入他们已有知识结构体系中。

3. 反思建构

好的教学能让学生举一反三，触类旁通。师范生是否有反思建构的方法和习惯，与高校教师日常的课堂教学训练有直接的关系，有实践取向的教师比较注重结合具体内容进行专业阅读的指导，考试时比较倾向于检验学生的问题意识、反思能力和批判精神而非强化书本知识的背诵。

当然，要做到以上三点，没有与幼儿园的深度合作，没有"泡"在幼儿园的时间作保障，没有扎根实践的教育信念，就难以真正建立实践取向的教师教育模式。

值得注意的是，许多同行将教育实践与教育理论对立，以为实践取向的教师教育工作的本质是引导学生学习具体的教育技能，这就是将"工具理性"奉为圭臬了，忽视了教育实践的人文价值，这是一种将教育实践"概念窄化"的认识。教师的工作对象是人，教育是通过教育实践来"成就人"的事业。教育实践本质上是合乎道德的理性决定。每一个做教师教育工作的人，都在从事具体的培养教师的工作，我们要经常反思，自己所做的每个教育决定是否合乎道德，是否有利于被教育者成为合格老师。若能时时记得"你手头上的人都是派往明天的教师"这句话，即便是现在大学政策上没有要求，即便是没有人理解，也要坚持做下去。

二、实践取向的教师培养模式研究需要个体的自我超越

实践取向的教师培养模式转变的不只是高校教师的教学模式，它还改变了高校教师的专业生活，它"逼迫"高校教师走出书斋，走向广阔的幼儿园教育田野。

（一）坚持实践取向，摆正"学"与"术"的关系

严复曾在 1901 年《原富》一书出版时，在按语中对"学术"中的"学"与"术"进行过解释。他指出："盖学与术异。学者考自然之理，立必然之例。术者据既知之理，求可成之功。学主知，术主行。"梁启超于 1911 年也在《学与术》一文中对"学术"问题有过精辟论述："学也者，观察事物而发明其真理者也；术也者，取其所发明之真理而致诸用者也。"可见，学术研究从其一开始就被赋予了创造性的内涵，原创是学术研究的本义[①]。

现代教育的悲哀是教育者不能自主，受教育者无法选择。在基础教育，千军万马挤独木桥——考试制度只选拔那些成绩顶尖者。在高等教育，成千上万的学者拥堵 C 类核心期刊，量化绩效只青睐能填进"表"中的省部级项目和发表文章数。教师被职称架空，学生被成绩捆绑，这是目前教师个体不能改变的现状。

---

① 陆敏，胡梅娜，2002．原创性：学术研究的基本准则［J］．政法论坛，（1）．

高校教师对学校的依附关系的确影响了它的自主性。学校的教师评价制度引导全体教师按照学校主导的价值观工作。在高校，教学质量评价制度是软的，而科研绩效评价制度是硬的。这样的评价制度引导着教师倾向追求完成实在的量化指标，因为通过它能名利双收。有些教师会被职称捆绑，会写一些能发表但无用的东西，做一些领导需要但自己不喜欢的事情。是先能在大学里立足，还是为幼儿园教育实践做更多实在的贡献？对有实践取向的高校青年学者，这是一个纠结的问题。但不是所有体制中的高校教师都被职称这张网"套住"。看透现实，"不为五斗米折腰"的教师也很多。职称不是评价一个教师专业作为的唯一尺度。没有谁真的是教育体制中无能为力的人。"不能做"只是"不想做"的托词而已。

坚持实践取向的地方高校学前教师有两类：一类是已经评上正教授，可以无后顾之忧地做自己认为正确的事情；另一类是放弃了对正高职称的追逐，转向做自己觉得有意义的事情。这两类人不仅能明晰理论和实践的关系，而且关心自己做什么样的学术是幼儿园教师最需要的：为了写幼儿教师看得懂的、对她们有用的论文，就必须增加感性材料、较少使用学术语言。他们不在乎自己的文章是否能在C刊上发表，"学术味儿"够不够，唯一能让他们在乎的是：我做的这一切，对幼儿园是否有用，是否能帮助师范生、帮助幼儿园变得更好。

（二）坚持实践取向，摆正教学与研究的关系

在高校，学科建设与问题研究是相辅相成的两条路径。前者为后者提供理论基础，后者为前者开阔视野。高校教师，如果始终将"培育什么人"作为教学工作思考的原点，就会将问题研究与学科建设结合起来，承担专业发展的学术责任。

培养既能传承中华优秀文化，又能立足本土、有国际视野的合格教师，是教师教育者的根本任务，也是教师教育研究的重要目标。高校教师要拿项目、做课题，更要关注师范生的品行与心理健康，关心其专业学习与进步，激发他们的创新精神。无论是教书还是研究，都是为育人服务的，如果脱离育人这个根本，就不能成为一个真正的自觉的教师教育研究者。因此，从这个意义上说，一个有专业自觉的高校教师，也必然是教师职业道德的内化者。"基于实践，在实践中"是其实践取向专业工作的基本格调。课堂上，他（她）会努力用所学理论解释说明教育现象，开启学生的理性之思；课堂下，他（她）带领学生走进幼儿园，观察、了解、分析教学事件，积累学生的实践之识。

（三）坚持实践取向，厘清专业自觉与自由生活的关系

自觉与自由有直接的关系。自觉的前提条件是自由。一些有改变想法的教师

认为自己处在体制之内，是不自由的，但也有人不这样看。学者周国兴认为①：

人们应当区分两种不同的自由，即消极的自由和积极的自由。消极的自由是回答“在什么条件下个人是或者不受他人干扰去做他想做的事，成为他想成为的人”，一个人本来可以有能力去做某件事情，但外在的强制或者干预使得个人不能做，那他是不自由的。自由是指不受他们人的阻挠而径直行动的范围。而积极自由论者认为，只有缺乏什么东西才使得个人变得不自由。例如心智的缺失或者对事物规律认识的缺失或者非理性控制，虽然没有人干预他的行动，但他的行动实际上是不自由的。强制及控制是外在于我的力量，我对于自己的行为没有主宰权，则我是不自由的，是处在被奴役的状态；而如果我是我自己的主人，外在的干预并不成为不自由的充分条件，只有内在能力或者认识上的不正确，才是导致不自由的根本制约因素。

学者张志勇说过：“人生在某种意义上说，就是一种选择。不管你走什么样的道路，不管你成就大小，不管你生活富有还是贫穷，不管你幸福还是不幸，不管你当下高兴还是不高兴，都是你在既定的条件下自主选择的结果。②”

消极的自由在于避免强制，保存生命，而积极的自由或许更能让人在有限的条件（至少还活着）中有所作为。对积极的自由价值的认识如同运用积极心理学之于恶劣环境中生存的意义一样，对于我们了解自身的潜力是有价值的。积极的自由意味着个体有自我实现的强烈愿望。

一个人不依赖任何权威和上级指示而愿意努力依靠自己的力量发现真理，按照自己的智慧做自己真正想做的事情，这就是自由。自由意味着按照自己的意愿做出选择。每个人都希望将自由作为自我实现的重要目的。笔者认为，仅有愿望还不够，还得有自我实现的行动。

在现实生活中，当自我实现的需要与集体需要发生矛盾时，个体的自由将会受到极大的挑战，甚至面临生命危险。我们的社会教育要求个人必须服从集体的需要。如何处理这两者的关系，是一个人能否在这个社会中安身立命的认知基础。有的人采取的是直接对抗的方式，有的人采取的是沉默服从的态度，更有人采用了迂回避世的策略。于是就有了儒家的入世学问和道家的出世智慧。

幸运的是，我们生活在一个鼓励变革、希望创新的时代。

驻园研究将高校教师和一些优秀的学前教育行家连接在一起。在教育第一线，幼儿教师是高校教师的老师。在实践领域，他们比高校教师知道得更多，更有方法应对并改变那些有特殊状况的孩子。如果不花些时间待在幼儿园里，向他们学习一些新的东西，在这个动动手指就能找到知识的网络时代，高校教师都不

① 周国兴，2012. 教育与强制［M］. 福州：福建教育出版社：25.

② 张志勇在齐鲁名师、名校长网络工作室启用仪式上的讲话 .http://zzy81916677.blog.163.com/blog/#m=0&2010-1-6.

知道在大学的课堂上能说什么。当然，高校教师的专业水平如何，能否发挥专业引领或者提炼经验的作用，满足幼儿教师的需要，也只有幼儿老师最有发言权。

大学与幼儿园互助活动不一定非得通过政府的中介作用，也无关乎高校教师是否还保留着高校教师的身份（总有退休之日），关键在于这些学前教育人士的根本性连接，这种基于共同愿景的彼此需要、彼此承诺，比“合作协议书”重要一千倍。它就像婚姻的双方，结婚证书并不真正起着约束人行为的作用，而是两人无论有多大分歧，都不曾想离开对方，达到“不求同生共死，但求同舟共济”的境界。对某些高校教师而言，这就是一种好的专业生活。

第四节　自觉成为理论与实践关系的探寻者

曾经在搜狐网站上看到一段话：现代科技一直在不断重复颠覆人类认知的事情，而且这种趋势正随着时间的推移，逐渐从客观世界的基本认知转向更加广泛的社会科学领域。也因此，我们曾经用“盲人摸象”的典故去嘲笑那些目光短浅、以偏概全，又自以为是的人，却发现自己也终究会陷入了不同层面的摸象宿命[①]。

即使是一生从事教育工作的人，也不敢百分百地肯定自己就是那个真正明眼的可以看清教育全局的人。即使我们自认为有了世人所公认的“大象”的整体形象，但如果我们的思维被引入一个更高层次的空间里，或许又会发现更多的、之前未能发现的信息，而这些信息完全有可能带给我们更多认识现象的新方法，激发更有价值的新思路。

这又让我联想到柏拉图在《理想国》中的那个关于“洞穴”的隐喻。挣脱锁链的人走出了洞穴，找到了墙壁上影像的原因，看到了太阳下面真实的一切。这是对无知的突破，对真理的探索。率先领悟到规律及人生奥妙的人，并不一定得到尊重和认可，相反，这些极少数精英去追求自由是冒险的，甚至可能为此而牺牲自己的生命，但无论如何，这种对真理的探求还是能激励一代又一代的人走在探索未知路上的。

或许，我们就是那些被各种锁链束缚的人，但我们也是愿意探求未知的。作为一名高校教师教育工作者，工作职责要求我们在教书育人的过程中研究教育的基本问题——理论与实践的关系问题。教育理论引领、指导教育实践，在许多高校教育学者看来，这是毋庸置疑的真理；在基础教育实践者看来，这个真理一直存在着，不应该怀疑其科学性及其边界。所有的教育理论都能指导教育实践吗？

---

① 其实我们都是摸象的盲人［OL］.http://mt.sohu.com/20160419/n445024.

这的确需要深入讨论。

先有教育实践，后有教育理论。教育理论根植于教育实践，研究者从实践中发现存在教育活动中的规律，总结归纳生成相对具有普遍意义的工作原则。这是千百年前的教育人士就已经认识到并开始做的了，如孔子、苏格拉底等的启发式教学就用到今天。但是，我们借助经验、想象和推理而构建的精神世界和与之对立的真实自然世界的区别在哪里？现象和本质之间的距离是如何产生的？为什么我们奉为金科玉律的理论知识，直到现在仍没有成为减轻基层教师工作负担的“法宝”呢？

处理好教育理论与教育实践的关系并非简单之事，心里明白未必行动跟得上。有的教育学者能一边嘴上说着理论与实践不能“两张皮”，一边很少深入教育实践。正如他们一边埋怨大学生无理想、不读书，一边照本宣科，为学生考试“放水”；一边抱怨社会上的不公，一边率先成为精致的利己主义者一样……

多年前，笔者对“关系就是生产力”这句话不以为然，甚至把“关系经营”解释为“走后门”——是不正之风。现在想想，这是很肤浅的认识。调到大学工作后，在学科建设初期，人手少，工作多，各项工作都需要协调。自己是伴随国家新课程改革过来的人，知道中小学需要什么样的新型教师，知道应该怎么培养新型教师，而培养师范生是不可能靠高校一方“单打独斗”就能完成的，师范类高校必须主动和中小幼建立关系。关系就是相互作用与相互联系，就是承认个人的能力有限性而愿意并主动地与他人合作。高校教师只有敞开自己，和基础教育的同行在一起，建立密切的合作关系才能做好培养教师的工作。

一个人只有清楚自己和世界的关系才知道如何与这个世界相处。伴随着对“关系”内涵的逐步理解，我躬身实践，获益匪浅。从 2006 年到 2012 年，我结合与四所小学合作共建教师专业发展学校（PDS）培养小学教师的经历，完成了专著《在互助中促动专业觉醒——教师专业发展学校本土化实践研究》。2013 年，我卸下系主任的行政职务，回到了老本行——学前教育，专心从事学前教育的教书育人工作，专心研究学前教育教师的培养问题。“关系就是生产力”成为我在课堂上“兜售”最多的观点之一。我和我的合作伙伴用积极心理学处理人与自我的关系，用复杂性思想理解人与世界的关系，用生态学的理论构建人与自然关系，用实践哲学的视角解释教育实践与教育理论的关系。

全国著名教育改革家、语文特级教师魏书生曾在一个讲座中将“人”这个字进行了社会学的解构，大致意思是说：“人”这个字很好写，一撇一捺，但要深刻理解这个字却是不易的。首先，人是需要相互依靠的，相互扶持的，少了扶持就成不了人，这是从字形上的理解。其次，“人”生活的过程是有上坡也有下坡的，有上升期也有衰老期，这是生命的常态，我们既不要在上升期自高自大、得意扬扬，也不要在衰老期自怨自艾、浑浑噩噩，要接受现实，这是从字义上的分析。再次，人是社会动物。两个人在一起就构成了“从”字，就要并肩合作，三个“人”字就构成了“众”字，就要有人走在大伙儿的前头当领导，有人紧紧跟在后面当群众，方向一致才能把事情做成，这是在字理上的延伸。

在这个世界上，没有哪一个人是完美的，只有通力合作，才能让人类成为更理性的“万物之灵”。正如“盲人摸象”的历程，每个人都有自己摸到的实践体验，同样也有来自其他人的亲身感受，是坚持自己的判断还是整合大家的判断？实际上，来自不同体验的信息并非都是针锋相对的矛盾观点，只是角度不同而已。比如，像扇子一样的耳朵与像墙一样的身体之间一定存在某种逻辑上的关联；像粗管一样的象鼻与像牛角一样的象牙之间也存在可以想象的共性。如果合作，就可以得到更多的未曾发现的信息、更多的未曾联想的发展空间。

笔者是那种想明白了就要做并且能坚持做下去的人。在实践哲学关照下，任何“真教育”都不该是“谈”出来的，而应该是“做”出来的，培养未来教师更需如此。在抽象与具体之间，既需要理论知识的铺垫，也需要有技术的桥梁，更需要有教育理想的引领、教育信念的坚守。而后者，恰恰是高校在职前培养中容易忽略的。丰富的教育实践活动不仅是检验教育理论合理性的标准，同时还是验证教育理想的试金石，真实的学前教育实践才是生成本土化教育理论的肥沃土壤。

一个教育学者，一个高校学前专业教师，要发表独特的教育见解，要解释教育现象，就必须使自己时刻保持对教育实践的“在场”感——对幼儿园教育事件的敏感，对教师工作的体谅与理解。教育活动是个体之间情感共融、精神交往的过程。人通过自身的实践活动不断建构和生成本质，与社会中的他人形成一种互助共生的关系，以此在复杂的社会中站稳脚跟，图谋发展，最终达到人的自为与解放。U-K互助活使的本质在于促使教师（高校和幼儿园两类教师）形成专业自觉。

社会是复杂的，但人是有主观能动性的。任何改革都有风险甚至危险，教育改革也不会是各种条件都具备了才开始。虽然，我不是那个带领大家走出“洞穴”的智者，但是我是愿意跟着智者走出困境追随者。陶行知先生“捧着一颗心来，不带半根草去”的大爱无疆，陈鹤琴先生办“活教育”、做“现代中国人”的躬身实践，以及武训先生一生靠乞讨办义学的义薄云天，这些不是小说也不是杜撰，而是实实在在的个体自觉行为！他们没有国家社科项目，没有科研经费，但实实在在为这个国家，为培养人才做了善事。我是一个地方高校的普通的专业课教师，尽自己微薄之力，为师范生提供更多持续不断地接触教育实践的机会，做出有限的贡献，推动某些幼儿园、某个地区的学前教育的实践改变，这是自己能够做且能做好的事情。

《菜根谭》中说：从事政治自然有个大体，大体已立，小节虽有不顺畅的地方，可以另外想些或松或紧的办法，以补大体的不足之处，决不可改弦易辙，大动干戈。譬如，对待民众要以恩德为主，这就是大体。即使有顽暴不听教化的人，应当加以重刑，但待民以恩德的大体不能改变。又如，对待读书人要讲求礼节，要尊重他们，这是大体。

大体即基本原则。地方高校学前教育专业的大体是什么？人才培养和学术研究。人才培养是根本，好比体操比赛中的“规定动作”，学术研究是“自选动作”，二者是基础与提高、相辅相成的关系。作为一名普通高校教师，只有自己不断学习，在横向上有广阔视野，纵向上能在专长领域中深入研究，成为顶天立地的学者，才能做好教书育人工作；才能在学有余力后，为提高当地学前教育质量提供专业服务。

或许，个人的力量有限，还不足以帮助幼教实践工作者面对复杂多变的学前教育困境。或许，U-K 互助式幼儿教师培养模式仅仅是个例，还不足以彰显其在研究、引领、服务教育实践中的巨大影响力，但这是一条值得尝试，将来会有更多的人跟进的正确道路。

在这条正确的道路上，有两个相似但不同的概念——相信和信念，这将成为行动者的内在动机。相信是眼见为实后产生的认识，是 U-K 合作的起点；信念则是基于对事情本质的认识（或许它是肉眼看不见的），是 U-K 合作走向持久的中坚力量。有了它，我们的那颗教育心就能时刻保持对幼儿教师需求的敏感，不因习惯了某种现象而对其默然视之，不因某种暂时的评价不公而放弃做正确的事情，不因这是少数冒险者的行为而盲目追随大多数。

这就是作为高校学前教育研究者该有的专业自觉，它来自无数先哲的远见和洞见，也来自个人无悔的价值选择和教育信念。

主要参考文献

埃德加·莫兰，2007．复杂性思想述评［M］．陈一壮，译．长沙：中南大学出版社．

埃德加·莫兰，2008．复杂性思想导论［M］．陈一壮，译．上海：华东师范大学出版社．

彼得·圣吉，2009．第五项修练［M］．郭进隆，译．北京：中信出版社．

操太圣，卢乃桂，2007．伙伴协作与教师赋权：教师专业发展新视角［M］．北京：教育科学出版社．

曹长德，2009．论教师专业自觉［J］．安庆师范学院学报（社会科学版），(3)．

查尔斯·泰勒，2001．自我的根源：现代认同的形成［M］．韩震，等译．南京：译林出版社．

陈静静，2015．跟随佐藤学做教育［M］．上海：华东师范大学出版社．

陈晞，高学栋，2010．突破瓶颈：基于"关键事件"的教师教育［M］．上海：学林出版社．

陈向明，2000．质的研究方法与社会科学研究［M］．北京：教育科学出版社．

程亮，2009．教育学的"理论-实践观"［M］．福州：福建教育出版社．

崔允漷，2000．从"选修课和活动课"走向"校本课程"：江苏省锡山高级中学校本课程个案研究［J］．教育发展研究，(2)．

德布·柯蒂斯，玛吉·卡特，2011．和儿童一起学习：促进反思性教学的课程框架［M］．周欣，等译．北京：教育科学出版社．

邓汉平，2016．藏羌民族地区学前教育专业人才培养模式理论与实践探索：兼论"融园模式"的理论设计与现实困境［J］．亚太教育，(24)．

邓涛，鲍传友，2005．教师文化的重新理解与建构：哈格里斯夫的教师文化观述评［J］．外国教育研究，(8)．

丁刚，2009．文化的传递与嬗变：中国文化与教育［M］．桂林：广西师范大学出版社．

菲利普斯，乔纳斯，索尔蒂斯，2006．学习的视界［M］．尤秀，译．北京：教育科学出版社．

费孝通，1997．反思·对话·文化自觉［J］．北京大学学报，(3)．

费孝通，2003．文化自觉的思想来源与现实意义［J］．文史哲，(3)．

冯茁，2011．教育场域中的对话：基于教师视角的哲学解释学研究［M］．北京：教育科学出版社．

高伟，2010．回归智慧，回归生活：教师教育哲学研究［M］．北京：教育科学出版社．

谷明光，2004．文化自觉与辩证思维［M］．长沙：湖南大学出版社．

顾明远，2004．中国教育的文化基础［M］．太原：山西教育出版社．

汉娜·阿伦特，1999．人的条件［M］．竺乾威，等译．上海：上海人民出版社．

汉斯·格奥尔德·伽达默尔，1999．真理与方法：哲学诠释学的基本特征［M］．洪汉鼎，译．上海：译文出版社．

汉斯·格奥尔格·伽达默尔，卡斯腾·杜特，2005．什么是实践哲学：伽达默尔访谈录［J］．金惠敏，译．西北师大学报（社会科学版），(1)．

亨利·A．吉鲁，2008．教师作为知识分子：迈向批判教育学［M］．朱红文，译．北京：教育科学出版社．

胡春光，2011．规训与抗拒：教育社会学视野中的学校生活［M］．武汉：华中师范大学出版社．

季平，2004．学校文化自我诊断［M］．北京：教育科学出版社．

姜美玲，2008．教师实践性知识研究［M］．上海：华东师范大学出版社．

姜勇，2002．论儿童发展的可能性：从教育的"规范世界"走向"生活世界"［J］．学前教育研究，(6)．

金生鈜，1997．理解与教育：走向哲学解释学的教育哲学导论［M］．北京：教育科学出版社．

柯政，2007．学校变革困难的新制度主义解释［J］．北京大学教育评论，(5)．

李松林，2010．控制与自主：课堂场域中的权力逻辑［M］．北京：教育科学出版社．

列奥·施特劳斯，2003．自然权利与历史［M］．彭刚，译．北京：生活·读书·新知三联书店．

林正范，肖正德，2015．教师学习新视野：生态取向的理论与实践［M］．北京：教育科学出版社．

零点方案，2007．让儿童的学习看得见［M］．朱家雄，王铮，等译．上海：华东师范大学出版社．

刘黎明，2010．教育学视阈中的人：基于马克思主义人学的思考［M］．北京：科学出版社．

刘铁芳，1997．人·世界·教育：一样的失落与追寻［J］．教育研究，（8）．
卢梭，2011．爱弥儿（精装本）［M］．彭正梅，译．上海：上海人民出版社．
鲁洁，1997．通识教育与人格陶冶［J］．教育研究，（4）．
鲁洁，2000．人对人的理解：道德教育的基础——道德教育当代转型的思考［J］．教育研究，（7）．
鲁洁，2002．关系中的人：当代道德教育的一种人学探寻［J］．教育研究，（1）．
陆敏，胡梅娜，2002．原创性：学术研究的基本准则［J］．政法论坛，（1）．
罗若飞，2013．近现代学前教育发展趋势及其对学前教育专业建设的启示［J］．黑龙江高教研究，（11）．
吕艳丽，2013．心灵、本质与教育：古典与现代之间教育之爱的变迁［M］．北京：教育科学出版社．
马丁·布伯，2002．我与你［M］．陈维纲，译．北京：生活·读书·新知三联书店．
马丁贝尔，乌尔夫布瑞克，2010．教育现场的专业学习［M］．郭华，郑玉飞，宋国才，译．北京：人民教育出版社．
马克斯·范梅南，2001．教学机智：教育智慧的意蕴［M］．李树英，译．北京：教育科学出版社．
马克斯·范梅南，2003．生活体验研究：人文科学视野中的教育学［M］．宋广文，等译．北京：教育科学出版社．
马勒茨克，2001．跨文化交流：不同文化的人与人之间的交往［M］．潘亚玲，译．北京：北京大学出版社．
玛丽·伦克·贾隆格，琼·P．伊森博格，2007．是什么让教师不断进步：教师故事启示录［M］．张涛，译．北京：中国青年出版社．
迈克尔·富兰，2004．变革的力量（续集）［M］．北京：教育科学出版社．
迈克尔·富兰，2004．变革的力量：透视教育改革［M］．北京：教育科学出版社．
苗学杰，2011．试论教师教育的实践属性［J］．教育理论与实践，（1）．
苗学杰，2013．再论教师教育的实践属性：基于科际比较的视野［J］．教育理论与实践，（28）．
内尔·诺丁斯，2009．幸福与教师教育［M］．龙宝新，译．北京：科学出版社．
尼格尔·塔布斯，2014．教师的哲学［M］．王红艳，等译．济南：山东教育出版社．
帕克·帕尔默，2005．教学勇气：漫步教师心灵［M］．吴国珍，等译．上海：华东师范大学出版社．
彭泽平，2002．对教育理论功能的审视和思考［J］．教育研究，（9）．
皮埃尔·布迪厄，华康德，2004．实践与反思［M］．李孟，等译．北京：中央编译出版社．
奇普·希思，丹·希思，2010．瞬变［M］．焦健，译．北京：中信出版社．
秦金亮，2013．高质量幼儿园教师驻园培养模式探索：兼论中国幼儿园教师教育的第三条道路［J］．幼儿教育（教育科学版），（3）．
山·A．阿莫纳什维利，2002．学校无分数三部曲：孩子们，祝你们一路平安［M］．朱佩荣，译．北京：教育科学出版社．
叔本华，2003．叔本华人生哲学［M］．李成铭，编译．北京：九州出版社．
舒志定，2012．教师教育哲学［M］．北京：北京大学出版社．
斯宾塞，1997．斯宾塞教育论著选［M］．胡毅，等译．北京：人民教育出版社．
孙玉洁，2012．在互助中促动专业觉醒：教师专业发展学校本土化实践研究［M］．北京：人民出版社．
孙玉洁，2017．幼儿园班级管理［M］．北京：教育科学出版社．
唐莹，2002．元教育学［M］．北京：人民教育出版社．
唐娜·伊·玛茜，帕特里克·杰·麦奎兰，2005．学校和课堂中的改革与抗拒［M］．白芸，等译．上海：华东师范大学出版社．
王德如，2007．课程文化自觉论［M］．北京：人民出版社．
王健，2008．教学实践理性及其合理化［D］．南京师范大学博士论文．
王江，杨全印，2001．关于教育研究目的、结果与思维方式的思考［J］．江苏高教，（1）．
王洁，顾泠沅，2007．行动教育：教师在职学习的范式革新［M］．上海：华东师范大学出版社．
王奎清，2005．文化博弈与文化整合［J］．长白学刊，（9）．
威廉·格拉瑟，2010．没有失败的学校［M］．唐晓杰，译．北京：首都师范大学出版社．

邬志辉，2007. 论教育实践的品性［J］. 高等教育研究，(6).
吴东方，2014. 复杂性理论关照下的教育之思［M］. 北京：教育科学出版社.
希拉·里德尔－利奇，2009. 儿童行为管理［M］. 刘晶波，译. 南京：南京师范大学出版社.
肖川，2003. 教育的视界［M］. 长沙：岳麓书社.
熊川武，等，2001. 实践教育学［M］. 上海：上海教育出版社.
休谟，1980. 人性论（上册）［M］. 关文运，译. 北京：商务印书馆.
徐国梁，2010. 伙伴合作：教师群体专业发展的脉动［M］. 上海：上海教育出版社.
徐长福，2007. 何谓实践哲学［J］. 理论与现代化，(7).
薛烨，朱家雄，等，2007. 生态学视野下的学前教育［M］. 上海：华东师范大学出版社.
雅斯贝尔斯，1991. 什么是教育［M］. 邹进，译. 北京：生活·读书·新知三联书店.
叶澜，2001. 中国基础教育改革的文化使命［M］. 北京：教育科学出版社.
袁振国，2004. 当代教育论［M］. 北京：教育科学出版社.
约翰·杜威，1994. 学校与社会·明日之学校［M］. 赵祥麟，等译. 北京：人民教育出版社.
约翰·I. 古得莱德，2007. 一个称作学校的地方［M］. 苏智欣，等译. 上海：华东师范大学出版社.
约翰·密尔，1959. 论自由［M］. 许宝骙，译. 北京：商务印书馆.
岳欣云，2004. 理论先行还是实践先行：兼论教育理论研究者与教师的关系［J］. 教师教育研究，(6).
张家军，2007. 论学校文化及其建设［J］. 贵州师范大学学报（社会科学版），(1).
赵中建，2004. 学校文化［M］. 上海：华东师范大学出版社.
中共中央马克思恩格斯列宁斯大林著作编译局，1995. 马克思恩格斯选集（1）［M］. 北京：人民出版社.
周国兴，2012. 教育与强制［M］. 福州：福建教育出版社.
周南照，赵丽，任有群，2007. 教师教育改革与教师专业发展：国际视野与本土实践［M］. 上海：华东师范大学出版社.
朱桂琴，陈娜，2015. “U-G-S”教师教育合作共同体的建构：戴维·伯姆对话理论的视角［J］. 教育发展研究，(18).
朱家雄，2007. 中国视野下的学前教育［M］. 上海：华东师范大学出版社.
朱乃楣，2014. 互助与共生：学校文化转型的机制研究［M］. 北京：教育科学出版社.
佐藤学，2003. 静悄悄的革命［M］. 李季湄，译. 长春：长春出版社.
佐藤学，2003. 课程与教师［M］. 钟启泉，译. 北京：教育科学出版社.
佐藤学，2004. 学习的快乐：走向对话［M］. 钟启泉，译. 北京：教育科学出版社.
Linda Darling Hammond，2006. 美国教师专业发展学校［M］. 王晓华，向于峰，钱丽欣，译. 北京：中国轻工业出版社.
Lynda Fielstein，Patricia Phelps，2002. 教师新概念：教师教育理论与实践［M］. 王建平，等译. 北京：中国轻工出版社.
Robert C. Bogdan，Sari Knopp Biklen，2008. 教育研究方法：定性研究的视角［M］. 4版. 钟周，李越，赵琳，等译. 北京：中国人民大学出版社.

后　记

年轻的时候，害怕孤独。努力追随“知我者的领导”，刻意寻找志同道合的工作伙伴。我以为这是在增加生命的长度和宽度。可是后来，经历各种事情之后，我发现，最美的遇见，乃是在某一瞬间重遇更好的自己！就像有人所说：“走遍全世界也不过是为了找到一条通往自己内心的路。”有的路，是用脚走，有的路，要用心走；有的路是一群人在走，有的路注定一个人孤独地走。与一群人走的时候要尽可能帮助同伴，一个人走的时候，要做好充分的思想准备。随缘，让我们不抱怨、不祈求，看淡，让我们心平气和地面对一切。

我是有福的。

2011 年，我有缘认识了杜慧——一位内心坚定、外表雅致的年轻园长。她从内心相信了我的教育理念。2012 年，在资金非常困难的情况下，她在新接手的幼儿园中为我装修了一间个人研究工作室，支持我“实践育人”的教育理想在幼儿教育实践中落地。可以说，没有这几年中在幼儿园里“浸泡”的底气，我不会在高手如云的竞争中，成为高师教材《幼儿园班级管理》(教育科学出版社)的主编，不可能申请到青岛市“十三五”重大课题的主持人。我感谢崂山区新爱弥儿之家全体教职工们。她们相信我，让我有“参与其中”的共在感，同时又能理解我，让我能保持“适度离场”的独立性。每周，我都会到这个小小的幼儿园里去，转转班儿，和老师、孩子们聊聊天儿，回到工作室发发呆，写写字儿。近处，窗外小鸟在清脆地鸣叫，远处，孩子们在操场上愉快地嬉闹……我喜欢这样的工作状态，这让我觉得很美好！

我也是幸运的。

30 年前，我就认识了青岛市一大批有教育情怀的学前教育前辈和同仁。在我迷茫的时候，她们给过我鼓励；在我纠结的时候，她们给过我关怀；在我找到专业自信的时候，她们能与我分享创造的欢乐。

我要感谢邵恩志、徐书芳、李世霞、薛梅、辛明、刁丽霞、王贞桂、曹建平、王藜丽等青岛市幼教界的前辈和领导，她们相信我，给了我表现专业才能的平台。感谢张泠然、林梅、王芳、周珊、辛迎朝等园长，她们信赖我，给了我深度参与幼儿园教科研活动的机会。感谢我的同事何京玉博士、王芳博士，她们也与幼儿园有着深度合作，让我从大家经常性的驻园经验交流中获益良多。

一群人，一辈子，一件事！学前教育事业后继有人！

最后，我要特别感谢我的家人：感谢姐姐、弟弟的理解，他们承担了照顾年迈父母的大部分责任；感谢丈夫、儿子的支持，他们让我心无旁骛地做自己喜欢的事情，也慢慢接受了我除了工作就是睡觉的生活状态：我是一个没有节假日概念的人，工作即生活（其实，二者应该有边界），白天在外面忙（上课、研讨），晚上回家继续忙（查阅资料“恶补”白天需要的新知识）确实有些累，但很充实、很快乐。

2017 年 11 月于青岛大学